LAW & BUSINESS

工程总承包合同
裁判规则研究

房沫　等 / 著

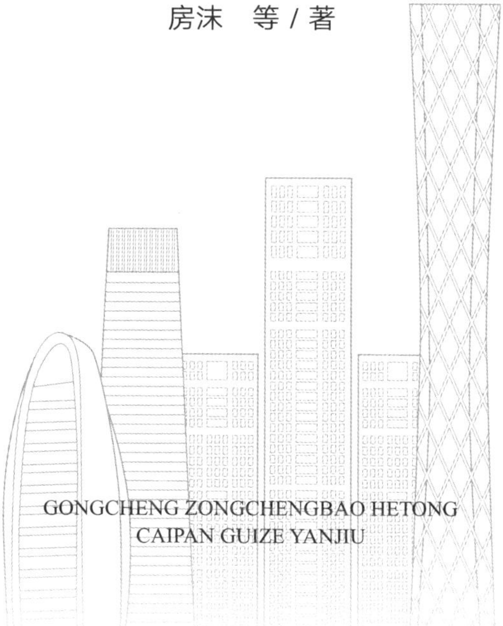

GONGCHENG ZONGCHENGBAO HETONG
CAIPAN GUIZE YANJIU

法律出版社 LAW PRESS · CHINA

——北京——

图书在版编目(CIP)数据

工程总承包合同裁判规则研究 / 房沫等著. -- 北京:
法律出版社, 2022
ISBN 978-7-5197-6696-2

Ⅰ. ①工… Ⅱ. ①房… Ⅲ. ①建筑工程-承包工程-经济合同-审判-研究-中国 Ⅳ. ①D923.64

中国版本图书馆 CIP 数据核字(2022)第 069426 号

工程总承包合同裁判规则研究
GONGCHENG ZONGCHENGBAO HETONG
CAIPAN GUIZE YANJIU

房 沫 等 著

责任编辑 慕雪丹 章 雯
装帧设计 汪奇峰

出版发行 法律出版社
编辑统筹 法商出版分社
责任校对 赵明霞
责任印制 胡晓雅
经　　销 新华书店

开本 710 毫米×1000 毫米 1/16
印张 17.25 字数 298 千
版本 2022 年 8 月第 1 版
印次 2022 年 8 月第 1 次印刷
印刷 固安华明印业有限公司

地址:北京市丰台区莲花池西里 7 号(100073)
网址:www.lawpress.com.cn
投稿邮箱:info@lawpress.com.cn
举报盗版邮箱:jbwq@lawpress.com.cn

销售电话:010-83938349
客服电话:010-83938350
咨询电话:010-63939796

书号:ISBN 978-7-5197-6696-2
定价:88.00 元

房沫

法学博士，广西大学法学院副教授，东盟法研究中心副主任，多家仲裁机构仲裁员。上海市建纬（南宁）律师事务所兼职律师，从事建设工程法律实务研究及实践。出版专著《信用证法律适用问题研究》，合著《建设工程施工合同热点问题实务研究》，在《中国国际私法与比较法年刊》《民商法论丛》《武大国际法评论》《河北法学》《学术论坛》《社会科学家》《广西大学学报（哲学社会科学版）》等期刊发表论文多篇，主持承担多项省部级、厅级科研项目。

袁海兵

上海市建纬（南宁）律师事务所主任，中国施工企业管理协会法律专家，上海国际经济贸易仲裁委员会、深圳国际仲裁院等多家仲裁机构仲裁员，多年专注处理建设工程施工案件纠纷，具备丰富的专业经验。参与编著《中国建设工程施工合同法律全书词条释义与实务指引》《建设工程总承包合同纠纷裁判指引》，合著《建设工程施工合同热点问题实务研究》等工程法律实务书籍。

李妃

上海市建纬（南宁）律师事务所执行主任，专注于建设工程法律服务，代理工程领域案件数百起。担任玉林建设工程仲裁院专家委员、北海市建筑业联合会法律顾问、南宁市建设工程质量安全协会法律顾问。编著《最高人民法院施工合同纠纷判例与107个核心观点解析》，并参与撰写《最高人民法院建设工程案例精析》《施工企业合规风险识别和管理》等工程法律实务书籍。

湛栩鷗

上海市建纬（南宁）律师事务所工程法律研究员，为数十家一级资质施工企业提供常年法律服务，具有丰富的法务经验。参与撰写《建设工程施工合同热点问题实务研究》《施工企业合规风险识别和管理》，发表文章《论情事变更规则在建设工程施工合同纠纷审判实践中的司法运用》。

乃露莹

上海市建纬（南宁）律师事务所专职律师，专注于建设工程领域法律实务，代理多起重大、疑难建设工程施工合同纠纷诉讼案件。参与编著《最高人民法院施工合同纠纷判例与107个核心观点解析》《最高人民法院建设工程司法解释（二）实务解读》等建设工程法律实务书籍。

目录
Contents

前 言

工程总承包施工组织模式概述

EPC 工程总承包(以下简称工程总承包)是 Engineering - Procurement - Construction 的缩写,是指发包人将建设工程有关的建设施工、设备采购以及工程设计一并发包给工程总承包人负责实施,由工程总承包人对发包人就建设工期、工程质量、工程造价及施工安全全面负责的施工组织模式。这一模式强调设计、采购与施工过程的合理衔接与深度交融,在扩展总承包人利润空间、降低发包人施工流程管控压力以及提升建设工程质量安全标准等方面具备显著的前端优势,故为建设开发单位、施工单位、设计单位、勘察单位及供应链企业等所日渐青睐。2016 年住房和城乡建设部(以下简称住建部)《关于进一步推进工程总承包发展的若干意见》(建市〔2016〕93 号)以及 2017 年国务院《关于促进建筑业持续健康发展的意见》(国办发〔2017〕19 号)提出了在建筑业领域发展工程总承包的导向要求。2019 年 12 月 23 日住建部与国家发展和改革委员会(以下简称发改委)联合发布的《房屋建筑和市政基础设施项目工程总承包管理办法》(以下简称《工程总承包管理办法》)以及 2020 年 11 月 25 日住建部与市场监督管理总局联合发布的《建设项目工程总承包合同(示范文本)》(GF-2020-0216),对规范房屋建筑和市政基础设施项目工程总承包活动以及工程总承包模式的健康发展设置了基本规范和参考。与此同时,全国多省出台地方政策文件,对规范和推行工程总承包的活动进行细化规制。2021 年 1 月 8 日,我国民用航空局发布《运输机场专业工程总承包管理办法(试行)》,成为规范运输机场专业工程工程总承包活动的有益行业探索。

一、工程总承包模式的含义

工程总承包的含义需从以下三个层次去解读:第一,工程总承包人承接的工作范围不仅是施工，而是包括勘察、设计、采购、投料试车、试运行等全过程或若干部分阶段的承包。第二，工程总承包人承包的工作范围较大，其相应背负的责任更重——在工程总承包模式下，工程总承包人应当就造价、工期、质量及安全对发包人负责。换言之，工程总承包人承担大部分因施工活动所产生的风险。第三，工程总承包施工组织模式更注重发包人与工程总承包人在施工过程中的风险分配的博弈均衡，这由双方当事人根据自身能力、履约状况及双方谈判条件所作出的意思自治而决定，与建设工程有关的具体承包范围、计价模式、风险分配、责任归属等条款由双方当事人在合同中自由约定。①

我国《工程总承包管理办法》对“工程总承包”作出如下定义：“本办法所称工程总承包，是指承包单位按照与建设单位签订的合同，对工程设计、采购、施工或者设计、施工等阶段实行总承包，并对工程的质量、安全、工期和造价等全面负责的工程建设组织实施方式。”我国《建设项目工程总承包管理规范》(GB/T 50358 - 2017)也对“工程总承包”进行定义：工程总承包[engineering procurement construction(EPC) contracting/design - build contracting]是指依据合同约定对建设项目的设计、采购、施工和试运行实行全过程或若干阶段的承包。因此，工程总承包的核心要义是，工程总承包人以“设计 + 采购 + 施工”作为承包工作范围，并全部承担与质量、造价、工期、安全有关的项目风险。

二、工程总承包模式的特点

传统的施工总承包模式在我国建筑发承包市场盛行已久，是建设工程领域适用幅度最宽、运用频率最高的施工组织模式，也是目前我国最成熟且最受市场主体欢迎的施工组织模式。该模式的核心是业主负责设计工作的发包，承包人的工作范围仅包括施工活动以及根据合同约定承担的全部或部分工程设备采购义务，通常不包含设计文件的提供，因此在施工总承包模式下，承包人仅就工程质量与施工安全向发包人承担责任。工程总承包施工组织模式有别于传统的施工总承包模式，具有以下突出特点。

(一)工程总承包人应当具备“双资质”

建设工程质量与人身财产安全紧密相关，而建筑工程市场准入资质是保障建设工程质量合格的有力手段，因此《建筑法》规定，从事建筑活动的施工企业、设计

① 陈津生编著：《EPC 工程总承包合同管理与索赔实务》，中国电力出版社 2018 年版，第 5 页。

单位在取得相应等级的资质后才可在资质等级的许可范围内从事建筑活动。[①] 在传统的施工总承包模式下，由于承包人的核心工作范围仅包括施工，或伴随少量的采购任务，基本不涉及设计，因此承包人仅需具备施工资质即可实施相关的建筑活动。

然而，在工程总承包模式下，工程总承包人的承包范围不仅包括施工，还包括核心的设计任务，因此根据《工程总承包管理办法》第10条[②]的规定，工程总承包人需兼备施工资质与设计资质"双资质"，或者工程总承包人由具有施工资质但无设计资质的施工企业与具有设计资质但无施工资质的设计单位共同组成的联合体担任，才符合法律就建筑活动准入资质的强制性规定。

（二）核心的设计工作由工程总承包人实际负责

工程总承包施工组织模式的发包范围包括"设计+采购+施工"，且根据《工程总承包管理办法》第9条规定的"建设单位应当根据招标项目的特点和需要编制工程总承包项目招标文件，主要包括以下内容：……（五）建设单位提供的资料和条件，包括发包前完成的水文地质、工程地质、地形等勘察资料，以及可行性研究报告、方案设计文件或者初步设计文件……"由此可知，工程总承包的设计分为三个阶段：可行性研究阶段的方案设计、招投标阶段的初步设计以及具体施工阶段的施工图设计。[③] 方案设计原则上由发包人提供；施工图设计是最终的施工依据，也是决定工程结算及施工索赔的核心依据，只能由工程总承包人提供；而初步设计根据合同约定分配给发包人或工程总承包人负责。因此，在工程总承包模式下，建设工程的核心设计任务是由工程总承包人主要负责。

（三）原则上采用"固定总价"的计价模式

建设工程施工合同的计价模式一般包括固定单价、固定总价与"成本加酬金"

---

① 《建筑法》第13条规定："从事建筑活动的建筑施工企业、勘察单位、设计单位和工程监理单位，按照其拥有的注册资本、专业技术人员、技术装备和已完成的建筑工程业绩等资质条件，划分为不同的资质等级，经资质审查合格，取得相应等级的资质证书后，方可在其资质等级许可的范围内从事建筑活动。"

② 《工程总承包管理办法》第10条第1款规定："工程总承包单位应当同时具有与工程规模相适应的工程设计资质和施工资质，或者由具有相应资质的设计单位和施工单位组成联合体。工程总承包单位应当具有相应的项目管理体系和项目管理能力、财务和风险承担能力，以及与发包工程相类似的设计、施工或者工程总承包业绩。"

③ 朱树英主编：《房屋建筑和市政基础设施项目工程总承包管理办法理解与适用》，法律出版社2020年版，第117－118页。

三种。《建设项目工程总承包合同(示范文本)》第 14.1.1 项规定:"除专用合同条件中另有约定外,本合同为总价合同,除根据第 13 条[变更与调整],以及合同中其它相关增减金额的约定进行调整外,合同价格不做调整。"《房屋建筑和市政基础设施项目工程总承包计价计量规范》(征求意见稿)第 3.1.5 项也规定:"建设项目工程总承包应采用总价合同,除合同另有约定外,合同价款不予调整。"由于工程总承包模式下是工程总承包人负责设计,若不在宏观层面从总体上控制合同价格,可能会引发承包人投标时以低价恶意竞争中标、控制设计单位或与设计单位恶意串通变更设计与频繁索赔签证的"低中标、勤索赔、高结算[①]"的方式恶意抬高合同价格的道德风险,将会导致对发包人的极其不公。因此在工程总承包模式下,为了维持发包人与工程总承包人的利益平衡,原则上应采取"固定总价"的计价模式,即除当事人另行约定的调价情形外,在固定总价所覆盖的施工范围内,合同价格包死,不允许调整。当然,法律也并未禁止当事人自由合意约定工程总承包合同采用他种计价模式。

(四)发生设计变更导致工程量发生变化时原则上不予调价

《工程总承包管理办法》第 15 条第 2 款规定:"建设单位承担的风险主要包括:(一)主要工程材料、设备、人工价格与招标时基期价相比,波动幅度超过合同约定幅度的部分;(二)因国家法律法规政策变化引起的合同价格的变化;(三)不可预见的地质条件造成的工程费用和工期的变化;(四)因建设单位原因产生的工程费用和工期的变化;(五)不可抗力造成的工程费用和工期的变化。"FIDIC 银皮书第 17.3 款"雇主的风险"规定:"下述第 17.4 款谈到的风险是指:(a)战争、敌对行动(不论宣战与否)、入侵、外敌行动;(b)工程所在国内的叛乱、恐怖主义、革命、暴动、军事政变或篡夺政权,或内战;(c)承包商人员及承包商和分包商的其他雇员以外的人员,在工程所在国内的骚动、喧闹、或混乱;(d)工程所在国内的战争军火、爆炸物资、电离辐射或放射性引起的污染,但可能由承包商使用此类军火、炸药、辐射或放射性引起的除外;(e)由音速或超音速飞行的飞机或飞机装置所产生的压力波。"上述文件均标明,发包人在工程总承包合同中应承担的一般风险,其中并不包括设计变更,也就是说,工程设计所造成的风险由承包人负责,《建设项目工程总承包合同(示范文本)》第 5.1.1 项也规定:"承包人应当……完成设计

---

① 朱树英主编:《工程总承包(EPC/DB)诉讼实务——基于裁判文书网之大数据检索研析》,法律出版社 2020 年版,第 229 页。

工作和设计相关的其他服务，并对工程的设计负责……"

这一做法的合理性在于，工程总承包模式是工程总承包人负责设计，根据"谁行为，谁负责"原理，工程总承包人应当就设计图纸发生变更、施工图纸与实际施工范围不符所产生的费用增加或工期延误的不利后果负责；发包人并不参与工程设计，除非其明令工程总承包人突破基于"发包人要求"所设定的施工范围或交付标准进行施工，承包人可以"设计变更"为由要求调价。因此，在工程总承包模式下，承包人原则上不得以"设计变更"为由请求发包人上调合同价格，除非发包人提供的"发包人要求"描述不清，且一般承包人难以凭借其管理能力或施工经验合理发现并纠正，或者发包人要求的设计变更超出了"发包人要求"所覆盖的施工范围。

（五）工程总承包人对发包人负责提供的项目基础资料、测量放线数据等文件负有复核的义务

在施工总承包模式下，"谁提供某类文件，谁就对该文件的及时性、准确性、完整性及充分性负责"是最基本的风险分配原则：如发包人负责提供气象水文、地质勘察、地下障碍、相邻建筑、古木文物等项目基础资料，其就应为不提供、迟延提供或提供的上述资料有缺陷所导致的费用增加或工期延误的不利后果负责；①发包人负责提供招标工程量清单，就要为招标工程量清单因缺项、漏项、错项及不符合强制性标准所产生的不利后果负责；②承包人负责编制施工措施计划，就对施工工艺与作业方法的安全性、完备性、稳定性与可靠性负责；③承包人负责编制施工进

---

① 《建设工程施工合同（示范文本）》（GF－2017－0201）第2.4.3项规定："发包人应当在移交施工现场前向承包人提供施工现场及工程施工所必需的毗邻区域内供水、排水、供电、供气、供热、通信、广播电视等地下管线资料，气象和水文观测资料，地质勘察资料，相邻建筑物、构筑物和地下工程等有关基础资料，并对所提供资料的真实性、准确性和完整性负责……"

② 《建设工程施工合同（示范文本）》（GF－2017－0201）第1.13款规定："除专用合同条款另有约定外，发包人提供的工程量清单，应被认为是准确的和完整的。出现下列情形之一时，发包人应予以修正，并相应调整合同价格：(1)工程量清单存在缺项、漏项的；(2)工程量清单偏差超出专用合同条款约定的工程量偏差范围的；(3)未按照国家现行计量规范强制性规定计量的。"

③ 《建设工程施工合同（示范文本）》（GF－2017－0201）第3.1款规定："承包人在履行合同过程中应遵守法律和工程建设标准规范，并履行以下义务：……(4)按合同约定的工作内容和施工进度要求，编制施工组织设计和施工措施计划，并对所有施工作业和施工方法的完备性和安全可靠性负责……"

度计划,就应为工程实际进度与施工进度计划的不符负责。①

但在工程总承包模式下,承包人的风险责任加重,不仅要对自己提供的诸如安全生产承诺书、施工组织计划、施工进度计划等文件负责,还要在一定程度上为发包人提供的地质勘察报告、地下障碍资料、相邻建筑资料等项目基础资料以及水准线、基底、标高等测量放线数据的正确性与完整性负责。关于项目基础资料,《建设项目工程总承包合同(示范文本)》第 4.7.1 项规定:"……承包人应对基于发包人提交的基础资料所做出的解释和推断负责,因基础资料存在错误、遗漏导致承包人解释或推断失实的,按照第 2.3 项[提供基础资料]的规定承担责任……"第 4.7.2 项规定:"……承包人提交投标文件,视为承包人已对施工现场及周围环境进行了踏勘,并已充分了解评估施工现场及周围环境对工程可能产生的影响,自愿承担相应风险与责任……"关于测量放线数据,《建设项目工程总承包合同(示范文本)》第 7.4.2 项规定:"……承包人负责对工程、单位/区段工程、施工部位放线,并对放线的准确性负责。"第 7.4.3 项规定:"……承包人应矫正工程的位置、标高、尺寸或基准线中出现的任何差错,并对工程各部分的定位负责。施工过程中对施工现场内水准点等测量标志物的保护工作由承包人负责。"由此可见,虽然项目基础资料与测量放线数据等开工有关文件由发包人负责提供,但是承包人对上述文件具有核实、纠错、矫正、完善的合理复核义务;若承包人未充分履行上述复核义务,且项目基础资料与测量放线数据确有错误导致发生费用增加或工期延误的不利后果时,承包人应对此负部分责任。

(六)采购的范围不仅包括建筑材料与一般的工程设备,更多的是用于特殊目的的专业设备

FIDIC 银皮书②的导言部分对于工程总承包模式的适用范围作出如下说明:"EPC 交钥匙项目模式适用于:(1)BOT 或者类似融资项目下的设计采购施工(EPC)合同;(2)电气、机械(Electrical & Mechanical)以及其他加工设备项目。"③

---

① 《建设工程施工合同(示范文本)》(GF－2017－0201)第 7.2.2 项规定:"施工进度计划不符合合同要求或与工程的实际进度不一致的,承包人应向监理人提交修订的施工进度计划,并附具有关措施和相关资料,由监理人报送发包人……发包人和监理人对承包人提交的施工进度计划的确认,不能减轻或免除承包人根据法律规定和合同约定应承担的任何责任或义务。"

② 国际咨询工程师联合会:《设计采购施工(EPC)/交钥匙工程合同条件》,唐萍、张瑞杰等译,机械工业出版社 2021 年版,第 9 页。

③ 杨俊杰、王力尚、余时立主编:《EPC 工程总承包项目管理模板及操作实例》,中国建筑工业出版社 2014 年版,第 21 页。

因此，工程总承包的交付标准不是传统施工总承包模式下要求的“工程主体部分与土建结构满足国家质量安全标准”，而是满足“发包人要求”。根据《工程总承包管理办法》第9条的规定，发包人要求是根据合同约定，已完工的建设项目应当具备的建设规模、功能要求、使用目的、生产标准、质量安全与节能环保等的参数标准，①具体而言，即光伏发电厂每天能保证多少发电量、污水处理厂每天达到多少排污量或净化量、机械零件制造厂每天成就多少产值等，只有满足合同约定的上述要求，工程总承包人所交付的建设项目才满足“发包人要求”，符合交付标准并实现工程总承包合同的目的。

为了在保证土建部分质量合格的基础上进一步实现合同特别约定的“发包人要求”，一方面，工程总承包模式的采购工作范围不能仅仅包括建筑材料及一般工程设备如电梯、电箱、水表、电路配件等的采买，更多的是为满足“发包人目的”而要求的特殊设备的采买，如生产制造设备、熔炼铸造设备、净化过滤设备、萃取提纯设备、医用治疗设备等，该特殊设备才是满足发包人利用建设工程实现产能需求与使用目的的核心；另一方面，为保证安全生产的需要，工程总承包模式中的“采购”也不仅仅包括工程总承包人实施购买活动，还包括工程总承包人与设备供应商共同提供的有关专业设备的过程建造、运输控制、质量检验、安装调试、运行测试、人员培训等服务。② 因此，工程总承包模式下的采购并非单一的建筑材料及工程设备的购买活动，而是汇集了专业设备的监造、采购、验收、安装、调试、试运行、人员培训等一系列服务的综合活动。

三、工程总承包模式的优点

工程总承包模式有别于传统施工总承包模式的上述特点决定了其具备传统施工总承包模式难以比拟的优势。

（一）能够有效发挥承包人的主观能动性，提高承包人的利润空间

在工程总承包模式下，发包人将建设项目的施工、设计与采购一并发包给工

---

① 《工程总承包管理办法》第9条规定：“建设单位应当根据招标项目的特点和需要编制工程总承包项目招标文件，主要包括以下内容：……（四）发包人要求，列明项目的目标、范围、设计和其他技术标准，包括对项目的内容、范围、规模、标准、功能、质量、安全、节约能源、生态环境保护、工期、验收等的明确要求……”

② 朱树英主编：《工程总承包（EPC/DB）诉讼实务——基于裁判文书网之大数据检索研析》，法律出版社2020年版，第309页。

程总承包人全权负责，打破了传统施工总承包模式下“发包人负责设计分包，承包人专门负责施工”的施工组织模式，设计与施工不再是孤立的、单独的两类工作，而是整体上有机联动、合理衔接的内容。首先，将设计与施工均发包给工程总承包人，有利于工程总承包人对设计工作与施工工作进行宏观统筹规划、综合组织协调；其次，由工程总承包人一并负责设计与施工，能够更有效地发挥设计在施工过程中的主导作用，促进具体施工工艺流程与施工组织方案的改进整合；最后，也能够更有效地发挥施工活动对图纸设计的改良促进作用，通过施工活动进一步实现图纸设计的优化完善。由此可见，工程总承包人通过更优化的施工工艺、更合理的时间安排以及更恰当的资源配置来实现施工成本节省，建设工期节约，进而取得更好的投资收益。

（二）可以减轻发包人的管理责任，降低风险

工程总承包模式还有利于减轻发包人管理责任，转移发包人不利风险。首先，工程总承包模式诞生的核心目标就是站在建设单位的角度为其控制造价与工期，[①]因此工程总承包模式一般采用固定总价的计价方式且在很多情况下均不允许承包人追加费用或顺延工期，以满足发包人合同价格与工期具有“高度确定性”的要求；[②]其次，在工程总承包模式下，物价上涨的风险、不可预见风险、设计文件错误的风险、项目基础资料不完整的风险，甚至发包人下达变更指令的风险均由工程总承包人承担，而上述风险在传统施工总承包模式下是由发包人承担的；最后，由于在工程总承包模式下设计、采购及专业分包非发包人负责，发包人仅负责整体的、原则的、概括的、泛泛的调控工作，[③]因此发包人对施工活动的监管控制、干扰介入也相应减少，相比传统施工总承包模式，发包人的管理责任得到大幅度的削减。

（三）有助提高管理效率，明确主体责任

工程总承包模式改变了施工总承包模式下设计与施工分属不同合同主体负责，导致意见难以统一、沟通效率低下的多头管理格局，可以有效提高工作效能，

---

① 范云龙、朱星宇编著：《EPC 工程总承包项目管理手册及实践》，清华大学出版社 2016 年版，第 1 页。

② 杨俊杰、王力尚、余时立主编：《EPC 工程总承包项目管理模板及操作实例》，中国建筑工业出版社 2014 年版，第 3 页。

③ 王伍仁编著：《EPC 工程总承包管理》，中国建筑工业出版社 2008 年版，第 30 页。

明确主体责任。一方面，在工程总承包模式下，采购、设计、施工与分包管理的权限统一集中在工程总承包人身上，由工程总承包人统一牵头实施建设项目的过程监管，可以有效降低沟通成本、减少协调工作量、节省磨合时间、削弱利益冲突；①另一方面，由工程总承包人全权负责建设项目包括设计、采购、施工、试运行、分包管理在内的全过程监管，无论在哪个环节出错工程总承包人至少存在管理过失，即发包人均有权优先要求工程总承包人承担过错责任，可以有效防止各主体之间的推诿扯皮，明确单一主体的责任。

四、工程总承包与传统施工总承包的区别与联系

（一）工程总承包与施工总承包的区别

工程总承包组织模式与施工总承包在以下方面有所不同：

1. 施工总承包下的承包人仅需要负责建设项目的施工作业与采购需求，并不承接施工图设计的制作活动；工程总承包下的总承包人需一并承包图纸设计、建设施工以及设备采购的所有工作。鉴于施工总承包下的承包人仅需要负责施工作业与采购活动，不需要完成设计任务，故施工总承包模式对承包人的管理要求不高；但工程总承包模式下的总承包人要一并承接设计任务、施工作业与采购需求，并保证施工、设计及采购的交错配合、适当衔接与相互支持，故工程总承包模式对总承包人的管理要求较高，不仅要求总承包人具备先进的施工技术与高度的沟通能力，还要求总承包人掌握质高价廉的供应链渠道及强大的协调能力，甚至要求总承包人保持持久的项目质量安全跟踪监控能力以及细致的项目过程文件收集管理、编纂归档的能力等。

2. 施工总承包的承包人仅需要具备与工程规模相应的施工资质，但工程总承包下的总承包人必须兼具与工程规模相应的施工资质与设计资质。

3. 只要施工总承包建设项目的工程质量符合国家规定的强制性质量标准，即可视为“工程质量合格”；在工程总承包建设项目中，只有工程质量同时符合国家规定的强制性质量标准并满足发包人要求的性能指标、功能需求与产能效益才可被认定为“工程质量合格”。一般情况下，证明施工总承包建设项目工程质量合格的关键是建设项目是否“通过五方验收合格”或者“未经竣工验收但发包人擅自使用”；但在工程总承包模式下，判断建设项目是否工程质量合格，仅查明建设工程

---

① 朱树英主编：《房屋建筑和市政基础设施项目工程总承包管理办法理解与适用》，法律出版社2020年版，第24页。

是否“通过五方验收合格”或者“未经竣工验收但发包人擅自使用”仍不足够，还要查明建设项目是否通过“投料试车程序”或“竣工后试运行程序”，才能检视建设项目是否满足发包人要求的功能需求，进而判定建设项目是否符合质量标准。

4. 一般情况下，施工总承包建设项目开工日期为承包人开始进场施工的时间；但在工程总承包建设项目中，开工日期可能是总承包人开始复勘的时间、开始着手设计的时间或开始进场施工的时间。施工总承包建设项目的竣工日期可以是工程通过竣工验收合格的时间、未经竣工验收但发包人擅自使用的时间、承包人提交竣工验收申请报告的时间；但在工程总承包建设项目中，竣工日期还可以包括“工程通过168小时试运行平稳的时间”“工程通过投料试车”的时间等。

5. 施工总承包合同的计价模式可以包括固定总价、固定单价或者“成本＋酬金”，但工程总承包合同原则上仅采用“固定总价包干”的计价模式。

6. 在工程总承包模式下，发包人应当承担的风险包括：发包人要求设计变更，发包人有义务出具的且施工赖以为继的项目基础资料存在缺陷、迟延或错误，发包人不积极履行应负担的合同义务，发包人原因导致承包人遭受工期延误或费用增加，承包人遭遇不可预见且阻挠施工的不利地质障碍，承包人遭遇不可抗力事件导致施工难以为继，材料价格上涨导致承包人不堪施工成本增加的重负、法律法规变化导致承包人施工成本增加等。但相较于传统施工总承包模式，工程总承包建设项目下的发包人负担的风险范围更小，总承包人负担的风险责任更重。首先，原则上不允许总承包人基于“发包人要求设计变更”为由要求发包人追加费用或同意调价变更，除非该设计变更超出“发包人要求”以及“总承包人在投标报价可以合理预见的变更范围”；其次，针对发包人有义务提供的前期设计文件及项目基础资料，总承包人负有合理复核、补充修正的义务，其不得以“发包人提供的文件存在缺陷、错误”为由要求发包人追加费用或同意调价变更，除非该缺陷、错误的性质超出一个有经验的总承包人依其掌握技术、承包经验及管理能力能够正常发现并复核的范畴；最后，工程总承包合同往往会约定，总承包人对施工过程中可能遭遇的不利地下施工障碍已充分预见，其不得以不可预见的地下施工障碍为由要求追加费用或延展工期，也就是说，发包人往往会将不可预见的不利地质风险转嫁给总承包人。

（二）工程总承包与施工总承包的区别

无论是传统的施工总承包模式，还是新型的工程总承包模式，都属于建设工程施工合同的内涵，是建设工程施工组织模式下的具体分类子项，均保留了建设工程施工合同的一般特征，主要包括：(1)均应当遵守《建筑法》《建设工程质量管理条例》(国务院令第714号)要求的最低标准的质量安全强制性规定；(2)在订立合同的过程中，无论是建设工程施工合同还是工程总承包合同，均应当遵守《民法典》《建筑法》禁止非法转包、违法分包、借用资质的强制性规定，遵守《招标投标法》对于满足必须招标的“项目范围”及“规模标准”的建设项目应当采用公开招标方式选定总承包人的强制性规定，并遵守《城乡规划法》、最高人民法院《关于审理建设工程施工合同纠纷案件适用法律问题的解释(一)》(法释〔2020〕25号，以下简称《最高人民法院建设工程司法解释一》)对于建设项目必须取得建设工程规划许可证的强制性规定；(3)在履行合同的过程中，无论是建设工程施工合同还是工程总承包合同，均适用《民法典》中有关合同履行抗辩权制度、债权人撤销权制度、代位权制度、债权的变更转让制度、合同终止制度、违约责任制度、合同解除清算制度的有关规定；(4)在工程款债权不能实现的前提下，无论是建设工程施工合同还是工程总承包合同，均适用《最高人民法院建设工程司法解释一》内容体现的合意结算制度、第三方结算制度、行政审计结算制度、司法鉴定结算制度、工程价款优先受偿权制度、保护实际施工人进而保护建筑工人工资利益制度的有关规定；(5)在合同无效的前提下，无论是建设工程施工合同还是工程总承包合同，均适用《民法典》及《最高人民法院建设工程司法解释一》对缔约过失责任、违约责任、过错赔偿责任、参照合同约定承担责任的有关规定等。

五、本书的主要内容与意义

工程总承包施工组织模式是我国建设工程发承包市场未来的发展方向，但该模式功效的发挥、优点的展现仍然取决于工程总承包制度的完善化和对我国建筑市场的适应化进程。在从传统施工总承包模式向工程总承包模式的转型过程中，建筑市场参与主体对工程总承包模式的认识、理解和信心，将直观地来源于其对法院裁判规则的认识、理解和信心，并将最终决定工程总承包制度中国化进程的成败。因此，从相关司法案例中提取、淬炼裁判规则，分析、归纳裁判观点，对工程总承包模式参与主体进行规则梳理下的实践指引成为本书写作所期冀实现的首要目标。

本书以威科先行数据库为基本案例搜索来源，以最高人民法院以及各高级人民法院有关工程总承包案例的裁判文书为研究对象，按照建设工程合同所涉主要问题类别进行裁判规则的总结和分析，形成裁判规则共95项。这些裁判规则总体上体现出以下特点。

（一）工程总承包合同案件与施工总承包合同案件在法律适用上并不存在泾渭分明的区别

工程总承包作为建设工程中区别于施工总承包方式的一种新型模式，其合同事项在管辖和法律适用上仍然按照建设工程合同纠纷统一处理，也即参照不动产纠纷管辖，适用所有适用于建设工程合同的法律、司法解释等。正因如此，工程总承包合同裁判规则中，仍然有相当部分反映出同施工总承包合同案件相同的处理原则，如合同的无效、合同的解除、违约损害赔偿等。对于此类问题，本书力图将问题放置在工程总承包合同的特定语境下，梳理统一规则在工程总承包合同案件中的具体适用情形，以构建较为全面的工程总承包案件裁判体系。

（二）工程总承包合同案件的裁判规则在特定问题上具有突出特点

工程总承包模式与施工总承包模式的区别决定了工程总承包合同在主体资质、风险分配、索赔理由及履行抗辩等问题上，有需要特别关注的内容。这部分裁判规则凸显出工程总承包合同案件的独特之处，如工程总承包联合体的资质，联合体的责任，工程总承包合同“发包人要求”对质量标准、验收标准等问题的影响等。因此，这部分规则的提炼和分析是理解工程成总承包合同案件实质并体会法院司法实践做法的重要内容。

（三）工程总承包的裁判规则仍然需要立法和司法层面的不断完善

工程总承包在中国建筑业市场仍处于发展的阶段，规则亦相应处于形成和完善时期，在立法不能够全面规制的情况下，司法裁判不可避免地会出现模糊，甚至矛盾的状况。本书仅选取最高人民法院以及各高级人民法院的工程总承包案例为研究对象，乃是希望窥见工程总承包合同案件较为统一、权威的裁判，并以之为工程总承包合同法律关系参与者的实践指引。

第一章

工程总承包风险分配

裁判规则一 工程总承包合同约定总承包人承担勘察风险的，从其约定；因勘察错漏导致费用增加或遭受工期损失，总承包人以勘察风险是发包人固有风险为由要求发包人支付上述费用或顺延工期的，不予支持

【规则解析】

工程总承包合同的权利义务结构设置的核心是风险与对价的平衡。由于工程总承包人承担合同项下的大部分工作任务，设计、采购、施工任务的一体融合直接拓展了其可获取的利润空间，即便在通过“固定总价”模式控制发包人投资概算的前提下，总承包人的建设利润也是不减而反增的。但与之相应的则是，工程总承包合同模式下，更多的合同义务将带来更大的风险责任，因此总承包人也相应承担了合同项下的大部分风险。

但是，不同的工程总承包合同文本配置的风险分担范围与不同当事人约定划分的风险分担范围也是不一致的，以下进行简要介绍。

一、FIDIC 银皮书规定的工程总承包风险分配范围

FIDIC 银皮书下的工程总承包是“交钥匙”（turn－key）工程总承包模式，在此模式下，发包人对工程建设的管理义务、介入权利以及风险责任都是最小的，总承包人就严确价格、严格工期、严苛质量以及严守安全对发包人全面负责，因此，该模式是建设工程领域公认的“对总承包人最苛刻，对发包人最友好”的施工组织模式，这从其对发承包双方权利义务的设置以及风险分担的分配中可见一斑。

（一）在FIDIC银皮书模式下，总承包人对自己有义务提供的文件资料负责

首先，总承包人有义务提供放线数据、深度设计文件、承包人文件、操作及维修手册。FIDIC银皮书要求总承包人应当提供的文件资料包括：(1)对工程进行测量放线并准确定位，即第4.7条第1款规定的“承包商应根据合同中规定的原始基准点、基准线和基准标高，给工程放线”；(2)完成深度设计，即第4.1条第2款规定的“承包商应提供合同规定的生产设备和承包商文件，以及设计、施工、竣工和修补缺陷所需的所有临时性或永久性的承包商人员、货物、消耗品及其他物品和服务”；(3)提供承包人文件，即第5.2条第2款规定的“承包商应编制所有承包商文件，还应编制指导承包商人员所需要的任何其他文件”；(4)提供操作和维修手册，即第5.7条第1款规定的“在竣工试验开始前，承包商应向雇主提供暂行的操作和维修手册，上述操作和维修手册的详细程度，应能满足雇主操作、维修、拆卸、重新组装、调整和修复生产设备的需要”。

其次，总承包人对放线数据、深度设计文件、承包人文件、操作及维修手册的及时性、准确性、完整性、真实性负责。FIDIC银皮书要求总承包人承担的风险包括：(1)对测量放线的正确性负责，即第4.7条第2款规定的“承包商应负责对工程的所有部分正确定位，并应纠正在工程的位置、标高、尺寸或定线中的任何差错”；(2)对设计文件的正确性负责，即第5.1条第1款规定的“承包商应被视为，在基准日期前已仔细审查了雇主要求(包括设计标准和计算，如果有)。承包商应负责工程的设计，并在除下列雇主应负责的部分外，对雇主要求(包括设计标准和计算)的正确性负责”；(3)对承包人文件的正确性负责，即第5.2条第5款规定的“雇主在审核期可向承包商发出通知，指出承包商文件(在说明的范围)不符合合同的规定。如果承包商文件确实如此不符合，该文件应由承包商承担费用，按照本款修正，重新上报，并审核”。

最后，即使总承包人提供的放线数据、深度设计文件、承包人文件等文件资料得到发包人的审批通过，也不减轻、免除总承包人应承担的风险责任。FIDIC银皮书明确发包人的审批核准不减免总承包人的风险责任的情形包括：(1)发包人对任何事项的审批同意不减免总承包人的风险责任，即第3.3条规定的“……由受托人员根据付托做出的任何批准、校核、证明、同意、检查、检验、指示、通知、建议、要求、试验、或类似行动，应如同雇主采取的行动一样有效。但是：除非在受托人员关于上述行动的信函中另有说明，该行动不免除承包商根据合同应承担的任何

职责，包括对错误、遗漏、误差和未遵办的职责……”（2）发包人对承包人文件的审核批准不减免总承包人的风险责任，即第 5.2 条规定的“……雇主在审核期可向承包商发出通知，指出承包商文件（在说明的范围）不符合合同的规定……任何协议，或（根据本款或其他条款的）任何审核，都不应解除承包商的任何义务或职责”。（3）发包人对设计文件的审核批准不减免总承包人的风险责任，即第 5.8 条规定的“如果在承包商文件中发现有错误、遗漏、含糊、不一致、不适当或其他缺陷，尽管根据本条做出了任何同意或批准，承包商仍应自费对这些缺陷和其带来的工程问题进行改正”。

综上所述，在 FIDIC 银皮书模式下，总承包人有义务提供测量放线数据、深度设计文件、承包人文件、竣工文件、操作维修手册，并对上述文件资料的准确性、完整性、充分性及真实性负责，且发包人对上述文件的审核批准不减轻总承包人对上述文件的风险责任。

（二）在 FIDIC 银皮书模式下，总承包人要对不可预见的客观变化事项负责

FIDIC 银皮书要求总承包对地下软土、地下硬岩层、地下暗河、地下工程、地下管廊等地下不利障碍的不可预见困难所造成的风险事项负责，即总承包人不得以遭遇上述地下施工障碍导致其成本增加、费用支出或工期延误为由要求发包人变更调价、追加费用、赔偿损失并顺延工期，此为 FIDIC 银皮书第 4.12 条规定的“除合同另有说明外：（a）承包商应被认为已取得了对工程可能产生影响或作用的有关风险、意外事件和其他情况的全部必要资料；（b）通过签署合同，承包商接受对预见到的为顺利完成工程的所有困难和费用的全部职责；（c）合同价格对任何未预见到的困难和费用不应考虑予以调整”。

（三）在 FIDIC 银皮书模式下，总承包人要对发包人有义务提供的文件资料负责

首先，FIDIC 银皮书要求发包人负担提供项目基础资料的义务，即第 4.10 条第 1 款规定的“雇主应在基准日期前，将其取得的现场地下、水文条件及环境方面的所有有关资料，提供给承包商。同样地，雇主在基准日期后得到的所有此类资料，也应提供给承包商”；但是，FIDIC 银皮书却规定项目基础资料的准确性、完整性、充分性及真实性由总承包人负责，即第 4.10 条第 2 款规定的“承包商应负责核实和解释所有此类资料……雇主对这些资料的准确性、充分性和完整性不承担

责任”。

其次,FIDIC 银皮书要求发包人负担提供“雇主要求”文件的义务,即第 1.11 条第 1 款规定的“就各当事方而言,由雇主(或以其名义)编制的雇主要求及其他文件,其版权和其他知识产权应归雇主所有”;但是,FIDIC 银皮书却规定“雇主要求”文件的准确性、完整性、充分性及真实性由总承包人负责,即第 5.1 条第 2 款规定的“……雇主不应对原包括在合同内的雇主要求中的任何错误、不准确、或遗漏负责,并不应被认为,对任何数据或资料给出了任何不准确性或完整性的表示。承包商从雇主或其他方面收到任何数据或资料,不应解除承包商对设计和工程施工承担的职责”。

综上所述,在 FIDIC 银皮书模式下,虽然发包人有义务提供项目基础资料与“雇主要求”等文件资料,但是总承包人对上述文件负有依一个有经验的总承包人所应履行的合理复核义务,其对上述文件的准确性、完整性、充分性及真实性负责。由此可见,FIDIC 银皮书下的总承包人所分担的风险范围是最大的,表现在:其不仅要为自己的行为负责,即使该行为已得到发包人的许可同意也不能减免责任;还要为其不可预见的地下不利障碍负责,即使该不利施工障碍超出了总承包人凭借其管理能力与承包经验可以合理预见的范围;甚至要为发包人提供的招标文件及基础资料负责,即使该文件资料并非总承包人参与制作,据此,相较于传统施工总承包的施工组织模式下的总承包人,工程总承包下的总承包人承担的合同义务及风险责任较重,可获得的对价也相应更高。

二、我国《建设项目工程总承包合同(示范文本)》规定的工程总承包风险分配范围

与 FIDIC 银皮书下的风险分担模式不同,我国工程总承包的风险配置制度较为公平合理。《工程总承包管理办法》第 15 条第 1、2 款规定:“建设单位和工程总承包单位应当加强风险管理,合理分担风险。建设单位承担的风险主要包括:(一)主要工程材料、设备、人工价格与招标时基期价相比,波动幅度超过合同约定幅度的部分;(二)因国家法律法规政策变化引起的合同价格的变化;(三)不可预见的地质条件造成的工程费用和工期的变化;(四)因建设单位原因产生的工程费用和工期的变化;(五)不可抗力造成的工程费用和工期的变化。”我国工程总承包模式原则上要求发包人对基于物价变化、法律变化、发包人自身原因、不可预见的地质障碍因素、不可抗力事件所产生的施工费用增加与建设工期延误等风险后果负责,比起将不可预见的地质障碍因素及部分发包人自身原因引发的风险事项分

配给总承包人承担的 FIDIC 银皮书,我国工程总承包模式下的总承包人风险范围较小。

并且,根据《建设项目工程总承包合同(示范文本)》第 14.1.1 项的规定,"除专用合同条件中另有约定外,本合同为总价合同,除根据第 13 条[变更与调整],以及合同中其它相关增减金额的约定进行调整外,合同价格不做调整",虽然工程总承包合同采用固定总价的计价模式,但并不意味着发承包双方不能突破固定总价范围进行结算,当出现合同约定的变更调价情形时,双方当事人应当按照合同约定上调合同价格、追加施工费用并赔偿相应损失。原则上,《建设项目工程总承包合同(示范文本)》规定的可以变更调价的情形包括第 1.12 款"《发包人要求》和基础资料中的错误"、第 3.5 款"工程师的指示构成一项变更"、第 4.8 款"不可预见的困难"、第 5.2.1 项"发包人的意见构成变更"、第 6.2.1 项"发包人变更材料设备进场计划"、第 8.7.4 项"异常恶劣的气候条件"、第 8.8 款"提前竣工"、第 8.9.5 项"发包人未及时要求复工"、第 13.7 款"法律变化"、第 13.8 款"市场价格波动"等,据此也可以发现,《建设项目工程总承包合同(示范文本)》亦将因物价变化、法律变化、发包人自身原因、不可预见的地质障碍因素产生的不利风险分配归置给发包人承受。

三、我国实践中,发承包双方对风险配置分摊的特殊约定

在我国工程总承包模式运用的实践中,允许发承包双方对风险承担划分作出与 FIDIC 银皮书与《工程总承包管理办法》不一样的约定,这是自由意志与意思自治的范畴,法律并不强制介入。比如,工程总承包合同约定将勘察不符合实际的风险分配给总承包人承担,该约定有效,应当对发承包双方产生约束力,其合理性在于:(1)在工程总承包模式下,原则上就是总承包人对勘察错漏所造成的不利风险负责。FIDIC 银皮书是开创工程总承包这一施工组织模式的合同示范文本,其本就要求总承包人对项目勘察资料的准确性、完整性以及对不可预见的地下障碍因素负责,这实质上包含了勘察错漏风险。(2)只要工程总承包合同中约定了总承包人有权基于勘察复核义务与勘察错漏风险取得相应对价费用,那么将勘察风险转嫁给总承包人并不会违反公平原则,且总承包人的投标报价行为也视为其预见并接受了勘察风险所带来的不利后果。(3)工程总承包合同约定总承包人承担勘察错漏风险是发承包双方内心意思及自由意志的体现,应当依当事人私法自治原则予以尊重。

据此,工程总承包合同约定总承包人承担勘察风险的,该约定有效,双方当事

人应当依诚实信用原则予以遵守并落实;总承包人以勘察风险非其固有风险、由其承担勘察风险会导致不公平为由要求发包人承担风险费用或追加合同价格的,不予支持。

【裁判观点】

(2018)最高法民终153号①

平煤神马新疆分公司主张因大地天津分公司未准确提供地质条件资料导致局部工程变更费用。案涉《合同协议书》第3.3条约定:因地质条件与勘察报告不符引起的基础深度±500mm之内工作量,价款不调整。技术附件第1.4.1条约定,部分建构筑物砂石换填地基处理的施工及相关检测包含在工程范围内。依据平煤神马新疆分公司提交的产品仓地基验槽相关证据,无法证明地基产生裂缝的原因在于大地天津分公司未准确提供地质条件资料,故平煤神马新疆分公司主张局部工程变更费用的诉讼请求,一审法院未予支持,并无不当。

裁判规则二 联合体成员曾参与项目前期的勘察工作并了解项目可研等情况,中标后又以施工中实际揭露的地质条件与发包人招标时提供的地勘资料存在重大差异为由而主张需要作出重大设计变更和价格调整的,不予支持

【规则解析】

本规则的理解涉及三个层面。

一、可研编制单位能否作为工程总承包单位

《工程总承包管理办法》第11条规定:"工程总承包单位不得是工程总承包项目的代建单位、项目管理单位、监理单位、造价咨询单位、招标代理单位。政府投资项目的项目建议书、可行性研究报告、初步设计文件编制单位及其评估单位,一般不得成为该项目的工程总承包单位。政府投资项目招标人公开已经完成的项

① 平煤神马建工集团有限公司新疆分公司、大地工程开发(集团)有限公司天津分公司建设工程施工合同纠纷案,最高人民法院(2018)最高法民终153号民事判决书。本书【裁判观点】引用的裁判文书中涉及的相关规定,均为裁判时生效的规定。

目建议书、可行性研究报告、初步设计文件的，上述单位可以参与该工程总承包项目的投标，经依法评标、定标，成为工程总承包单位。”根据这一规定，可研的编制和评估单位能否成为工程总承包项目的中标单位，需根据不同情况予以区分：禁止政府投资项目的前期咨询服务企业包括可研编制单位参与项目投标，除非招标人将已经完成的相关资料公开；企业投资等非政府投资项目前期咨询服务企业是否可以参与项目的投标，由企业自行决定。

之所以如此规定，原因在于工程前期咨询单位通常在项目立项决策的阶段便已经介入项目，拥有其他投标人所不可能掌握的前期基础资料，对发包人需求、项目风险、利润等有深入了解，允许这些单位参与投标可能违背公平竞争的投标活动基本原则，并且也不排除前期咨询单位为谋求后期工程利润而弄虚作假，虚构资料抬高工程标的额的风险。但是，管理办法并没有对所有工程项目“一刀切”，而是对于政府投资项目这类关乎公众利益，使用国有资金的项目，要求可研编制单位不得成为项目中标人，除非其所掌握的资料已经公开给所有参与投标的单位，消除不正当竞争的可能；而对于非政府投资项目则交由市场主体自主决定是否允许。

二、工程总承包项目勘察风险的分配

在上一规则的论述中已经明确，根据《工程总承包管理办法》第15条的规定，“不可预见的地质条件造成的工程费用和工期的变化”的风险应当由建设单位承担，除非合同双方对风险分配在合同中作有不同约定。这种风险分配的安排，根本上是由于管理办法将勘察阶段排除在工程总承包范围之外，[①]要求建设单位提供包括“发包前完成的水文地质、工程地质、地形等勘察资料，以及可行性研究报告、方案设计文件或者初步设计文件等”资料等在内的投标文件，交由投标人根据勘察情况进行投标报价。[②] 如此一来，地质、地形、水文条件不明所产生的风险，将

---

① 《工程总承包管理办法》第3条规定：“本办法所称工程总承包，是指承包单位按照与建设单位签订的合同，对工程设计、采购、施工或者设计、施工等阶段实行总承包，并对工程的质量、安全、工期和造价等全面负责的工程建设组织实施方式。”

② 《工程总承包管理办法》第9条第1款规定：“建设单位应当根据招标项目的特点和需要编制工程总承包项目招标文件，主要包括以下内容：（一）投标人须知；（二）评标办法和标准；（三）拟签订合同的主要条款；（四）发包人要求，列明项目的目标、范围、设计和其他技术标准，包括对项目的内容、范围、规模、标准、功能、质量、安全、节约能源、生态环境保护、工期、验收等的明确要求；（五）建设单位提供的资料和条件，包括发包前完成的水文地质、工程地质、地形等勘察资料，以及可行性研究报告、方案设计文件或者初步设计文件等；（六）投标文件格式；（七）要求投标人提交的其他材料。”

由建设单位承担。

三、可研编制单位作为总承包人时勘察风险的分配

可研编制单位如果成为工程总承包项目的承包人，是否应当按照管理办法仍然将勘察风险分配给建设单位，需要做以下考量。

（一）合同是否有明确约定

工程总承包合同归根结底仍然是发承包双方之间意思自治的体现，合同如何约定风险的分配属于当事人意思自治的范畴，除违背法律规定的极端情况外，均具有法律效力。如果工程总承包合同当事人在合同中明确勘察风险由发包人或总承包人承担的，从其约定。

（二）合同没有明确约定，作为可研编制单位的总承包人不应再以勘察资料存在错漏要求增加费用或顺延工期

建设单位承担勘察风险的前提是，前期资料由发包人提供并对材料的准确性负责，总承包人仅能根据发包人提供的资料作出判断并确定投标价格，因此，总承包人对非由其提供并负责的资料错漏不承担风险符合一般公正原则。但是，在总承包人即为前期资料的提供单位时，总承包人不仅参与投标时对相关情况的了解程度已经可能高于其他的投标人，而且根据其与发包人之间的勘察合同也应对可研等资料的准确性负责的情况下，便不应再将勘察资料与项目实际状况存在差异导致工期延误或费用增加的风险分配给发包人，这也是公平原则的要求。

【裁判观点】

（2018）云民初 168 号

联营体起诉称，“本案工程是依据可研阶段的地质勘察成果进行招标的，但联合体在本案工程施工过程中发现，施工现场揭露的地质条件与招标时提供的地勘资料反映的情况存在重大差异，且依据原招标时地勘资料所作的设计内容也需作出调整。且如联合体继续按原合同约定价格施工，将承受巨大损失。为此，联合体就设计变更事宜征求被告意见，多次请求被告调整合同价格，但被告未予审批同意。自 2016 年 1 月 19 日起，项目陷入停工状态”。从五郎河公司提交的证据可以看出，案涉工程在招投标之前，五郎河公司委托北京院编制云南五郎河流域梯级水电站水井水电站的预可行性研究报告及可行性研究报告，并经过了丽江市

的审批，而联营体中的北京院即为参与前期工作的单位之一，所以联营体对于投标之前的地质情况是了解的，并且双方提交的证据及往来函件中，仅有 2015 年 12 月 19 日及 21 日是双方之间关于申请合同外新增工程费用的函件往来，联营体因为地质问题与五郎河公司之间因协商不成导致停工的事实依据并不充分。联营体给五郎河公司的回函中对停工的原因已经载明，并非由于协商不成而停工，且以水电四局提出复工条件“修改总价承包合同为单价承包合同，并补偿目前实际发生的工程量远远超出合同工程量的问题，并表示在这个问题未得到解决之前不予复工……请贵公司对水电四局水井项目部提出的上述恢复施工条件能给予明确答复”为理由作出的回复内容，与水电四局在 2016 年 12 月 21 日给五郎河公司的报告中的理由不一致。水电四局给五郎河公司的报告中说明因北京院不支付工程款导致施工单位无法支付相应工程款导致了停工的事实。由此可以证明，双方停工的原因并非联营体起诉中所称由于地质原因要求调整设计增加工程价款五郎河公司不予答复导致停工。因此，根据合同条款“第 11.1 条发包人在确有必要时，可要求承包人暂停工程或部分工程施工，并把暂停施工的理由通知承包人。第 11.4 条若停工责任在发包人，由发包人承担因此发生的费用，停工引起的工期延误，延长的工期，由发包人与承包人协商确定；若停工责任在承包人，由承包人承担因此发生的费用，工期不得顺延”的约定，联营体擅自停工的行为构成了违约。

裁判规则三　工程总承包合同约定总承包人承担报价清单错漏风险，总承包人要求发包人支付因报价清单漏项增加的费用或顺延工期的，不予支持

【规则解析】

一、在工程总承包模式下，总承包人对《发包人要求》、前期设计文件、项目基础资料等前期资料具有合理复核义务

发包人编制《发包人要求》、前期设计文件、项目基础资料等项目前期资料并对工程总承包项目进行招标发包，属于要约，总承包人应当根据发包人提供的上述文件编制报价清单并据以投标，此为承诺。根据《建设项目工程总承包合同（示范文本）》第 1.12 款第 1 段第 1 句“承包人应尽早认真阅读、复核《发包人要求》以

及其提供的基础资料,发现错误的,应及时书面通知发包人补正”、第4.7.1项“除专用合同条件另有约定外,承包人应对基于发包人提交的基础资料所做出的解释和推断负责……”的规定,即使《发包人要求》、项目基础资料是发包人自行制作并提供的,但是总承包人也负有对《发包人要求》、项目基础资料的合理复核义务,其在一定程度上对上述文件的准确性、充分性、完整性及真实性负责。

二、总承包人制作的报价清单必须响应发包人提供的旨在满足“发包人要求”的项目清单

《招标投标法》第27条第1款规定:“投标人应当按照招标文件的要求编制投标文件。投标文件应当对招标文件提出的实质性要求和条件作出响应。”

《建设项目工程总承包合同(示范文本)》第1.1.1.7目规定:“项目清单:是指发包人提供的载明工程总承包项目勘察费(如果有)、设计费、建筑安装工程费、设备购置费、暂估价、暂列金额和双方约定的其他费用的名称和相应数量等内容的项目明细。”

《建设项目工程总承包合同(示范文本)》第1.1.1.8目规定:“价格清单:指构成合同文件组成部分的由承包人按发包人提供的项目清单规定的格式和要求填写并标明价格的清单。”

在招标发包阶段,发包人应当依据其制作的《发包人要求》、前期设计文件、项目基础资料等项目前期资料编制项目清单;根据《招标投标法》的要求,总承包人必须按照发包人的项目清单编制价格清单,价格清单的实质性内容应当无条件响应项目清单。

三、总承包人自行编制的价格清单存在缺漏,总承包人应对此负责

一方面,项目清单根据《发包人要求》、前期设计文件、项目基础资料等项目前期资料而得出,总承包人负有对《发包人要求》、前期设计文件、项目基础资料等项目前期资料的校正、纠偏、补充的复核义务,而价格清单又必须按照项目清单编制,因此总承包人在填写价格清单时,应当通过对价格清单的编制履行针对项目清单的复核义务,对错误进行修改、对遗漏进行补充、对偏移进行纠正等;另一方面,价格清单本身就是总承包人自行编制的,发包人并不参与编写过程,据此总承包人对价格清单的完整性、准确性、真实性及充分性负责,其不得就价格清单存在错误、缺陷、遗漏、延迟、不符为由要求发包人上调价格或追加费用。

四、在工程总承包模式下，总承包人原则上对项目清单与价格清单所涵盖的工程量负责，除非发生总承包人难以预见的情形，否则总承包人不得基于实际工程量超出清单工程量为由要求上调价格并追加费用

鉴于总承包人对项目清单有合理复核义务且价格清单由总承包人自行制作，原则上总承包人对价格清单的正确性负责，即总承包人对价格清单所涵盖的工程量负责，其不得以实际发生的工程量超出价格清单所包含工程量范围为由要求发包人追加费用或补偿损失。但是，若出现以下总承包人不可预见的情形，导致实际工程量变化超出价格清单所包含的工程量，使总承包人遭受施工成本增加与建设工期延误等损失的，其有权向发包人索赔：

1. 发包人提供的《发包人要求》、前期设计文件、项目基础资料等项目前期资料存在重大错误，且该错误并非一个理性总承包人凭借其管理能力、掌握技术及其承包经验所能合理预见的，即《建设项目工程总承包合同（示范文本）》第1.12条第2款规定的“《发包人要求》或其提供的基础资料中的错误导致承包人增加费用和（或）工期延误的，发包人应承担由此增加的费用和（或）工期延误，并向承包人支付合理利润”的情形。

2. 发包人发出设计变更，所涉及的工程量大幅增加，超出总承包人在投标报价时的合理预见视域、突破为实现“发包人要求”所涵盖的工程量范围的，即《建设项目工程总承包合同（示范文本）》第3.5.2项规定的“承包人收到工程师作出的指示后应遵照执行。如果任何此类指示构成一项变更时，应按照第13条[变更与调整]的约定办理”的情形。

在下述（2017）陕05民初13号案件中，合同约定“列表如有遗漏设备及材料等数量的不足，承包商应在项目实施工程中予以补充完全，以确保项目目标的达成，不再追加费用”构成对发承包双方的合法约束，总承包人应当对列表的准确性及完整性负责；且总承包人没有证据证明列表的缺漏是发包人提供文件错误或发包人下发变更指令所导致的，故根据合同约定，总承包人要求发包人追加列表遗漏的费用的，不予支持。

【裁判观点】

1.(2017)陕05民初13号①

双方签订的《1#4#水泥库总承包合同》附件2项目报价第20条约定:"根据设计图纸资料,统计出的工艺设备表及电气自动化仪表清单……承包人应组织相关专业人员自己统计测算,列表如有遗漏设备及材料等数量的不足,承包商应在项目实施工程中予以补充完全,以确保项目目标的达成,不再追加费用。"

中十冶公司主张因富平公司提供的施工图纸没有图集无法准确报价,故应该对增加的工程量据实结算。

法院认为,因本案合同系固定总价合同,所以富平公司提供了施工图纸和说明后,中十冶公司应该根据图纸自行计算工程量进行申报,由于中十冶公司已经计算并申报投标价,所产生的量与价或者计算疏漏的风险应由其自行承担,申报过程中中十冶公司也并未提起缺少施工蓝图的要求,故其按照设计图纸申报后与富平公司达成的固定总价约定应予确认,应受其约束,故中十冶公司主张因无图集导致报价不准确的理由,不能成立。

2.(2016)最高法民再135号②

由于涉案工程施工合同约定的结算方式为总价承包,施工合同第一部分《合同协议书》约定:"204,950,000元为固定总承包价的结算方式,除出现2.2.1、2.2.2、2.2.3、2.2.4条款的情形,合同价款不得调整;合同专用条款2.11注:1.本工程项目价格表仅作为建设工程中进度付款之用,乙方不得因此表中工程量及价格与实际所不相符而向甲方进行索赔。2.乙方施工以设计施工图为准,施工图工程量与本项目价格表中工程量差不调整。3.本工程项目价格表中的价格为乙方承包范围内包死价,不调整。"本案鉴定报告未采纳结算书中的款项正是该合同约定的不得调整的款项,故一审法院采纳鉴定报告而未采纳韶关二建公司单方制作的结算书,符合双方关于结算方式的约定,亦符合原建设部《建筑工程施工发包与承包计价管理办法》(2001年版)第12条关于"合同价可以采用以下方式:(一)固定价。合同总价或者单价在合同约定的风险范围内不可调整……"的规定。至于工程材料款在市场价格中的波动,鉴定报告已经予以考虑,并予以计算在内。

---

① 中十冶集团有限公司与陕西富平水泥有限公司建设工程施工合同纠纷案,陕西省渭南市中级人民法院(2017)陕05民初13号民事判决书。

② 广东省韶关市第二建筑工程公司与韶关市坪石发电厂有限公司建设工程施工合同纠纷申诉、申请案,最高人民法院(2016)最高法民再135号民事判决书。

裁判规则四　工程总承包合同约定总承包人承担设计变更风险，总承包人要求发包人支付因设计变更增加的费用或顺延工期的，不予支持

【规则解析】

在工程总承包模式下，设计变更分为五种情形。

一、因总承包人自身原因，如技术不达标、经验不丰富、衔接不合理等，引发设计错误导致的设计变更

在此情形下，由此产生的费用增加及工期延误的风险由总承包人自行承担，性质上为基于总承包人违约所产生"采取补救措施"型的违约责任，属于《建设项目工程总承包合同（示范文本）》第5.6款"承包人文件存在错误、遗漏、含混、矛盾、不充分之处或其他缺陷，无论承包人是否根据本款获得了同意，承包人均应自费对前述问题带来的缺陷和工程问题进行改正……"规定的情形。

二、因发包人提供的发包人要求、项目基础资料、前期设计文件、初步勘察文件存在错漏引发设计错误导致的设计变更

在此情形下，发包人应当追加费用、调整价格并顺延工期，性质上为基于发包人违约产生的"损害赔偿"型的违约责任，属于《建设项目工程总承包合同（示范文本）》第1.12款第2段"《发包人要求》或其提供的基础资料中的错误导致承包人增加费用和（或）工期延误的，发包人应承担由此增加的费用和（或）工期延误，并向承包人支付合理利润"规定的情形。

三、因总承包人提出设计优化的合理化建议、发包人同意并下达变更指令所导致的设计变更

在此情形下，发包人应当根据变更指令上调合同价格，性质上为总承包人提出变更要约、发包人作出变更承诺的变更合意，属于《建设项目工程总承包合同（示范文本）》第13.2款"承包人提出合理化建议的，应向工程师提交合理化建议说明……工程师应在收到承包人提交的合理化建议后7天内审查完毕并报送发包人……合理化建议经发包人批准的，工程师应及时发出变更指示，由此引起的合同价格调整按照第13.3.3项[变更估价]约定执行……"规定的情形。

四、因发包人发出变更指令，所引发的工程增量超出满足“发包人要求”所需要的工程量范围而导致的设计变更

在此情形下，发包人应当根据变更指令上调合同价格、追加施工费用、补偿实际损失并顺延建设工期，性质上为发包人提出变更要约、发包人以实际施工行为作出承诺的变更合意，属于《建设项目工程总承包合同(示范文本)》第 13.3 款“发包人提出变更的，应通过工程师向承包人发出书面形式的变更指示……承包人收到工程师下达的变更指示后……认为可以执行变更的，应当书面说明实施该变更指示需要采取的具体措施及对合同价格和工期的影响，且合同当事人应当按照第 13.3.3 项[变更估价]约定确定变更估价……”规定的情形。

五、因法律变化、物价上涨、不可预见的不利地质障碍导致的设计变更

在此情形下，总承包人可以提请发包人下达变更指令，发包人应当据此下发变更指令，性质上为因不可预见的情事变化引发的合同变更，属于《建设项目工程总承包合同(示范文本)》第 4.8 款“不可预见的困难”、第 8.7.4 项“异常恶劣的气候条件”、第 13.7 款“法律变化引起的调整”以及第 13.8 款“市场价格波动引起的调整”所规定的情形。

在上述引发设计变更的情形中，只有第 2、3、4、5 种情形才是总承包人据以向发包人要求追加费用、调增价格、补偿损失并顺延工期的合理事由。

在下述(2019)最高法民终 1356 号案件中，一方面，发承包双方约定只有“经业主同意的变更”以及“改变‘业主要求’的变更”才是总承包可以调整合同价格与工期的变更事由，然而总承包人却无法提供证据证明对初步设计的变更是发包人提供的文件资料错误所导致、是发包人明确同意的变更、是发包人明确提出的改变“发包人要求”所作出的变更或是基于不可预见的施工障碍所引发的变更；另一方面，在工程总承包模式下，总承包人本就负有恒定的深化设计义务，在招投标阶段，该深化设计义务就已纳入总承包人充分考虑的范围并据以投标报价，与工程总承包合同约定的固定总价构成合理对价，故总承包人以从初步设计到深化设计发生设计变更导致工程发生增量为由要求发包人变更调价或追加费用的，不予支持。

【裁判观点】

(2019)最高法民终 1356 号①

案涉项目从最初的招标范围到投标,以及双方签订的 EPC 总承包合同所确定的承包范围等都明确,电建公司作为总承包商,其合同义务不仅仅是按图施工,还包含勘察、施工图设计、设备材料采购等多项工作。而且,EPC 总承包合同的《合同条款》第 11 条第 3 款也再次明确,对初设图优化所导致的工程量增减及设备改变均不属于合同约定的变更范围。

同时,虽然电建公司是按照赤天化公司审核过的施工图进行施工,但 EPC 总承包合同的《合同条款》第 7 条第 3 款第 10 项、第 12 条第 6 款已经明确约定,除非按照本合同第 12 条"变更和调整"的规定由业主签发正式的书面变更单,否则承包商无权也不得据此向业主索赔,包括工期和费用;凡没有改变本合同中"业主要求"的变更,由承包商承担因变更引起的费用或工期的改变,不调整合同价格和工期。因此,鉴定单位以施工图经过了业主审核为由将初设图到施工图之间的变化认定为"业主要求的变更"并计入"核实"部分与合同约定不符。

综上所述,在电建公司没有提交证据证明变更系业主提出的情况下,初设图到施工图的变更,原则上属于承包商履行其合同义务所必须进行的优化,鉴定单位将该部分认定为"业主要求的变更"从而计入工程变更范围,是对 EPC 合同的错误理解。该部分不能计入涉案工程总造价。

裁判规则五　工程总承包合同约定设计费支付以项目盈利为条件,总承包人在项目经营亏损情形下要求发包人支付设计费的,不予支持

【规则解析】

一、建设项目移交发包人后的运营收益风险一般由发包人自行承担

(一)《民法典》规定,标的物交付后的风险由受领人承担

《民法典》第 604 条规定:"标的物毁损、灭失的风险,在标的物交付之前由出

① 中国电建集团新能源电力有限公司(原贵州电力建设第二工程公司)、贵州赤天化桐梓化工有限公司建设工程施工合同纠纷案,最高人民法院(2019)最高法民终 1356 号民事判决书。

卖人承担,交付之后由买受人承担,但是法律另有规定或者当事人另有约定的除外。"

根据《民法典》的规定,标的物由出卖人交付买受人后,标的物毁损灭失的风险由买受人承担。在工程总承包合同中,发包人对建设项目进行运转经营是总承包人交付建设工程、发包人受领建设工程之后的事项,在此情形下,鉴于建设项目已置于发包人的实际占有范围之中,故建设项目运营过程中的收益风险应当由发包人自行承担。

(二)《工程总承包管理办法》并未规定项目运营属于总承包人的风险范围

《工程总承包管理办法》第3条规定:"本办法所称工程总承包,是指承包单位按照与建设单位签订的合同,对工程设计、采购、施工或者设计、施工等阶段实行总承包,并对工程的质量、安全、工期和造价等全面负责的工程建设组织实施方式。"

根据《工程总承包管理办法》的规定,工程总承包模式下的总承包人只就固定价格、质量标准、施工安全、建设工期向发包人全面负责,《工程总承包管理办法》并未规定总承包人的责任范围包含项目运营,故建设项目运转经营不属于总承包人应承担的风险事项。

(三)财政部《PPP项目合同指南(试行)》亦规定项目运营风险由项目业主暨发包人承担

财政部《PPP项目合同指南(试行)》第二章第一节第3点第2项"常见风险分配安排"规定:"……通常由项目公司承担的风险,包括:……(2)项目设计、建设和运营维护相关风险,例如完工风险、供应风险、技术风险、运营风险以及移交资产不达标的风险……"

"项目公司"即为项目业主,也是PPP项目建设的发包人,根据上述规定,建设项目的运营风险理应由发包人承担,这是建设行业公认的交易惯例。

由此可见,在工程总承包模式下,建设项目的经营运行风险原则上应当由发包人承担。

二、法律不禁止发包人通过合同约定将项目运营风险转嫁给总承包人

工程总承包合同的本质就是风险配置与价格平衡,使价格与风险相互匹配、

构成对价，只要总承包人自愿接受，在不违反公平原则的情形下，法律并不强制干预制止发包人通过设置合同条款向总承包人转嫁项目运行风险的行为。而且，发承包双方对于风险分配的约定是其自由意志与内心意思的体现，属“私法自治”的范围，除违反法律规定外，法律亦不会轻易评判干涉当事人的自由意志。

据此，发承包双方在工程总承包合同中约定总承包人承担建设项目的运营风险的，该约定有效，发承包双方应当诚信遵守，发包人要求总承包人承担部分运营费用的，法院应予支持。

【裁判观点】

（2019）最高法民申 6462 号①

关于其中的方案设计费 1100 万元承担问题，根据 EPC 总承包合同约定，合同设计价款在合同签订后一次性支付 25%；剩余 75% 的价款，在项目运营后以营业收入（每张门票抽取人民币 5 元）形式按 2 年分期支付，如营业亏损，发包人不再支付。因此，即便项目投入运营，剩余 75% 的设计费也存在不能支付的客观风险。基于案涉合同已经解除，合同约定的 75% 付款条件未成就，原审法院按 25% 的比例确定平阳旅投应支付设计费 275 万元，符合合同约定。同时，鉴于合同解除后双方均有损失，原审法院根据本案实际情况，判决相关费用由双方分别各自承担，也无明显不当。

裁判规则六 工程总承包合同约定即使出现法律变化情形也不得追加费用或顺延工期的，总承包人以法律变化风险为由要求发包人赔偿损失或顺延工期的，不予支持

【规则解析】

一、工程总承包模式下，法律法规政策变化产生的不利风险应由发包人承担

《工程总承包管理办法》第 15 条第 2 款规定：“建设单位承担的风险主要包

① 浙江省一建建设集团有限公司、清华大学建筑设计研究院有限公司建设工程施工合同纠纷再审审查与审判监督案，最高人民法院（2019）最高法民申 6462 号民事裁定书。

括:……(二)因国家法律法规政策变化引起的合同价格的变化……”

《建设项目工程总承包合同(示范文本)》第 13.7.1 项规定:“基准日期后,法律变化导致承包人在合同履行过程中所需要的费用发生除第 13.8 款[市场价格波动引起的调整]约定以外的增加时,由发包人承担由此增加的费用;减少时,应从合同价格中予以扣减。基准日期后,因法律变化造成工期延误时,工期应予以顺延。”

根据工程总承包模式的交易惯例,法律变化、政策变动、规划更改等事项引发的费用增加或工期延误超出总承包人的合理预见范围,导致合同履行所依赖的客观基础与物质条件被打破,要求总承包人按照合同原约定价格履行建设义务将引发显失公平的不利后果,故法律变化、政策变动、规划更改等事项引发的风险原则上分配给发包人承担,总承包人有权据以追加费用、索赔损失、变更调价并顺延工期。

二、当事人可自行约定法律法规政策变化产生的不利风险承担方式

只要发包人支付了相应的风险对价,总承包人在投标报价时也接受了发包人的风险分配要求,法律并不禁止发包人通过合同约定将法律变化引发的不利风险转移给总承包人承受。一旦总承包人作出投标承诺的,该约定因符合发承包双方真实一致的意思表示即具有约束发承包双方的效力,总承包人应当自费承担基于法律变化产生的成本损失、费用增加与工期延误的不利风险,其以法律变化为由向发包人追加费用、索赔损失并要求延展工期的,不予支持。

在下述(2019)新民初 16 号案件中,工程总承包合同明确约定合同总价涵盖“法律、行政法规和国家有关政策变化”所导致的风险,尽管案涉争议并非针对此项内容产生,但法院在判决中认可合同价款约定的观点,实际上也认可了该约定的有效性。

【裁判观点】

(2019)新民初 16 号①

案涉合同通用条款第 23 条对合同价款及调整进行了约定,协议书中标明的合同价款为固定合同总价,任何一方不得擅自改变。合同价款所包括的工程内容

---

① 北京蓝图工程设计有限公司与新疆大黄山鸿基焦化有限责任公司、新疆大黄山鸿基焦化有限责任公司阜康焦化分公司建设工程施工合同纠纷案,新疆维吾尔自治区高级人民法院(2019)新民初 16 号民事判决书。

为初步方案设计范围所包含工程范围。以下风险已经包括在合同总价中:法律、行政法规和国家有关政策变化;工资、物价或汇率的变动;任何调价文件的发布。发生下列情况之一时可作调整:由于业主变更引起的合同价款的增减(变更引起的工程建设费用累计增减额 50 万元以内的变更不予调整)。合同约定的其他价款增减或调整。因业主变更引起的变更价款的确认执行第 31 款;合同约定的其他价款增减或调整,应在其发生后 14 天内,总承包商应将调整的原因、金额以书面形式通知业主代表或监理工程师,业主代表或监理工程师确认调整金额,相应增减合同价款。本合同价款(暂定价)为人民币 7800 万元。

原告提交的"新疆大黄山鸿基焦化有限责任公司"函,欲证明签订暂定价是因当时设备选型、工艺技术深度等不明朗,只有概算表,没有详细的概算书,故双方约定,为确保工期、保证造价的合理性,以暂定价签订合同,并尽快完成初步设计概算。之后双方并未在初步设计概算的基础上协商调整合同价款,应认定合同约定价款并未发生变更或调整。原告提交新疆宝中工程造价咨询有限公司 6 本报告书,欲证明 2013 年 3 – 9 月完成的实物量和形象进度、申请支付工程款 1.60201852亿元、经审核应当支付工程款共 1.3240291 亿元。这 6 本报告书及其所附的工程款支付证书是对案涉工程进度款进行审核控制的过程资料,不应认定为双方当事人对案涉工程最终结算的一致意见。原告未向法院提供证据证实其向业主代表或监理工程师提交业主变更报价资料,原告提交的其他证据不能证明工程价款已进行了变更和调整,法院依法认定本案工程价款为 7800 万元。原告申请对案涉工程造价进行司法鉴定,法院不予准许。

裁判规则七 工程总承包模式的市场价格波动风险原则上由发包人承担,总承包人要求发包人支付上涨后价格与合同约定涨幅上限的差额部分,应予支持

【规则解析】

《工程总承包管理办法》第 15 条第 2 款规定:"建设单位承担的风险主要包括:(一)主要工程材料、设备、人工价格与招标时基期价相比,波动幅度超过合同约定幅度的部分……"

《建设项目工程总承包合同(示范文本)》第 13.8.1 项规定:"主要工程材料、设备、人工价格与招标时基期价相比,波动幅度超过合同约定幅度的,双方按照合

同约定的价格调整方式调整。”

钢材、水泥、砂石等建筑材料的购买价格并不是恒定的，当市场出现异常的供求关系变化时，上述材料价格会随之发生波动，比如，前两年国家出台的绿色环保政策，要求减少炸山碎石开发行为，以及受“新冠疫情”的影响，均导致建筑材料供不应求，引发材料价格的急剧上升。市场价格波动的风险变幻莫测，即使是一个拥有丰富承包管理经验以及优质物料供应网络的总承包人也无法合理预见，故将市场价格波动的风险分配给发包人，由发包人对超出合同约定价格浮动上限的风险负责，符合公平原则，有其现实合理性。

在下述(2014)民申字第777号案件中，首先，工程总承包的交易习惯本就是将超出合同约定范围的市场价格波动风险分配给发包人承担，故总承包人要求追加材料价格上涨差额有其合理性。其次，工程总承包项目所在地政府发文要求业主与总承包人协商，向总承包人补偿钢材价格大幅上涨的差额费用，故总承包人要求发包人补偿价格具有政府文件依据。最后，发包人与工程总承包人已就钢材价格大幅上涨达成费用补偿合意，故总承包人要求发包人支付差额费用符合双方的真实意思。综上，法院根据发承包双方的约定调整材料单价，具有事实依据。

还有一种情形是下述(2017)晋民初47号案件，由于建筑材料市场价格大幅上涨是总承包人无法合理预见的事项，出于公平起见，即使工程总承包合同并未明确约定此种情形下发包人应当追加费用或顺延工期，除非工程总承包合同明确排除发包人承担此类情形的不利责任，此类风险原则上分配给发包人承担。在合同未明确约定物价上涨的风险由发包人承担的情况下，物价上涨的风险仍由发包人承担，遑论合同明确约定出现物价上涨允许变更调价的条款。

【裁判观点】

1. (2014)民申字第777号①

陕西省高级人民法院对桥梁工程综合单价的调整具有事实依据。《协议书》签订后，2004年10月21日陕西省交通厅印发了《关于在钢材市场价格大幅上涨且波动较大期间加强全省公路建设项目合同支付管理工作的通知》，要求在2003年6月后签订了施工合同的在建工程，对由于钢材价格波动较大而对施工成本有较大影响的合同工程，业主可与施工单位协商，补充修改相应的合同条款，以降低

---

① 中国第十三冶金建设有限公司与陕西金鑫桥梁建设有限公司建设工程分包合同纠纷申请再审案，最高人民法院(2014)民申字第777号民事裁定书。

业主和施工单位承担的钢材价格风险。因此，陕西省高级人民法院将涉案工程综合单价调整为十三冶与业主约定的单价，符合材料价格上涨的实际情况，具有事实依据。

2.（2017）晋民初47号①

关于首钢国际公司已完成工程的价款数额的问题。双方四份总包合同均为固定总价合同，但因工程建设规模调整、工程项量增加、重大设计变更、钢材市场价格波动等引起价格变化除外。发生工程量变更情况，应在情况发生后15天内，将调整原因、调整金额等签订书面变更协议，作为增加或减少合同借款的依据。钢材价差当月确定，由双方签字确认，作为工程结算时计算钢材价差调整的依据。

炼钢工程合同总价格为人民币51,306万元，炼铁工程合同总价格为44,899万元，烧结工程合同总价格为31,000万元，公辅工程合同总价格为12,295万元，以上四项总计139,500万元。法院认定的合同内减项合计3,442,259元，认定的合同外经双方认可的增项为1,311,192元。

关于钢材差价款，首钢国际公司主张四项工程总计1403.3857万元，并提供了明细和计算依据。首钢国际公司与文水海威公司没有依据合同约定在施工过程中就钢材用量和调整价格签署书面确认文件，但钢材差价是客观存在的，首钢国际公司亦提交了初步的证据予以证明，酌情支持首钢国际公司请求数额的90%即1263.0471万元。

综合以上各项内容，首钢国际公司已完成的工程的价款数额为140,549.9404万元。文水海威公司已付款104,630万元，尚欠工程款35,919.9404万元。

---

① 北京首钢国际工程技术有限公司与文水海威钢铁有限公司纠纷案，山西省高级人民法院（2017）晋民初47号民事判决书。

第二章

工程总承包工期责任

第一节　开工日期的认定

裁判规则一 工程总承包合同约定的开工日期届至,但发包人未能提供施工条件,总承包人要求延展工期的,应予支持

【规则解析】

一、保证移交的施工作业面具备开工条件是发包人应当履行的义务

《建设项目工程总承包合同(示范文本)》第2.2款"提供施工现场和工作条件"规定:"……发包人应按专用合同条件约定向承包人提供工作条件……因发包人原因未能按合同约定及时向承包人提供施工现场和施工条件的,由发包人承担由此增加的费用和(或)延误的工期。"

根据上述规定,保证项目现场具备开工条件是发包人的义务,并且发包人应当为基于不能按约提供开工条件所产生的费用增加与工期延误的不利后果负责。

二、发包人交付的施工界面尚不具备施工条件,应将施工条件具备的时间认定为开工时间,即允许建设工期予以向后顺延

《最高人民法院建设工程司法解释一》第8条规定:"当事人对建设工程开工日期有争议的,人民法院应当分别按照以下情形予以认定:(一)开工日期为发包

人或者监理人发出的开工通知载明的开工日期；开工通知发出后，尚不具备开工条件的，以开工条件具备的时间为开工日期……”

承前所述，鉴于保证项目现场具备施工条件是发包人的义务，若开工通知发出后，建设项目尚不具备开工条件的，该不利后果是由于发包人不完全履行义务所致的，故发包人应当允许总承包人顺延工期，即以施工条件具备的时间作为开工日期。

在下述(2019)最高法民申5122号案件中，虽然案涉工程于2015年6月27日开工，但是开工所必备的“大棚建设安装”条件于2016年5月11日仍未满足，而“大棚建设安装”是发包人应当负责完备的事项，因发包人的原因导致施工条件在开工时尚不具备，故自2015年6月27日至2016年5月11日的工期应当向后延展。

【裁判观点】

1.(2019)最高法民申5119号①

关于二审判决对工程逾期责任的认定是否正确的问题。根据双方签订的《山东冠丰高效农业光伏有限公司50MW光伏发电项目EPC总承包合同》的约定，工程开工日期为2015年1月26日，竣工日期为大棚建设完成具备光伏电站施工条件后4个月，山东冠丰高效农业光伏有限公司负有使施工场地具备施工条件的责任和义务。虽然案涉工程于2015年5月10日开工建设，但根据山东省建设监理咨询有限公司出具的工程签证单及关于光伏电站施工工期的说明，案涉工程大棚完工时间为2015年10月15日，一审中双方均认可大棚建设安装与光伏电站施工进度存在关联，即光伏组件的安装须以大棚完工为前提。竣工报告中记载的案涉工程竣工日期为2015年12月18日，符合《山东冠丰高效农业光伏有限公司50MW光伏发电项目EPC总承包合同》的约定。山东冠丰高效农业光伏有限公司再审申请期间主张山东省建设监理咨询有限公司出具的大棚建设证明、工程签证单是伪造的，但并未提交证据予以证明，对其主张不予支持。

2.(2019)最高法民申5122号②

关于二审判决对工程逾期责任的认定是否正确的问题。根据双方签订的《山

① 山东冠丰高效农业光伏有限公司、青岛特锐德电气股份有限公司建设工程施工合同纠纷再审审查与审判监督案，最高人民法院(2019)最高法民申5119号民事裁定书。

② 山东冠丰种业科技有限公司、青岛特锐德电气股份有限公司建设工程施工合同纠纷再审审查与审判监督案，最高人民法院(2019)最高法民申5122号民事裁定书。

东冠丰冠县高效农业光伏产业园20兆瓦光伏发电项目EPC总承包合同》的约定，开工日期为2015年6月27日，竣工日期为2015年10月27日，冠丰种业公司负有使施工场地具备施工条件的责任和义务。虽然案涉工程于2015年6月27日开工建设，但根据山东省建设监理咨询有限公司出具的工程签证单及关于光伏电站施工工期的说明，案涉工程大棚完工时间为2016年6月5日，原审中冠丰种业公司提交的2016年5月5日至2016年5月11日期间的监理周报也能证明截至2016年5月11日尚有部分大棚未安装完成。一审中双方均认可大棚建设安装与光伏电站施工进度存在关联，即光伏组件的安装须以大棚完工为前提。因此，虽涉案工程于2015年6月27日开工建设，但在合同约定的工期内光伏组件尚未安装完成并非由于特锐德公司拖延施工导致。冠丰种业公司再审申请关于因特锐德公司原因导致工程逾期的主张没有证据证明，不予支持。

裁判规则二 工程总承包合同约定的开工日期届至，但发包人尚未交付施工场地，总承包人要求顺延工期的，应予支持

【规则解析】

一、发包人负有按约交付施工场地的义务，未按时交付工作界面的，应当对费用增加及工期延误的不利后果负责

《建设项目工程总承包合同（示范文本）》第2.2款“提供施工现场和工作条件”规定：“……发包人应按专用合同条件约定向承包人移交施工现场，给承包人进入和占用施工现场各部分的权利，并明确与承包人的交接界面，上述进入和占用权可不为承包人独享。如专用合同条件没有约定移交时间的，则发包人应最迟于计划开始现场施工日期7天前向承包人移交施工现场，但承包人未能按照第4.2款［履约担保］提供履约担保的除外……因发包人原因未能按合同约定及时向承包人提供施工现场和施工条件的，由发包人承担由此增加的费用和（或）延误的工期。”

在工程总承包模式下，发包人应当于开工前向总承包人交付施工作业面，逾期交付的，发包人应当对由此引发的施工费用增加与建设工期延误的不利后果负责，即应当同意总承包人要求追加费用并顺延工期的请求。

二、发包人未按约交付施工场地的，总承包人有权要求顺延工期并索赔停窝工损失

《民法典》第 803 条规定："发包人未按照约定的时间和要求提供原材料、设备、场地、资金、技术资料的，承包人可以顺延工程日期，并有权请求赔偿停工、窝工等损失。"

根据法律规定，发包人未按约履行交付施工作业界面的义务，导致总承包人遭受工期延误与停窝工损失的，总承包人有权要求顺延工期并赔偿损失。

据此，工程总承包合同约定的开工日期届至，发包人仍未按照约定向总承包人交付施工场地的，建设工期应当相应往后延展，即以发包人实际交付施工作业界面的时间作为实际开工日期。

【裁判观点】

（2020）最高法民申 1318 号[①]

关于灌区公司是否施工逾期。《合同法》第 283 条规定："发包人未按照约定的时间和要求提供原材料、设备、场地、资金、技术资料的，承包人可以顺延工程日期，并有权要求赔偿停工、窝工等损失。"根据最高人民法院《关于审理建设工程施工合同纠纷案件适用法律问题的解释（二）》（法释〔2018〕20 号）第 5 条的规定，开工日期应当综合开工报告、合同、施工许可证、竣工验收报告等载明的时间，并结合是否具备开工条件的事实予以确定。本案中，承包及销售协议第 8 条约定工期为 24 个月，自取得施工许可证之日起算。据原审查明，案涉一期工程施工许可证颁发时间为 2014 年 4 月 11 日，载明的合同开工日期为 2014 年 6 月 30 日，合同竣工日期为 2016 年 6 月 20 日。竣工验收报告（一期）载明：开工日期为空白，竣工验收日期为 2016 年 9 月 22 日。实际施工中双方均未严格按协议约定的自取得施工许可证之日起计算工期。虽然灌区公司于 2014 年 5 月 25 日进场施工，但虹都公司并非一次性向灌区公司交付全部施工场地，而是自 2014 年 6 月 16 日至 10 月 8 日陆续交付场地。案涉一期工程于 2016 年 9 月 22 日竣工，未超出双方约定的 24 个月工期。原审认定灌区公司不存在工期违约行为并无不当。

---

① 简阳市虹都房地产开发有限公司、四川省都江堰龙泉山灌区管理处建筑工程公司建设工程施工合同纠纷再审审查与审判监督案，最高人民法院（2020）最高法民申 1318 号民事裁定书。

第二节　竣工日期的认定

裁判规则三　工程总承包建设项目的竣工日期以当事人约定的竣工日期为准。工程总承包合同约定竣工日期为“交工试验之日”的，应当以实际交工试验之日为竣工之日，并结合实际开工日期判断总承包人有无工期违约

【规则解析】

一、传统施工总承包模式对于“竣工之日”的认定不适用于工程总承包模式

（一）传统施工总承包以“竣工验收合格之日”、“建设工程交付之日”或“承包人提交竣工验收报告之日”作为认定“竣工之日”的依据

《最高人民法院建设工程司法解释一》第9条规定：“当事人对建设工程实际竣工日期有争议的，人民法院应当分别按照以下情形予以认定：（一）建设工程经竣工验收合格的，以竣工验收合格之日为竣工日期；（二）承包人已经提交竣工验收报告，发包人拖延验收的，以承包人提交验收报告之日为竣工日期；（三）建设工程未经竣工验收，发包人擅自使用的，以转移占有建设工程之日为竣工日期。”

根据法律规定，在传统施工总承包模式下，若当事人对竣工之日有争议的，可以根据不同情况将“竣工验收合格之日”、“承包人提交竣工验收报告之日”或“工程实际交付之日”认定为“竣工之日”。

（二）“竣工验收合格之日”、“建设工程交付之日”或“承包人提交竣工验收报告之日”不能作为认定工程总承包建设项目“竣工之日”的当然依据

在施工总承包模式下，将“竣工验收合格之日”及“工程实际交付之日”作为“竣工之日”的理由在于，施工直至形成合格的建设成果会跨越一个漫长的周期，施工义务的履行是一个持续性的过程，履行施工义务的目的在于获取工程价款，因此“竣工之日”是承包人履行施工义务的终点，也可以是承包人主张剩余工程款

债权的起点;从另一个角度而言,施工合同的基础对价是总承包人交付质量合格的工程与发包人足额支付工程款,发包人足额付款的先决条件是承包人施工完成的工程质量合格,因此"工程质量合格"是承包人履行施工义务的终极目标,也是承包人主张剩余工程款债权的基本前提。由此可以认为,"竣工之日"等同于"建设工程被评价为质量合格之日",并且根据法律规定,"建设工程被评价为质量合格"的条件是"建设工程经竣工验收合格"或"建设工程被发包人擅自使用",因此"竣工之日"可以等同于"竣工验收合格之日"或"工程实际交付发包人之日"。

但是,沿用上述逻辑,在工程总承包模式下,"竣工验收合格之日"或"工程实际交付之日"并不能作为工程总承包建设项目的"竣工之日",原因如下:

首先,施工总承包模式的质量评价标准与工程总承包模式的质量评价标准不一致。传统施工总承包下的"质量合格"评价体系是单一标准,即建设工程符合国家规定的强制性质量标准即可,但工程总承包下的"质量合格"评价体系是双重标准,即建设项目的土建部分符合国家规定的强制性质量标准,以及建设项目的装置设备的安装运行满足发包人要求的规模范围、功能目的、性能指标、产能效益等各式指标。

其次,施工总承包模式的工程质量检验程序与工程总承包模式的工程质量检验程序亦不一致。鉴于在施工总承包模式中,在建设工程"经竣工验收合格"或"未经竣工验收但发包人擅自使用"的情况下可认定建设工程质量合格,因此检视验证建设工程是否符合国家规定的强制性质量标准的关键程序在于"竣工验收程序"或"发包人实际使用";但是,在工程总承包模式中,鉴于工程总承包建设项目的"质量合格"标准不仅包括"符合国家强制性标准"还包括"满足发包人要求",而完成"竣工验收程序"或存在"发包人实际使用"的事实仅能保证工程总承包建设项目"符合国家强制性标准",但无法说明工程总承包建设项目"满足发包人要求"。

最后,为了确认工程总承包建设项目是否"满足发包人要求",需要进行"竣工试验程序"或"竣工后试验程序"。根据工程总承包项目实施过程中的习惯,"竣工试验程序"或"竣工后试验程序"包括单体试车、联动试车、投料试车、性能测试、指标考核等阶段,其目的就是检验建设项目的机械设备是否安装成功、运行正常、生产达标,进而评判建设项目是否满足发包人要求的功能目的、性能指标、产能效益、节能需求等。因此,鉴于工程总承包建设项目的质量评判标准包含"符合国家强制性质量标准"与"满足发包人要求",故检验工程总承包建设项目是否质量合格的程序既包括"竣工验收程序/发包人实际使用"又包括"竣工试验程序/竣工后试验程序”。

综上所述，工程总承包建设项目的承包人完成“竣工验收程序”或存在“发包人实际使用”的事实仅能证明土建部分“符合国家强制性质量标准”，不能证明装置设备“满足发包人要求”，而工程总承包建设项目“质量合格”的标准既包括“符合国家强制性质量标准”又包括“满足发包人要求”，因此仅完成“竣工验收程序”或存在“发包人实际使用”的事实不能证明工程总承包建设项目“质量合格”进而认为总承包人已按约完成合同义务并有权要求发包人支付剩余对价，故“竣工验收合格之日”“建设工程实际交付之日”不能作为工程总承包建设项目“竣工之日”的认定依据。

二、发承包双方在工程总承包合同中对“竣工之日”的认定有特别约定的，应当予以尊重，以合同的约定作为认定“竣工之日”的依据

不同性质的工程总承包建设项目被寄予不同程度的“发包人要求”，这些不同程度的“发包人要求”构成不同工程总承包建设项目的质量标准。建设项目的质量标准不一致，用以验证建设项目是否满足质量标准的检验程序要求亦不一致，有的仅需要“单机试车”即可发现建设项目是否满足发包人要求的质量标准，有的却需要经历“单机试车＋联动试车＋投料试车”的程序才能确认建设项目是否响应合同约定的产能指标，还有的需要运行一段时间才能进入指标考核的测试程序。但无论如何，只有亲历项目建设的承包人以及持有实际需求的发包人才能对工程总承包建设项目究竟需要经历何种试验程序才能验证工程各指标参数满足“发包人要求”心知肚明，而工程各项指标参数满足“发包人要求”是认定工程质量合格的条件，工程质量被评价为合格又是认定“竣工之日”的关键，因此，只有工程总承包建设项目的发承包双方才知道如何设置符合现实需求的竣工试验程序去验证建设项目是否满足发包人要求，并对应约定合理的“竣工之日”。该“竣工之日”既可以是“通过168小时测试之日”，也可以是“通过联动试车之日”，亦可以是“通过投料试车之日”，但无论建设项目的“竣工之日”具体是哪一日，都应当是建设项目被评价为质量合格的那一日。

因此，发承包双方在工程总承包合同中对如何认定“竣工之日”的约定，是将建设项目的使用需求、性质特征、质量标准以及质量评价程序予以充分考虑的，体现了发承包双方的真实意思与自由意志，符合工程总承包建设项目的内在运行规律，自有其客观性与合理性。因此合同约定了建设项目“竣工之日”的认定标准时，法院应当予以理解并尊重，以合同约定的时间认定实际竣工日期。

三、工程总承包合同约定建设项目"竣工之日"应为"交工试验之日",从其约定,发包人要求以"投产之日"作为"竣工之日"并据以主张总承包人工期延误的,不予支持

承前所述,工程总承包合同约定"竣工之日"的认定标准的,由于发承包双方依其自由意志对"竣工之日"的认定包含建设项目的质量标准、检验程序与特殊性质,有其内在合理性与客观规律性,应当予以充分尊重,以合同约定的依据认定"竣工之日"。若要进一步判断总承包人是否构成逾期竣工,还要结合实际开工日期计算实际工期,再与约定工期进行对比:若实际工期大于约定工期的则可认定总承包人逾期竣工,若实际工期小于约定工期的则可认定总承包人按约完工。下述案件中,发承包双方约定工程总承包建设项目的竣工之日为"交工试验之日",应当以总承包人将建设项目交付发包人试验之日作为竣工之日,并以此为基础判断总承包人是否工期违约;发包人要求以"实际投产之日"作为竣工之日,据以主张总承包人实际使用工期长于约定工期并要求总承包人承担工期违约责任的,不予支持。

【裁判观点】

(2015)渝高法民初字第00005号①

2011年7月19日,成渝钒钛公司与中冶赛迪公司签订《冶炼主体工程合同》,合同协议书第10.2条约定:"若因承包人原因不能按期竣工投产,每逾期一天,承包人应按五十万元的标准向发包人支付逾期违约金,如由此给发包人造成损失的,还应给予赔偿,累计最高赔偿金额为:不超过合同价款的5%。"合同专用条款第4.4.3条约定:"本合同按照承包范围包括交工试验的约定确定竣工日期:第一座高炉为合同生效后的第380天。第二座高炉为合同生效后的第440天。"第8条对交工试验进行了约定;第9条对工程接收进行了约定;第10条对交工后试验进行了约定;第12条对工程竣工验收进行了约定。同日,成渝钒钛公司与中冶赛迪公司签订《冶炼配套工程合同》《3×120吨转炉炼钢、连铸工程合同》,合同协议书第10.2条约定的逾期违约责任、合同专用条款第4.4.3条、第8、9、10、12条的约定均与《冶炼主体工程合同》约定相同。《3×120吨转炉炼钢、连铸工程合同》

① 中冶赛迪工程技术股份有限公司与成渝钒钛科技有限公司、四川省川威集团有限公司建设工程施工合同纠纷案,重庆市高级人民法院(2015)渝高法民初字第00005号民事判决书。

的专用条款第4.4.3条约定:"本合同按照承包范围包括交工试验的约定确定竣工日期:1号、2号转炉、两台连铸机、铁水预处理、LF炉为合同生效后的第380天。3号转炉为合同生效后的第410天。"

关于中冶赛迪公司是否应承担工期逾期违约责任的问题。法院认为,中冶赛迪公司不应承担工期逾期的违约责任,主要事实和理由如下:根据《冶炼主体工程合同》《冶炼配套工程合同》《3×120吨转炉炼钢、连铸工程合同》《含钒材料压力加工工程合同》《转炉、焦炉煤气柜工程合同》《高炉煤气柜工程合同》第4条约定,其"总工期"均为"交工试验日期"。而根据前述合同专用条款第8、9、10、12条约定,工程的验收顺序为:交工试验、工程接收、交工后试验、工程竣工验收。结合专用条款第9条关于工程接收时间的约定即"发包人确认工程已按合同约定和设计要求完成土建、安装,且全部单项工程交工试验合格及冷试车合格后24小时内",以及通用条款第10条的约定"交工后试验,本合同工程包含交工后试验(热负荷试车)……"可见"交工试验"时间不等于"投产"时间,"交工试验"时间早于"投产"时间。故成渝钒钛公司依据前述各项工程的工程竣工验收报告书载明的"投产"时间认为中冶赛迪公司存在"交工试验"时间迟延的理由不能成立。成渝钒钛公司要求中冶赛迪公司按照《冶炼主体工程合同》《冶炼配套工程合同》《3×120吨转炉炼钢、连铸工程合同》《含钒材料压力加工工程合同》《转炉、焦炉煤气柜工程合同》《高炉煤气柜工程合同》第4.5条约定承担逾期赔偿责任缺乏合同和事实依据。

裁判规则四 工程总承包合同约定建设项目试运行后需经竣工验收合格的,应当以竣工验收合格之日作为竣工日期

【规则解析】

《最高人民法院建设工程司法解释一》第9条规定:"当事人对建设工程实际竣工日期有争议的,人民法院应当分别按照以下情形予以认定:(一)建设工程经竣工验收合格的,以竣工验收合格之日为竣工日期……"

根据法律规定,若发包人组织施工方、监理方、设计方、勘察方共同实施竣工验收程序,且建设工程经竣工验收合格的,应当将竣工验收之日认定为竣工日期。但是,在工程总承包模式下,建设项目"验收合格"的尺度不仅是指"符合国家规定的建筑工程质量标准",还包括"满足发包人要求的使用目的、功能需求、性能指标

与产能效益”，而检验建设项目是否达到前者尺度的程序为“竣工验收程序”，检验建设项目是否达到后者尺度的程序为“竣工试验程序”，又称“投料试车程序”，据此，工程总承包建设项目实际上只有既通过竣工验收程序又通过投料试车程序才能视为“验收合格”，并进一步适用《最高人民法院建设工程司法解释一》第 9 条的规定，以工程总承包建设项目被评价为“验收合格”之日认定为竣工之日。

下述(2018)最高法民终 957 号案件中，工程总承包建设项目的验收程序包括：(1)“2#机组 168 小时满负荷运行”，即投料试车程序，截止日期为 2013 年 11 月 5 日；(2)“提交工程结算书并移交竣工结算资料”，即竣工验收程序，截止日期为 2014 年 10 月 20 日。承前所述，工程总承包建设项目只有既通过竣工验收程序又通过投料试车程序才能视为“验收合格”，本案的建设项目直至 2014 年 10 月 20 日才被认为同时通过竣工验收程序与投料试车程序，此时建设项目才能被视为“验收合格”，故应当以 2014 年 10 月 20 日作为竣工日期。

【裁判观点】

(2018)最高法民终 957 号①

中电湖北公司认为 2013 年 11 月 5 日为竣工验收日期，是 2#机组 168 小时满负荷运行完成的时间，即竣工验收时间。新疆嘉润公司认为 2013 年 11 月 5 日仅是 2#机组 168 小时满负荷试运行完成的时间，是完工时间，还需要各相关部门进行验收。根据新疆嘉润公司与湖北宏源公司签订的《新疆嘉润资源控股有限公司年产 80 万吨电解铝动力站 4 × 350MW 工程 EPC 总承包合同书补偿协议》第 3.2.4条约定，自全部工程完工经试运行 168 小时并验收合格后，承包商将资料完整交付业主达到档案馆备案要求之日起 6 个月至 8 个月内完成竣工结算，并经业主集团或业主集团委托专业审计事务所完成竣工结算审计，审计结束后 15 个工作日内支付至审计确认结算价款的 95% ,5% 作为质保金。本案中，2013 年 11 月 5 日是 168 小时满负荷试运行完成的时间，从合同的约定来看，要经过验收合格，这与中电湖北公司向一审法院提交的单项工程竣工验收报告相互印证。2014 年 7 月至 10 月，39 项分部分项工程通过竣工验收。2014 年 10 月 20 日，中电湖北公司向新疆嘉润公司提交工程结算书并移交竣工结算资料。由此可以认定，2014 年 10 月 20 日为工程竣工验收日期。

---

①　新疆嘉润资源控股有限公司、中国电建集团湖北工程有限公司建设工程施工合同纠纷案，最高人民法院(2018)最高法民终 957 号民事判决书。

第三节 工期的顺延

裁判规则五 工程总承包合同约定由发包人购买设备材料,因设备材料未按期进场导致工期延误,总承包人要求顺延工期的,应予支持

【规则解析】

工程总承包模式下,设备的采购通常由总承包人负责,由于设计、采购、施工的一体化管理模式,承包人对设备材料等未如期进场而导致的工期延误自担责任,如无特别约定,不能请求工期的顺延。但是,如果总承包合同当事人在合同中约定,全部或部分材料设备由发包人负责采购的,发包人应当对采购行为引发的后果负责,即对材料设备的供应不能、供应迟延以及供应不完全所造成的不利后果负责,包括因上述事实所导致的工期延误。例如,《建设项目工程总承包合同(示范文本)》第6.2.1条第5款规定:“发包人提供的材料和工程设备的规格、数量或质量不符合合同要求,或由于发包人原因发生交货日期延误及交货地点变更等情况的,发包人应承担由此增加的费用和(或)工期延误,并向承包人支付合理利润。”据此,合同约定发包人承担采购锅炉的义务,锅炉供应不及时导致总承包人遭受停窝工的损失应当由发包人负责,总承包人要求发包人追加费用并延展工期的,应予支持。

【裁判观点】

(2019)最高法民终1356号①

案涉合同之《合同条款》第5条第2款第1项约定,赤天化公司应将三大主机订单移交电建公司,电建公司接受后,应当视为自己与这些设备供货商直接签订了设备订购合同,由其代赤天化公司执行这些设备订购合同。赤天化公司自认其并未将订单移交给电建公司。赤天化公司作为三大主机订购合同的主体,应当承担三大主机订购合同的义务。赤天化公司、电建公司、监理单位于2009年8月14

---

① 中国电建集团新能源电力有限公司(原贵州电力建设第二工程公司)、贵州赤天化桐梓化工有限公司建设工程施工合同纠纷案,最高人民法院(2019)最高法民终1356号民事判决书。

日形成的热电安装工作专题会载明，赤天化公司表示将协调各方工作，保证现场实际需要。赤天化公司未将订购合同的权利义务概括转移给电建公司，电建公司仅是代为履行三大主机订购合同的第三人，并非该等订购合同当事人。《合同法》第121条规定：“当事人一方因第三人的原因造成违约的，应当向对方承担违约责任。当事人一方和第三人之间的纠纷，依照法律规定或者按照约定解决。”因锅炉供货商未按时保质履行供货义务，给电建公司造成了窝工损失，该责任应当由赤天化公司承担。原审判决认定供货商的原因造成工期延误或费用增加，责任不应由赤天化公司承担，适用法律错误。

裁判规则六 在工程总承包合同中，因出于发包人原因、极端恶劣天气、不可预见地质障碍等综合因素导致工期延误，总承包人要求延展工期的，应予支持；发包人要求总承包人赔偿停窝工损失的，不予支持

【规则解析】

根据《建设项目工程总承包合同（示范文本）》的规定，总承包人有权要求顺延工期的合理事由包括：

1. 发包人未按约提供《发包人要求》、地质勘察资料、初步设计资料与项目基础资料等完成工程设计、现场施工所必需的文件；

2. 发包人未及时签收往来文件；

3. 总承包人在施工过程中发现化石、文物等具有地质研究或考古价值的物品并采取妥善的保护措施；

4. 发包人未按约交付施工作业界面并保证施工条件到位；

5. 发包人未按约办理规划批准与施工许可；

6. 发包人工作人员未遵守施工现场有关法律、安全、质量、环保、文明的要求；

7. 发包人/监理人/工程师未按约发出指令、指令有误或者指令迟延，如开工指令、复工指令、现场保护指令等；

8. 国家法律、强制性规范、强制性标准发生变化导致工期延误；

9. 发包人未按约提供材料设备或供货迟延；

10. 发包人原因导致工程质量存在缺陷需要修补，或工程质量未达到合同约定标准；

11. 发包人未及时检查隐蔽工程，要求重新检查且检查结果为合格；

12. 监理人/工程师对设备试验结果有异议，要求重新试验且试验结果符合合同约定；

13. 发包人未按约提供场外交通便利；

14. 发包人要求承包人对发包人指定人员的现场配合与工作协调是承包人无法合理预见的；

15. 发包人代表/发包人聘请的第三人导致的工期延误，如发包人指定分包工程逾期竣工导致将已完工作业面交付承包人时发生迟延；

16. 发包人原因导致停工；

17. 发包人迟延支付预付款、工程进度款；

18. 发包人原因导致竣工试验延误或导致未能通过竣工试验，发包人擅自使用未经验收的部分工程；

19. 发包人发出变更指令，如对《发包人要求》的变更、对工程量的变更、对施工图纸的变更、对价格的变更以及对进场计划的变更；

20. 发包人原因导致暂估价合同订立及履行迟延；

21. 遇到不可预见的施工地质障碍或异常恶劣的气候气象；

22. 承包人提出合理化建议涉及工期顺延的事项经得发包人同意；

23. 遭遇不可抗力事件；

24. 遭遇不可预见的市价波动引发价格上涨。

根据工程总承包合同的履行习惯，在建设过程中出现上述情况，建设工期应当予以顺延，总承包人要求延展工期的，应予以支持；发包人要求总承包人赔偿停窝工损失的，不予支持。

【裁判观点】

（2017）最高法民申 1279 号①

韩江公司和亚新公司均认为茂建公司应当承担工期延误的违约责任并承担维修费用。

根据原审查明的事实，韩江公司和茂建公司之间的《工程联营承包合同》（编号 5）和《工程联营承包合同》（编号 8）第 9 条均约定："本工程工期见附件 4，其他

① 惠州市亚新房地产有限公司、广东韩江工程总承包有限公司建设工程施工合同纠纷再审审查与审判监督案，最高人民法院（2017）最高法民申 1279 号民事裁定书。

相关条款按甲方与建设单位签订的《惠州二期 A17 - 34、A39 - 44、B87 - 135、C75 - 184、E9 - 12、E21 - 32 栋别墅项目建设工程施工合同》的工期条款执行。”相应的附件 4 约定二期工程的总工期为 8 个月。《惠州二期 A17 - 34、A39 - 44、B87 - 135、C75 - 184、E9 - 12、E21 - 32 栋别墅项目建设工程施工合同》附件 1 约定的开工日期为 2006 年 8 月 5 日。二期工程于 2007 年 12 月 25 日经建设单位、监理单位、施工单位、勘察单位及设计单位验收合格。因此,二期工程延误了 8 个多月。但茂建公司提供的工程延期申请表、业务工作联系函等证据可证明因恶劣天气、工地停电、室内二次装修施工图纸、基础回填、装修图纸变更、增加工程量、卫生洁具供货缓慢、防火门安装不及时等原因,导致工期延误。因此,茂建公司可相应顺延工期,且进度控制点完成时间确认表证明二期工程 E9 - E12、E21 - E32、C143 - C184、C75 - C142、B87 - 135、A17 - A34、A39 - A44、L53 - 80 栋均按合同要求完成了主体封顶工程进度控制点的施工且通过验收。

综上所述,茂建公司在二期工程的建设中有正当的顺延工期理由,且按合同要求完成了主体封顶工程进度控制点的施工并通过验收,其并未有明显的工期延误,不应就二期工程承担工期延误的违约责任。

第四节 工期延误的损失赔偿

裁判规则七 因发包人要求设计变更、增加工程量导致工期延误,发包人要求总承包人承担逾期竣工损失的,不予支持

【规则解析】

一、发包人要求设计变更且变更所涉及的工程量超出合同约定范围的,发包人对该后果负责

《建设项目工程总承包合同(示范文本)》第 5.2.1 项规定:“……发包人的意见构成变更的,承包人应在 7 天内通知发包人按照第 13 条[变更与调整]中关于发包人指示变更的约定执行,双方对是否构成变更无法达成一致的,按照第 20 条[争议解决]的约定执行……”

《建设项目工程总承包合同(示范文本)》第 6.2.1 项第 4 段第 1 句规定:“发

包人需要对进场计划进行变更的，承包人不得拒绝，应根据第 13 条[变更与调整]的规定执行，并由发包人承担承包人由此增加的费用，以及引起的工期延误。”

发包人要求设计变更，变更所涉及的工程量变化超出合同约定的边界范围的，该变更非一个有经验的总承包人在订约时可以合理预见到的变更，未包含在总承包人的投标报价的范围内，故发包人应当对设计变更所引发的后果负责，即应当追加费用或顺延工期。

二、因发包人要求设计变更、增加工程量导致工期延误的，发包人应对工期延误所造成的不利后果负责

《工程总承包管理办法》第 15 条第 2 款规定：“建设单位承担的风险主要包括：……（三）不可预见的地质条件造成的工程费用和工期的变化……”

在工程总承包模式下，鉴于发包人对发包人原因引发的不利风险负责，发包人要求设计变更导致工期延误及费用增加的后果由发包人自行承担，总承包人要求延展工期的，发包人应予同意。在延展工期的情况下，不存在逾期竣工的情形，且逾期竣工是由于发包人原因导致的，故发包人要求总承包人赔偿逾期竣工损失的，应不予支持。

【裁判观点】

（2018）最高法民终 1240 号①

关于竣工迟延的责任问题。首先，根据中建安装公司提交的工程联络单设计变更通知，可以认定案涉工程存在大量设计变更且其中很多系东辰控股公司提出并要求中建安装公司执行。其次，2012 年 2 月、4 月的多份工程联络单显示由东辰控股公司负责采购的三机组相关设备迟延进场，影响了工程进度。最后，东辰控股公司在 2012 年 9 月 24 日尾号为 2404 的工程联络单中明确，208 单元部分设备设计没有保温，根据生产实际需要，其决定增加保温工程施工，并在 2012 年 12 月 5 日、2013 年 1 月 25 日的工程联络单上继续要求中建安装公司增加保温设备。由此可见，作为发包方的东辰控股公司对导致案涉工程竣工迟延确有责任。一审法院综合以上因素，以及东辰控股公司在案涉工程竣工后长达 3 年多时间内一直未要求中建安装公司承担逾期竣工违约责任，直到 2017 年 11 月本案诉讼发生后

---

① 东辰控股集团有限公司、中建安装工程有限公司建设工程施工合同纠纷案，最高人民法院（2018）最高法民终 1240 号民事判决书。

才以反诉方式提出该项请求,对东辰控股公司的该项诉讼请求不予支持,并无不当。东辰控股公司关于案涉工程逾期交工的原因完全在于中建安装公司的上诉理由,不能成立。其关于中建安装公司应依照总承包合同约定承担逾期交工全部责任的上诉请求,法院不予支持。

裁判规则八 因总承包人原因导致逾期竣工,总承包人要求发包人支付工期奖励金的,不予支持

【规则解析】

《建设项目工程总承包合同(示范文本)》第 8.8.2 项规定:“承包人提出提前竣工的建议且发包人接受的,应与发包人共同协商采取加快工程进度的措施和修订项目进度计划。发包人应承担承包人由此增加的费用,增加的费用按第 13 条[变更与调整]的约定执行,并向承包人支付专用合同条件约定的相应奖励金。”

工期奖励是指发承包双方在工程总承包合同中约定的,若总承包人提前竣工则发包人向其支付一定数额的金钱奖励,因此,只有在提前竣工的情形下,总承包人才可以按约收取工期奖励;若总承包人逾期竣工的,总承包人不得索要工期奖励,反而应承担工期延误的违约责任。

【裁判观点】

(2016)最高法民申 2889 号①

法院认为,原判决关于因实际交工日期晚于合同约定,判决不支持退还工期保证金和奖励的认定并无不当。

根据《工期协议》第 2 条可知,剑桥公司承建的一号高炉若在绝对工期内完工,福盛公司无条件奖励给剑桥公司 50 万元并返还 1 号高炉工期保证金。由此可见,在绝对工期内完工,是福盛公司返还案涉工期保证金的条件。再结合下文若剑桥公司原因造成工期延误,剑桥公司即承担向福盛公司赔付案涉工期保证金 100 万元的违约金责任。现福盛公司以超过绝对工期为由,拒绝向剑桥公司退还案涉工期保证金。剑桥公司应举证证明工期延误并非因其原因所致。虽然剑桥

---

① 河北剑桥冶金建设有限公司与晋城福盛钢铁有限公司建设工程施工合同纠纷申诉、申请案,最高人民法院(2016)最高法民申 2889 号民事裁定书。

公司在申请再审时主张最高人民法院已在另案二号高炉诉讼申请再审一案中,裁定二号高炉工期的延误主要是由于合同价格的调整协商不成,且施工工程成本的上涨有相关文件证明。此外,还有雨雪天气及福盛公司采购的原材料迟延进场原因,工期延误归责于剑桥公司的证据不充分。一号高炉和二号高炉是同一个合同项下的两个工程,具有同一场地、时间段、社会背景和自然条件等特征。故对二号高炉延期所认定的原因,应同样适用于一号高炉。但最高人民法院的该裁定仅是针对二号高炉的工期延误所作认定,并未直接认定一号高炉工期延误也是因上述原因所致。

而且,双方在《工期协议》中已明确约定,由于福盛公司设备到货原因或不可抗力因素造成工程中断的,双方协商解决,工期按延误时间顺延,当发生不可抗力事情,剑桥公司必须用书面材料将发生的事件告知给福盛公司,并出具不可抗力存在的证明文件。由此可见,双方约定的延误事由只有两点:一是福盛公司设备到货原因;二是不可抗力。福盛公司并未提供充分证据证明福盛公司设备到货原因造成工程中断,也未提供证据证明施工中出现了不可抗力并按约定及时告知了福盛公司。既然没有证据证明超过绝对工期是福盛公司或不可抗力所致,那么福盛公司依据约定不退还工期保证金和支付50万元奖励并无不当。

裁判规则九 发包人迟延付款或其他可归责于发包人的原因导致工期延误,总承包人要求发包人赔偿停窝工损失的,应予支持

【规则解析】

《民法典》第803条规定:“发包人未按照约定的时间和要求提供原材料、设备、场地、资金、技术资料的,承包人可以顺延工程日期,并有权请求赔偿停工、窝工等损失。”第804条规定:“因发包人的原因致使工程中途停建、缓建的,发包人应当采取措施弥补或者减少损失,赔偿承包人因此造成的停工、窝工、倒运、机械设备调迁、材料和构件积压等损失和实际费用。”

《建设项目工程总承包合同(示范文本)》第2.5.1项规定:“发包人应按合同约定向承包人及时支付合同价款。”第15.1款“发包人违约”规定:“……除专用合同条件另有约定外,在合同履行过程中发生的下列情形,属于发包人违约:……(2)因发包人原因未能按合同约定支付合同价款的……发包人应承担因其违约给承包人增加的费用和(或)延误的工期,并支付承包人合理的利润……”

由于可归责于发包人的原因，如发包人未按约提供项目基础资料、发包人负责的材料采购未按约供应、发包人要求设计变更、发包人发出错误指令、发包人未及时下达复工指令等，导致总承包人陷入停工、窝工状态，并使总承包人因停窝工遭受施工成本增加或建设工期延误的损失，基于此，总承包人要求发包人追加费用、赔偿损失或延展工期的，应予支持。一般情况下，总承包人可以要求发包人赔偿的损失包括：核心管理人员及技术人员的工资、人员遣散费用、机械倒运调迁费用、机械台班费用、设备租赁费用、周转材料损失、停窝工期间材料涨价差额损失、可得利益损失等。

在工程总承包合同中，发包人的核心义务即为按照总承包合同的约定支付预付款、按照付款计划表支付工程进度款并按照竣工结算文件支付工程尾款。若发包人不按照约定及时支付工程款的，会造成以下不利后果：(1)总承包人针对本工程总承包建设项目的用款安排是与发包人编制的付款计划表相衔接适配的，发包人逾期付款的，会打乱总承包人的用款计划，加重总承包人融资垫资的压力；(2)发包人拒不按照付款计划表支付工程款的，会导致总承包人无法按时向下游材料设备供应商、机械装置租赁商、劳务分包承接商、专业分包承接商等支付采买费用、租赁费用及工程款，引发总承包人因承担违约金、逾期付款利息、损害赔偿金而遭受损失的不利后果；(3)根据《保障农民工工资支付条例》的规定，若发包人逾期付款导致欠付农民工工资的，无论是发包人还是总承包人均将面临行政机关的行政处罚；(4)在上述付款风险统统加压积滞在总承包人身上的情况下，总承包人的履行能力逐渐被削弱，进而把总承包人导向停工、窝工甚至撤场、解除合作的积重难返的不利后果。据此，发包人逾期付款，导致总承包人陷入停窝工状态，总承包人要求发包人赔偿管理人员工资、人员遣散费、办公生活费用、周转材料费用、机械租赁费用、大型机械搬迁调运费用等停窝工损失的，应予支持。

【裁判观点】

1.(2015)桂民一初字第4号①

关于中南院请求金桂公司支付工期延误及停窝工损失2090.072万元有无事实和法律依据的问题。法院认为，在合同履行过程中，由于金桂公司资金不到位，导致工程延误，造成1号机组停工窝工，给中南院造成损失，为此，金桂公司已与

---

① 中国电力工程顾问集团中南电力设计院有限公司与广西金桂浆纸业有限公司建设工程施工合同纠纷案，广西壮族自治区高级人民法院(2015)桂民一初字第4号民事判决书。

中南院在施工过程中就1号机组的延期补偿款达成一致意见，即由金桂公司补偿中南院1号机组工程延期所增加的管理费709.498万元。2号机组开工安装期间，金桂公司自2010年10月11日开始，拖欠中南院安装工程款和设备到货款最多时高达6000多万元，在中南院一再催促支付的情况下，金桂公司仍未能按合同约定支付拖欠的工程款项，2号机组安装延误的原因在于金桂公司大量拖欠中南院的工程进度款。因此，根据2010年8月31日双方在《总承包工程采购合同补充协议》中"若在2号机组安装开工后再次出现资金短缺、甲方未能履行相关协议的约定以及不能按时支付各类工程款项，导致再次出现停工、窝工、设备晚到，由此产生的相关损失甲方全部承担"的约定，法院认为2号机组工期延误造成中南院停工窝工的损失，应由金桂公司承担，中南院请求金桂公司赔偿工期延误及停窝工损失有事实和法律依据，法院予以支持。根据建壮公司的司法鉴定结论，2号机组工期延误给中南院造成的损失为7,512,331.76元，应由金桂公司向中南院赔偿。中南院主张的其他损失，因其未能证明损失与金桂公司的行为具有因果关系，法院不予支持。

关于金桂公司请求中南院承担逾期交付工程违约金21,615,404.6元及利息有无事实和法律依据的问题。法院认为，该问题上已述及，本案在合同履行过程中，因金桂公司资金不到位的原因，已经导致1号机组安装和使用的延误。对于2号机组，中南院与金桂公司于2010年8月31日签订的《总承包工程采购合同补充协议》第6条中约定了2号机组安装开工的时间为2010年9月30日前，冲转发电的时间为开工后330天，即2号机组应于2011年8月29日安装完毕并达到冲转发电。中南院按约定于2010年9月29日开始2号机组的安装工作，并于2012年5月29日通过了72小时运行测试，比合同约定冲转发电的目标日期客观上晚了9个月。因2号机组开工安装期间，金桂公司自2010年10月11日开始，拖欠中南院安装工程款和设备到货款最多时高达6000多万元，在中南院一再催促支付的情况下，金桂公司仍未能按合同支付拖欠的工程款项。此外，在2号机组各分系统具备运行的条件下，也由于金桂公司的原因不能按时、稳定提供试运行所需用电负荷容量，导致工期节点只能往后顺延。因双方在《总承包工程采购合同补充协议》第6条第3点中约定了因金桂公司拖欠工程资金造成不利后果的由其承担。因此，金桂公司反诉主张由中南院向其支付逾期交付工程的违约金及利息，没有法律依据，法院不予支持。

2.(2019)新40民初22号①

关于停工损失。《合同法》第97条规定:合同解除后,尚未履行的,终止履行;已经履行的,根据履行情况和合同性质,当事人可以要求恢复原状、采取其他补救措施,并有权要求赔偿损失。合同签订后,中冶公司即已开始施工,双方在履行上述合同过程中,庆华能源公司通知中冶公司暂停施工,未再通知复工,致使涉案工程停工至今。庆华能源公司拒绝中冶公司继续履行合同义务,已构成违约,导致合同目的不能实现。根据涉案合同的性质及双方履行情况,中冶公司要求庆华能源公司赔偿因合同未能履行完毕给其所造成的损失,应予以支持。

中冶公司主张停工损失为1,698,000元,其中3台塔机8个月的停工损失,每月25,000元,合计60万元。庆华能源公司认可停工8个月期间,中冶公司确有3台塔机停放在施工现场,对每月25,000元的塔机租金损失并未提出异议,故庆华能源公司应支付塔机停工损失。因涉案工程停工时间为2014年10月底,停工8个月期间,工程所在地存在3个月的冬休期,故应扣除3个月冬休期的租金损失,庆华能源公司应赔偿中冶公司塔机停工损失375,000元(3台×5个月×25,000元)。

裁判规则十 发包人交付的施工工作界面不满足施工条件,总承包人为此进行的设计更改、施工属于合同外工程量,就此要求追加费用的,应予支持

【规则解析】

《建设项目工程总承包合同(示范文本)》第2.2.3项规定:"因发包人原因未能按合同约定及时向承包人提供施工现场和施工条件的,由发包人承担由此增加的费用和(或)延误的工期。"

根据工程总承包建设项目合作的交易惯例,开工前的施工场地与开工条件由发包人负责提供,总承包人在签订《工程总承包合同》时不会将施工场地平整以及为满足开工条件所要支出的费用纳入投标报价的范围,故原则上总承包人基于工程总承包合同所能得到的工程价款不包含施工场地平整以及为保证施工条件所

① 中冶京诚工程技术有限公司与中国庆华能源集团有限公司建设工程施工合同纠纷案,新疆维吾尔自治区高级人民法院伊犁哈萨克自治州分院(2019)新40民初22号民事判决书。

包含的费用,若发包人另行委托总承包人实施土地平整、土地夯实、房屋拆迁、通水、通气、通电、通信、通热等保证满足开工条件的业务的,应当在《工程总承包合同》的工程价款之外另行支付总承包人实施"多通一平"的费用。

在下述(2019)新40民初22号案件中,发承包双方明确约定施工图纸范围内的"场地强夯工程、绿化工程以及工厂围墙内的征地与拆迁补偿"是发包人负责的合同义务,不属于总承包人承接的作业范围,所产生的费用亦不包含在总承包人应得的工程价款范围内。因此,在施工过程中,发包人未完成"场地强夯"的合同义务,总承包人为了不耽误施工进度而代发包人施工完成了"场地强夯"的工作量的,发包人应当追加支付该增加工程量所对应的工程款。

【裁判观点】

(2019)新40民初22号①

按照双方合同约定,庆华能源公司负责使项目具备法律规定及合同约定的开工条件;总平面图范围内的场地强夯工程、绿化工程以及工厂围墙内的征地与拆迁补偿费用已经另行约定,不计入本合同工作范围之内;场地平整和强夯已经完成并检测合格,系工程开工条件,据此,场地的平整和强夯系庆华能源公司的合同义务,应由庆华能源公司完成。中冶公司在施工过程中,发现庆华能源公司未完成地基强夯,导致地基的承载力不满足设计要求,为不影响工程进度,中冶公司对堆煤区及基础地基施工进行了重新设计,完成了地基处理,属合同外增加工作量,庆华能源公司应支付该项工程款。合同附件12《价格分项表》中未对该项地基处理工程计价,亦佐证中冶公司完成的地基处理项目不属于合同内工程。庆华能源公司认可中冶公司对堆煤区及基础地基进行施工,双方对该项工程造价议定为1,000,000元,该款应由庆华能源公司支付。

---

① 中冶京诚工程技术有限公司与中国庆华能源集团有限公司建设工程施工合同纠纷案,新疆维吾尔自治区高级人民法院伊犁哈萨克自治州分院(2019)新40民初22号民事判决书。

第三章

工程总承包质量要求

裁判规则一 总承包人交付的建设成果不能满足发包人要求的功能需求的，应认定为工程质量不合格

【规则解析】

一、工程总承包合同的一般质量要求与交付标准

根据法律、法规及相关行业规范的规定，建设工程应当满足的一般质量要求与交付标准包括：

1. 国家安全标准，即《建筑法》第3条“建筑活动应当确保建筑工程质量和安全，符合国家的建筑工程安全标准”、第52条第1款“建筑工程勘察、设计、施工的质量必须符合国家有关建筑工程安全标准的要求，具体管理办法由国务院规定”、第54条第1款“建设单位不得以任何理由，要求建筑设计单位或者建筑施工企业在工程设计或者施工作业中，违反法律、行政法规和建筑工程质量、安全标准，降低工程质量”的规定。

2. 国家验收标准，即《建筑工程施工质量验收统一标准》（GB 50300－2013）第3.0.7条“建筑工程施工质量验收合格应符合下列规定：……符合本标准和相关专业验收规范的规定”的规定。

3. 建筑工程质量标准，即《建筑法》第32条第3款“工程监理人员发现工程设计不符合建筑工程质量标准或者合同约定的质量要求的，应当报告建设单位要求设计单位改正”、第61条第1款“交付竣工验收的建筑工程，必须符合规定的建筑工程质量标准，有完整的工程技术经济资料和经签署的工程保修书，并具备国家

规定的其他竣工条件”的规定。

4. 施工技术标准、设计图纸要求与勘察文件规定，即《建筑法》第 32 条第 2 款“工程监理人员认为工程施工不符合工程设计要求、施工技术标准和合同约定的，有权要求建筑施工企业改正”、第 58 条第 2 款第 1 句“建筑施工企业必须按照工程设计图纸和施工技术标准施工，不得偷工减料”、第 59 条“建筑施工企业必须按照工程设计要求、施工技术标准和合同的约定，对建筑材料、建筑构配件和设备进行检验，不合格的不得使用”的规定，《建筑工程施工质量验收统一标准》第3.0.7条“建筑工程施工质量验收合格应符合下列规定：……符合工程勘察、设计文件的要求；……”的规定，以及《建设工程质量管理条例》第 28 条第 1 款“施工单位必须按照工程设计图纸和施工技术标准施工，不得擅自修改工程设计，不得偷工减料”、第 29 条“施工单位必须按照工程设计要求、施工技术标准和合同约定，对建筑材料、建筑构配件、设备和商品混凝土进行检验，检验应当有书面记录和专人签字；未经检验或者检验不合格的，不得使用”、第 36 条“工程监理单位应当依照法律、法规以及有关技术标准、设计文件和建设工程承包合同，代表建设单位对施工质量实施监理，并对施工质量承担监理责任”的规定。

5. 法律法规的强制性规定，即《建筑法》第 41 条“建筑施工企业应当遵守有关环境保护和安全生产的法律、法规的规定，采取控制和处理施工现场的各种粉尘、废气、废水、固体废物以及噪声、振动对环境的污染和危害的措施”、第 47 条第 1 句“建筑施工企业和作业人员在施工过程中，应当遵守有关安全生产的法律、法规和建筑行业安全规章、规程，不得违章指挥或者违章作业”的规定。

6. 勘察设计技术规范，即《建筑法》第 56 条第 2 句“勘察、设计文件应当符合有关法律、行政法规的规定和建筑工程质量、安全标准、建筑工程勘察、设计技术规范以及合同的约定”的规定。

7. 工程建设强制性标准，即《建设工程质量管理条例》第 10 条第 2 款“建设单位不得明示或者暗示设计单位或者施工单位违反工程建设强制性标准，降低建设工程质量”、第 19 条第 1 款“勘察、设计单位必须按照工程建设强制性标准进行勘察、设计，并对其勘察、设计的质量负责”的规定。

上述标准是工程总承包合同中总承包人实施的建设行为与交付的建设成果需满足的一般的、最低的、强制性的要求标准。

二、工程总承包合同的特殊质量要求与交付标准：合同约定与“发包人要求”

“发包人要求”，是指发包人对建设项目在施工范围、建设规模、作业内容、工艺技术、设备选型、交付标准、验收程序、性能指标、产出效益、使用功能、施工安全、劳工健康、建设工期、进度计划、节能环保、参数规格等方面的特别需求，是发包人在招标过程或在发包活动中必须确切说明的事项。“发包人要求”构成工程总承包合同约定的固定总价的合理对价，体现了工程总承包模式下“高要求、高价格”的计价模式，因此“发包人要求”是总承包人进行建设活动必须响应的要求，也是总承包人交付的建设成果必须满足的标准。若总承包人的建设工作以及建设成果与“发包人要求”不符，则构成违约，发包人有权要求总承包人采取改正、返修、重作等补救措施并要求总承包人承担支付违约金、损害赔偿等违约责任。

例如，《工程总承包管理办法》第9条第1款规定：“建设单位应当根据招标项目的特点和需要编制工程总承包项目招标文件，主要包括以下内容：……（四）发包人要求，列明项目的目标、范围、设计和其他技术标准，包括对项目的内容、范围、规模、标准、功能、质量、安全、节约能源、生态环境保护、工期、验收等的明确要求……”

《建设项目工程总承包合同（示范文本）》第1.1.1.6目规定：“《发包人要求》：指构成合同文件组成部分的名为《发包人要求》的文件，其中列明工程的目的、范围、设计与其他技术标准和要求，以及合同双方当事人约定对其所作的修改或补充。”

《建设项目工程总承包合同（示范文本）》“附件一”《发包人要求》第1段规定：“《发包人要求》应尽可能清晰准确，对于可以进行定量评估的工作，《发包人要求》不仅应明确规定其产能、功能、用途、质量、环境、安全，并且要规定偏离的范围和计算方法，以及检验、试验、试运行的具体要求。对于承包人负责提供的有关设备和服务，对发包人人员进行培训和提供一些消耗品等，在《发包人要求》中应一并明确规定。”

三、工程总承包合同下，总承包人交付的建设成果既应符合一般质量要求与交付标准，还要符合特殊质量要求与交付标准

认定总承包人是否已完成工程总承包合同的建设义务，建设项目仅仅符合一般质量要求与交付标准仍不足为据，还必须将建设项目是否满足合同约定以及发包人要求的特殊质量要求与交付标准纳入认定范围。工程总承包模式下的建设任务包括设计工作、施工作业与设备的采购安装，工程总承包合同的核心目的是实现发包人使用该建设项目所欲达到的使用目的、产出效益与功能要求，因此，工程总承包的交付标准不是传统施工总承包模式下要求的“工程主体部分与土建结

构满足国家质量安全标准”，即只要保证钢构稳固，耐受力强，不会发生因建筑倒塌或构配件脱落导致的人身伤亡事故即可，而是与“发包人要求”下的各种建设目的、使用效果、产出目标息息相关。

为了在保证土建部分质量合格的基础上进一步实现合同特别约定的“发包人要求”，一方面，工程总承包模式的采购工作范围不能仅仅包括建筑材料及一般工程设备的采买，更多的是为满足“发包人目的”而要求的特殊设备的采买，如生产制造设备、熔炼铸造设备、净化过滤设备、萃取提纯设备、医用治疗设备等，该特殊设备才是满足发包人利用建设工程实现产能需求与使用目的的核心；另一方面，为保证安全生产的需要，工程总承包模式中的“采购”也不仅仅包括工程总承包人实施购买活动，还包括工程总承包人与设备供应商共同提供的有关专业设备的前期设计、过程建造、运输控制、质量检验、安装调试、运行测试、人员培训等服务。①因此，工程总承包模式下的采购并非单一的建筑材料及工程设备的购买活动，而是汇集了专业设备的设计、监造、采购、验收、安装、调试、试运行、人员培训等一系列服务的综合活动。

据此，在工程总承包模式下，认定建设项目是否达到质量要求与交付标准包括双重尺度：第一重尺度为，建设项目的工程实体是否满足《建筑法》《建设工程质量管理条例》《建筑工程施工质量验收统一标准》规定的建筑工程质量、安全的强制性标准，如工程实体稳定、安全、牢固；第二重尺度为，建设项目投入实际使用后，其运转效能、功能产出、使用目的是否符合合同约定或“发包人要求”，如污水处理厂日处理污水达到多少毫升、光伏发电厂年均发电达到多少千伏、高炉产出的铁水符合何种质量标准、机械零件制造厂每天成就多少产值等。若总承包人能够证明交付的建设项目满足第一重尺度的质量验收要求，即工程实体质量满足国家最低质量标准，但是不能提供证据证明交付的建设项目满足第二重尺度的质量验收要求，即不能证明建设项目符合合同特别约定或发包人要求的使用目的与功能效益，说明总承包人交付的建设项目存在质量问题，已构成根本违约，总承包人应当根据项目性质与发包人指令自费承担重作、修理、更换零部件等违约责任；在此前提下，总承包人要求发包人按照合同约定的价格全额支付工程款的，不予支持。

---

① 朱树英主编：《工程总承包(EPC/DB)诉讼实务——基于裁判文书网之大数据检索研析》，法律出版社2020年版，第309页。

【裁判观点】

1.(2016)最高法民申 1136 号[①]

从本案当事人履行合同的情况来看,案涉设备在投入试运行后,实丰公司于 2011 年 11 月 7 日向陕鼓动力公司发出实丰函(2011)第 003 号函,要求陕鼓动力公司在 11 月底前解决工程质量存在的问题,确保生产线每吨熟料发电量达到合同约定的要求。2012 年 9 月 15 日,陕鼓工程公司与西安楚润环保科技有限公司签订承包合同书,约定对实丰公司余热发电装置进行技术改造。且就案涉设备的质量问题,一审法院也委托西安市科技咨询服务中心进行了鉴定,鉴定结论证实案涉设备各方面的技术参数均不符合合同约定。二审法院认定案涉设备存在质量问题正确。

2009 年 12 月 20 日,实丰公司与陕鼓动力公司签订了《设备买卖合同》,2009 年 12 月 23 日,实丰公司与陕鼓工程公司签订了《工程总承包商务合同》,同年 12 月 24 日陕鼓动力公司向实丰公司出具了承诺函,明确表示"陕鼓工程公司系其全资子公司,陕鼓工程公司与实丰公司签订的工程总承包商务合同,陕鼓动力公司对此合同承担一切相关责任"。从上述合同的内容及相关材料来看,陕鼓动力公司提供的设备是由其设计制造并由其子公司安装的非标准产品,买受人购买设备是为了实现其订立合同的最终目的。虽然双方签订的《设备买卖合同》第 6 条"检验与验收"第 7 款约定:"卖方(陕鼓动力公司)对合同保证:机组满负荷连续运转 168 小时试运转检验考核达标(168 小时考核期平均发电功率不低于 36.8kw/t 熟料),即可视为验收合格,双方应签署书面证明文件。质量保证期:机组正常试运转后 12 个月,最多不超过设备交货 18 个月。"但在合同履行中,陕鼓动力公司交付了设备后是由其子公司陕鼓工程公司进行的安装验收,余热发电设备未达到合同要求客观存在,双方也一直就案涉设备进行整改。故陕鼓动力公司主张的实丰公司未在异议期内对设备提出异议的理由不能成立。

2.(2016)最高法民申 2889 号[②]

法院经审查认为,剑桥公司主张的再审事由,不能成立,原判决关于"一号高炉质保期的起算条件还未成就"的认定并无不当。

---

① 西安陕鼓动力股份有限公司与陕西实丰水泥股份有限公司买卖合同纠纷申诉、申请案,最高人民法院(2016)最高法民申 1136 号民事裁定书。

② 河北剑桥冶金建设有限公司与晋城福盛钢铁有限公司建设工程施工合同纠纷申诉、申请案,最高人民法院(2016)最高法民申 2889 号民事裁定书。

首先,《高炉合同》约定的剑桥公司承包的工程内容不仅包括高炉本体部分的施工,还包括上料系统、热风炉系统等所有土建、金结、管道、设备安装、调试等部分。由此可见,剑桥公司并非如其申请再审时所主张的仅是工程"施工"总承包方,而是还要负责所有子系统以及相关设备的安装、调试。

其次,原判决以"未能证明铁水达到设计要求"为由,认定"高炉质保期起算条件未成就"符合约定。《高炉合同》第 6 条约定了工程热负荷试车,生产出合格铁水后 3 个月内再付总额的 10%,其余 10% 为质保金,质保期自出铁水之日 1 年后无质量问题 1 个月内付清余款。将该约定前面"合格铁水"作为付款条件和后部分联系起来进行体系解释可知,双方都确认付款不以高炉质量合格为前提,而是进一步提出要以高炉生产的产出物铁水合格为前提。故这里的"出铁水之日一年后无质量问题"中的质量,应是指铁水质量,而非高炉本身施工质量。这也从双方在第 2 条工程内容部分,约定的是包括高炉土建和若干个配套辅助系统设施在内的施工、安装、调试综合施工得到印证。显然,这里的质量不仅是指高炉本身质量,而应是包括各个配套系统均运转正常的炼铁系统整体质量。检测高炉系统是否合格的最直观标准就是铁水质量合格。因此,即便高炉未经验收即投入使用,那也不能证明高炉所生产的铁水质量是合格的。

虽然福盛公司在一审提交的证据的证明目的一栏自认了 2008 年 7 月 24 日至 2009 年 7 月 23 日为工程质量保证期间,但该自认与原审查明剑桥公司未提交证据证明铁水合格这一事实不一致。依照最高人民法院《关于适用〈中华人民共和国民事诉讼法〉的解释》第 92 条第 3 款"自认的事实与查明的事实不符的,人民法院不予确认"的规定,对剑桥公司提出的该自认证据,不予支持。

裁判规则二 工程总承包项目存在质量问题,发包人有权拒绝支付工程款,且不承担违约利息支付责任

【规则解析】

《民法典》第 526 条规定:"当事人互负债务,有先后履行顺序,应当先履行债务一方未履行的,后履行一方有权拒绝其履行请求。先履行一方履行债务不符合约定的,后履行一方有权拒绝其相应的履行请求。"

工程总承包合同项下的核心对价义务是总承包人按照约定完成建设活动并将工程实体符合国家质量安全标准与工程性能满足发包人要求的使用目的与功

能需求的建设成果交付给发包人，发包人支付工程款，而且根据交易习惯，建设工程经竣工验收合格并交付发包人后，发包人才向总承包人支付工程尾款。因此，总承包人交付的建设成果达到合同约定的质量要求与验收标准这一履行义务在先，发包人支付尾款这一履行义务在后，根据《民法典》的规定，若工程质量不符合合同约定，则总承包人构成不完全履行，在总承包人采取返修、更换重作等补救措施修正其不完全履行带来的缺陷后果之前，发包人有权行使先履行抗辩权，拒绝总承包人的付款请求。该拒绝行为是法律赋予的合法权利，具有合法性，不构成违约行为，故不产生在违约情形下才产生的逾期付款利息责任，在此情形下，总承包人以发包人迟延付款为由要求其支付逾期利息的，不予支持。

【裁判观点】

（2017）最高法民终 476 号[①]

关于一审判决对工程进度款违约金及工程款利息的处理是否正确的问题。法院认为，根据一审已经查明的事实，海诚公司 2012 年 9 月的工程进度款为 731 万元，三利公司以海诚公司虚报工程款、工程质量存在严重问题为由未予支付，故三利公司应否支付工程进度款违约金的关键是其拒付工程款是否具有正当事由。双方《设计及施工总承包合同》第 5.2 条约定“工程进度款按月产值付至 80%，每月 5 日前提报上月的产值，甲方最迟每月 25 日前审定拨付完毕进度款”，由此约定来看，海诚公司每月需在完成相应工程量后方能向三利公司申报拨付工程进度款，双方合同义务的履行有明确的先后顺序，即先由海诚公司完成质量合格的工程，然后由三利公司支付工程进度款。根据生效的 261 号判决[②]认定，涉案工程存在质量问题，海诚公司需支付修复费用 32,694,348.76 元。《合同法》第 67 条规定，“当事人互负债务，有先后履行顺序，先履行一方未履行的，后履行一方有权拒绝其履行要求。先履行一方履行债务不符合约定的，后履行一方有权拒绝其相应的履行要求”。因此，在海诚公司施工的工程存在质量问题且未予修复的情况下，三利公司拒绝支付工程进度款，具有合同和法律依据，不应承担违约责任。海诚公司关于要求三利公司支付工程进度款违约金的诉讼请求亦不能成立。

---

① 中国海诚工程科技股份有限公司、青岛三利集团有限公司建设工程施工合同纠纷案，最高人民法院（2017）最高法民终 476 号民事判决书。

② 山东省青岛市中级人民法院（2016）鲁 02 民终 261 号民事判决书。

裁判规则三 工程总承包项目不能满足发包人要求导致发包人合同目的无法实现，发包人要求总承包人承担损害赔偿责任的，应予支持

【规则解析】

工程总承包建设项目的质量要求与验收标准包括“工程实体符合国家规定的建筑工程质量标准”与“设备装置满足发包人要求的使用目的与功能需求”，前者即指《建筑工程施工质量验收统一标准》规定的“满足最低限度的安全储备和使用功能”，后者即指合同特别约定的针对建设工程的性能指标、功能标准与产能效益，发包人能够接受的最低限度。因此，评判工程总承包建设项目“质量合格”的前提是建设成果“符合国家标准”且“满足发包人要求”，若工程总承包建设项目不能实现发包人要求，导致工程总承包合同目的难以成就，则总承包人构成不完全履约，根据《民法典》第584条的规定，“当事人一方不履行合同义务或者履行合同义务不符合约定，造成对方损失的，损失赔偿额应当相当于因违约所造成的损失，包括合同履行后可以获得的利益；但是，不得超过违约一方订立合同时预见到或者应当预见到的因违约可能造成的损失”，发包人要求总承包人赔偿损失的，应予支持。

【裁判观点】

(2020)最高法民申2542号①

关于高山公司已支付的697万元工程款属于因涉案合同无效造成的损失，还是因工程不合格造成的损失，对于该损失谁应当承担主要责任的问题。经审查，高山公司与许继公司签订的《甘肃高山新能源有限公司高台县高崖子滩9MW+1MW+40MW分布式发电与升压站项目工程总承包合同》及《甘肃高山新能源有限公司高台县高崖子滩9MW+1MW+40MW光伏并网发电项目工程总承包框架技术协议》属于未经过招标投标程序签订的合同，违反法律效力性强制性规定，故上述合同被原审法院认定为无效，并无不妥。经原审法院对案涉已完成工程质量进行司法鉴定，其中高山公司申请检测的9项内容中，绝大部分工程不满足设计要求及相应工程质量验收规范的要求，使案涉工程最终无法投入使用，此后国家就光伏发电产业出台了新的相关标准和政策，使案涉工程修复后亦无使用价

① 许继集团有限公司、甘肃高山新能源有限公司建设工程施工合同纠纷再审审查与审判监督案，最高人民法院(2020)最高法民申2542号民事裁定书。

值,高山公司的合同目的无法实现。原审法院根据最高人民法院《关于审理建设工程施工合同纠纷案件适用法律问题的解释(二)》第3条规定,认定许继公司应对工程质量不合格承担全部过错责任,并参照高山公司已付工程款数额酌定高山公司损失为697万元,判决许继公司赔偿高山公司697万元损失并无不当。因此,许继公司再审申请认为高山公司已支付的697万元工程款属于因涉案合同无效造成的损失,并非因工程不合格造成的损失,与事实不符,本院不予采信。

裁判规则四　发包人以工程总承包项目未达到合同约定的相应指标为由拒绝支付工程款,又无法提供证据证明项目不符合约定指标的,不予支持

【规则解析】

使用工程总承包这一施工组织模式的建设项目发包人对总承包人的项目完成度要求较高,不仅要求建设项目的质量安全符合国家强制性标准,还要求设备装置满足各式各样的性能指标、产能指标、节能指标、环保指标、运营指标、质量标准、效率指标等,同时,这亦构成总承包人获得在比施工总承包模式下更高的工程价款的相应对价。由于总承包人交付的建设项目成就指标与发包人支付高额工程价款互为对价,因此总承包人要求付款的前提是其移交的建设项目符合发包人要求的各式指标。若总承包人完工的建设项目以及安装的装置设备已符合《工程总承包合同》约定的指标要求,其要求发包人支付工程款的,应予支持;发包人以工程总承包项目未达到相应指标为由拒绝支付工程款,又无法提供证据证明项目不符合相应指标的,不予支持。

下述(2019)新民终387号案件中,虽然发包人提供了1#、2#炉硫硝一体化中控运行记录表及试车运行日志现场记录,据以证明总承包人移交的建设项目不符合环保指标,以达到其抗辩总承包人付款请求的目的,但是法院却不予认定,理由在于:(1)1#、2#炉硫硝一体化中控运行记录表及试车运行日志现场记录仅有发包人的签字记录,未有总承包人的签认,其证明力存在略微不足;(2)1#、2#炉硫硝一体化中控运行记录表与试车运行日志现场记录同为发包人作出,但是得出建设项目是否满足环保指标的结论并不一致,前者认为指标正常,后者认为指标不正常,不能直接得出不利于总承包人的推论;(3)虽然试车运行日志现场记录显示建设项目有部分时间内存在设备不正常、指标不达标的情形,但是结合1#、2#炉硫硝一

体化中控运行记录表记录可知,建设项目设备不正常、指标不达标的情形存在于总承包人进行竣工后检修的期间,在检修期间内指标跳动、状况异常是合理的情形;(4)况且,发包人提交的乌石化分公司2015年自行监测年度报告及乌石化分公司2017年自行检测年度报告亦可证明建设项目环保指标达成。综合上述情节,法院认为总承包人移交的建设项目满足发包人要求,不存在环保指标不足的情形,总承包人要求付款的条件成就,发包人应予付款,有其正当性及合理性。

【裁判观点】

(2019)新民终387号①

关于涉案脱硫脱硝工程是否环保达标的问题。乌石化分公司主张涉案脱硫脱硝工程是否达标应当以《技术协议》中第12.4.2条约定及(2013)491号批复中确定的乌市环保检测中心测量的数据为准。而德晟达公司认为在未进行性能考核的情况下应当以乌石化公司做出的1#、2#炉硫硝一体化中控运行记录表为准。(2013)491号批复中载明在原烟气出口及净烟气出口配套安装二氧化硫、氮氧化物在线监测设备,与市环保局污染源在线监控中心联网,但并未确定涉案脱硫脱硝工程环保指标的考核以监控中心数据为准。《技术协议》第12.4.2条载明性能考核数据的测量由环保局检测中心测量后出具检测报告中的数值为准。但涉案脱硫脱硝工程中间交接至今并未组织性能考核,乌市环保局检测中心亦未就性能考核出具检测报告。双方在未组织性能考核的情况下,对涉案脱硫脱硝工程是否环保达标所依监测数据的监测主体并未进行明确约定,乌石化分公司关于涉案脱硫脱硝工程是否达标应当以乌市环保检测中心测量的数据为准的上诉理由无事实及法律依据,法院不予采纳。德晟达公司为证明涉案脱硫脱硝工程达标出示了1#、2#炉硫硝一体化中控运行记录表,证明涉案脱硫脱硝工程在试车及运行的过程中指标合格运转正常。乌石化分公司虽对运行记录表中数据有异议,但对运行记录表的真实性不持异议。且德晟达公司出示的(2019)新乌诚证内字第19563号公证书中显示新疆维吾尔自治区重点监控企业自行检测信息发布平台中公示的乌石化分公司2015年自行监测年度报告及乌石化分公司2017年自行检测年度报告显示涉案脱硫脱硝工程的1#、2#锅炉除点停炉时有异常,其余时段全部达标。德晟达公司出具的上述证据可以证明涉案脱硫脱硝工程已经达标并正常运行。

① 中国石油天然气股份有限公司乌鲁木齐石化分公司与新疆德晟达环保工程有限责任公司建设工程施工合同纠纷案,新疆维吾尔自治区(2019)新民终387号民事判决书。

乌石化分公司依据试车运行日志现场记录主张涉案脱硫脱硝工程环保未达标，无法正常使用。经查，试车运行日志现场记录显示部分日期中涉案脱硫脱硝工程设备个别时段存在离心机跳闸、氮氧化物超标、冒黄烟等情况。对此德晟达公司的出示1#、2#炉硫硝一体化中控运行记录表中显示对应日期和时段的氮氧化物指标正常，冒黄烟时段存在停机检修的情况。因1#、2#炉硫硝一体化中控运行记录表及试车运行日志现场记录均系乌石化分公司对于涉案脱硫脱硝工程设备运行产生的相关记录，对于乌石化分公司自行生成的两份证据中对于氮氧化物的记录不一致的情况下，不应当对未参与记录的德晟达公司产生不利推定的后果，结合乌石化分公司2015年自行监测年度报告及乌石化分公司2017年自行检测年度报告，可以认定涉案脱硫脱硝工程设备环保达标。乌石化分公司亦在一审中提交了乌鲁木齐市污染源在线监控系统中部分日期及时段的涉案脱硫脱硝工程设备监测数据，其中显示确有个别日期及时段氮氧化物折算平均值超过了《技术协议》约定的标准。但双方并未约定在性能考核之外的情况下仍应以该监测数据认定涉案脱硫脱硝工程是否环保达标，且乌石化分公司提交的监测数据并不连续完整，无法体现涉案脱硫脱硝工程设备的监测数据的完整状况。且监测数据中显示超标的时段均不超过2小时，其余大部分日期及时段显示涉案脱硫脱硝工程设备的氮氧化物折算平均值并未超标，故乌石化分公司出示的检测数据无法证明涉案脱硫脱硝工程设备环保不达标。基于以上事实，乌石化分公司主张涉案脱硫脱硝工程环保不达标的上诉理由，缺乏事实及法律依据，法院不予采纳。

裁判规则五　工程已完工交付，但未经竣工试验程序证明工程满足发包人要求的使用目的与功能需求，总承包人以工程已交付为由要求发包人支付工程款的，不予支持

【规则解析】

一、工程总承包模式要求总承包人交付的建设成果不仅应符合国家规定的强制性质量安全标准，还应满足“发包人要求”的建设目的与功能效益

（一）发包人要求是总承包人交付工程的标准之一

《建设项目工程总承包合同（示范文本）》第6.4.1项规定：“工程质量标准必

须符合现行国家有关工程施工质量验收规范和标准的要求。有关工程质量的特殊标准或要求由合同当事人在专用合同条件中约定。因承包人原因造成工程质量未达到合同约定标准的,发包人有权要求承包人返工直至工程质量达到合同约定的标准为止,并由承包人承担由此增加的费用和(或)延误的工期。因发包人原因造成工程质量未达到合同约定标准的,由发包人承担由此增加的费用和(或)延误的工期,并支付承包人合理的利润。"

工程总承包模式下,总承包人应当响应的质量要求与交付标准包括"现行国家有关工程施工质量验收规范和标准"与"工程质量的特殊标准或要求"双重尺度,前者包括《建筑法》以及《建设工程质量管理条例》规定的建筑工程安全标准、建筑工程质量标准、施工技术标准、工程建设强制性标准等;后者即为"发包人要求",根据《建设项目工程总承包合同(示范文本)》"附件一"《发包人要求》的规定,包括功能要求、工程范围、工艺安排或要求、时间要求、技术要求、竣工试验、竣工验收、竣工后试验、文件要求、工程项目管理规定、主要人员资格要求、操作培训、分包供应商、设备选购等事项的要求。由于上述两个尺度的质量要求与交付标准是匹配发包人履行付款义务的相应对价,总承包人只有依照"现行国家有关工程施工质量验收规范和标准"与"发包人要求"的内容实施建设行为并交付工程成果,才被视为按约履行了工程总承包合同项下的核心义务,进而才被允许向发包人索要全额工程价款作为对价。

(二)在工程总承包模式下,发承包双方一般通过竣工检验("竣工试验"或"竣工后试验")考察检验总承包人完成的工程成果是否满足"发包人要求"的功能参数与产能指标

《建设项目工程总承包合同(示范文本)》第9.1.1项规定:"承包人完成工程或区段工程进行竣工试验所需的作业,并根据第5.4款[竣工文件]和第5.5款[操作和维修手册]提交文件后,进行竣工试验。"

《建设项目工程总承包合同(示范文本)》第12.1.1项规定:"工程或区段工程被发包人接收后,在合理可行的情况下应根据合同约定尽早进行竣工后试验。"

鉴于工程总承包建设项目的质量要求与验收标准包含满足"发包人要求"的产能效益、性能指标与功能标准,发承包双方可以在工程总承包合同中约定发承包双方应当执行、实践"竣工试验"或"竣工后试验"程序,并据以考察验证总承包人完成的建设成果是否满足"发包人要求"。通过"竣工试验"或"竣工后试验"程序观察建设工程是否满足"发包人要求"的证明标准包括:

1. 工程的整体与部分均可以安全、连续、稳定地承受阶段性试验，即“工程或区段工程的每一部分均能够安全地承受下一阶段试验”；

2. 工程的整体与部分均可以按照“发包人要求”的前提条件进行安全、连续、稳定地操作运行，即“工程或区段工程能够在所有可利用的操作条件下安全运行，并按照专用合同条件和《发包人要求》中的规定操作”；

3. 工程的整体与部分均满足“发包人要求”的性能指标，即“工程或区段工程符合《发包人要求》中列明的性能保证指标”；

4. 工程的整体与部分被发包人投入使用后，仍不对建设工程中的“发包人要求”的功能标准、性能指标与产能效益造成消极影响，即“发包人对工程或其任何部分的使用，对工程或区段工程的性能、特性和试验结果产生的影响”。

发包人通过“竣工试验”或“竣工后试验”程序验证总承包人完成的建设成果符合上述状况的，才视为建设成果满足“发包人要求”。

二、总承包模式中的“竣工验收合格”通常应当包括“实物交付”和“竣工检验”两个层面，总承包人交付的建设成果未能通过竣工检验的，发包人有权拒绝付款或减少付款义务

（一）实物交付即总承包人将建设工程转移给发包人占有，即完成交付

与施工总承包模式类似，工程总承包交付合格工程的一个重要部分是将建设工程转移至发包人占有的状态。但转移占有的实物交付在两种模式下所产生的意义则截然不同。施工总承包模式下，实物交付通常意味着工程验收合格，因为不经验收合格的工程，发包人不会同意接收。即便存在发包人擅自占有使用的情况，但根据《最高人民法院建设工程司法解释一》第 14 条的规定，“建设工程未经竣工验收，发包人擅自使用后，又以使用部分质量不符合约定为由主张权利的，人民法院不予支持；但是承包人应当在建设工程的合理使用寿命内对地基基础工程和主体结构质量承担民事责任”，擅自使用未经验收的建设工程的发包人不得以“使用部分质量不符合约定”为由拒绝付款、减免付款责任或要求总承包人承担质量保修责任，[①]即法律已经推定该工程为质量合格工程。

---

① 最高人民法院认为：“我们认为，出现发包人擅自使用建设工程的情况，承包人对发包人擅自使用部分，不应再承担质量保修责任……如果承包人对发包人擅自使用的建设工程部分仍应承担保修责任，则本条规定就失去了其意义。”最高人民法院民事审判第一庭编著：《最高人民法院新建设工程施工合同司法解释（一）理解与适用》，人民法院出版社 2021 年版，第 153 页。

在工程总承包模式中，交钥匙工程的特质要求总承包人所交付的工程不仅应当符合“国家规定的建筑工程质量标准”的土建标准，还应当具备满足发包人要求约定的“使用目的、性能指标、功能标准与产能效益”，因此，实物交付本身并不直接意味着总承包人交付了质量合格的工程，也不能直接用以推断总承包的工程质量合格。

（二）“实物交付+竣工检验”应当是总承包建设工程的验收合格标准，也是总承包人据以主张工程款的基本依据

如前文所述，包括竣工试验、联机运行、投产试验等在内的竣工检验是确认总承包建设工程是否已经达到发包人要求的标准，因而应当以“实物交付+竣工检验”的模式作为判定总承包建设工程项目是否属于“验收合格”的标准。应该说，在我国建设工程领域法律和司法解释还未着重针对工程总承包项目作出更多特色规定的情况下，将原有验收合格概念的内涵扩充，使其包含工程总承包项目中发包人要求是合理的做法。故此，只有完成实物交付并经竣工检验合格的建设工程，总承包人才能够要求发包人支付合同约定的工程价款。若在试运行或投入生产使用的过程中，建设工程无法达到发包人要求的建设目的、功能标准、性能指标与产生效益的，仍视为建设工程存在质量问题，总承包人构成根本违约，发包人有权据以拒绝付款、行使减价请求权并要求总承包人承担重建、更换、返修甚至损害赔偿的违约责任。

在下述(2020)最高法民终1040号案件中，虽然工程总承包建设项目已“实物交付”给发包人，但是，一方面，总承包人并未启动合同特别约定的、目的在于检视验证建设项目是否符合发包人要求的功能标准与产能效益的“无负荷试车”“负荷试车”“保证值考核”等竣工试验程序，而根据合同约定，上述运行试验的程序未通过，就不能证明总承包人交付的建设工程满足“发包人要求”进而不能认定总承包人的履行达到付款条件；另一方面，发包人确有证据证明建设项目存在“生产时没有做配油供需以及焦油蒸馏开工时出现炉管晃动、弯头开裂冒火、酚盐分解堵塞等”的问题，进一步证实了建设工程确实不符合发包人要求的“处理能力、产品质量、产品产量等重要指标”等“保证值考核”要求，说明总承包人交付的建设工程确实未达到发包人要求的使用目的、质量标准与产能指标。据此，法院认为总承包人的完成的建设工程不满足合同约定的质量要求与交付标准，进而认定总承包人要求发包人付款的条件未成就，据以支持了发包人拒绝付款的抗辩请求，并驳回了总承包人要求付款的诉讼请求，有事实及法律依据。

【裁判观点】

(2020)最高法民终1040号[①]

双方当事人在合同中约定案涉工程为“交钥匙工程”,承包人中冶焦耐公司负责工程设计、设备材料采购、施工至工程试运行、投产达产达标等全过程和最终效果。按照合同约定,中冶焦耐公司完工后需组织竣工验收,整个工程的竣工验收大致分实物移交和装置投料试车并考核达标两个阶段执行。实物移交,是指在单机试车后、联动试车前向发包人龙盛达公司办理工程及设备中间交接;承包人于装置投料试车系统出合格产品并考核达标后向业主办理工程竣工手续。装置投料试车并考核达标,属于竣工检验。按照合同专用条款第9条的约定,竣工检验主要分四个步骤(无负荷试车、负荷试车、保证值考核、竣工验收),主要包括:(1)关于无负荷试车,设备安装工程具备单机无负荷试车条件,承包人组织试车,并在试车前48小时以书面形式通知发包人;通知包括试车内容、时间、地点、承包人准备试车记录;发包人根据承包人的要求为试车提供必要条件,试车合格,发包人在试车记录上签字。(2)关于负荷试车,承包人应提前21天将预计可开始进行负荷试车的日期通知发包人代表;除非另行商定,否则,竣工负荷试车应在所通知的日期后的14天内,发包人代表明令指定的那天或数天内进行;设备安装具备联动试车条件,承包人组织试车,试车方案报业主并在试车前48小时通知发包人代表,通知包括试车内容、时间等;试车通过,发包人代表、发包人及承包人在试车记录上签字后,方可进行试车。(3)关于保证值考核,该合同工程的保证值的考核按照合同专用条款第9条(竣工检验)以下条款进行,如非重要指标(专用条款第9.3.1款至第9.3.7款约定的处理能力、产品质量、产品产量等指标以外的指标)考核达不到考核值,则承包人应采取有效措施并在双方商定的时间内达到规定的考核值;专用条款第9.3.1款至第9.3.7款约定的处理能力、产品质量、产品产量等重要指标经三次考核后还达不到附件规定的考核值,但并不影响该合同工程的正常生产,则承包人应根据合同相关条款进行赔偿;全部保证值测试时间为被测试装置稳定生产后,3个月内,连续正常运转72小时。(4)关于竣工验收,全部竣工完毕后,发包人应汇总各合同段工程的竣工验收报告,承包人提出竣工验收的申请;竣工验收由发包人的上级主管部门主持,组成竣工验收委员会,邀请投资、建设、质监、设计、发包人以及各合同段的发包人代表等有关部门参加,按国家有

---

① 中冶焦耐(大连)工程技术有限公司、黑龙江龙盛达煤化工有限公司建设工程施工合同纠纷案,最高人民法院(2020)最高法民终1040号民事判决书。

关部门颁发的有关竣工验收的管理办法的规定进行竣工验收；承包人应提前21天将预计可开始进行保证值考核的日期通知发包人代表；除非另行约定，否则，保证值考核的日期应在所通知的日期后的14天内，发包人代表明令指定的那天或数天内进行；如果验收合格后，竣工验收委员会对该合同建设工程的可行性研究、设计、施工、监理以及投资效益等方面作出全面评定，写出竣工鉴定书；如因发包人的原因不能满足保证值的考核的前提条件，在承包人提出申请后56天之后，还不能满足考核的要求，则该部分不能进行考核的保证值视为合格，并被发包人接收。

根据本案现有证据尚不能认定案涉工程在实物移交后，承包人中冶焦耐公司完成了竣工检验程序，也不能认定其未完成竣工检验程序系发包人龙盛达公司的原因所致，主要体现如下：(1)中冶焦耐公司在一审中提供的案涉工程系列工程中间验收单、实物移交清单、建设工程验收报告、单位工程质量认证书、竣工移交资料证明均属于建筑工程施工和设备安装等实物移交相关的文件，其中并无装置投料试车、考核达标等实物移交后的相关内容。按照合同约定，竣工检验各步骤均有其程序、标准和文件等方面的要求，而本案中并无证据表明双方按照合同具体约定完成竣工检验各步骤的要求，故不能认定承包人中冶焦耐公司完成了竣工检验程序。(2)一审法院2019年10月25日询问笔录记载，中冶焦耐公司陈述："工艺已经全部打通，并且也产生了合格产品，但是72小时标准部分装置没有达到稳定运行。没有进入考核程序。"龙盛达公司也陈述"还没有到考核那一步，因为全部系统还没有打通，没有办法考核"。中冶焦耐公司在该笔录中还确认2#大门土建没做及其他部分工程未完工。据此，双方当事人均承认案涉工程的竣工检验程序未完成，特别是尚未进入保证值考核程序。(3)2018年12月11日双方现场勘察的会谈记录载明：案涉工程存在生产时没有做配油供需以及焦油蒸馏开工时出现炉管晃动、弯头开裂冒火、酚盐分解堵塞等系列的问题；中冶焦耐公司主张问题可以在开工过程中整改；中冶焦耐公司总包项目负责人杨某松称："至于开工中存在的问题，可能有几百条，我们一项一项梳理最后梳理出来达成协议的有36项，这一块有将近20项已经整改完了。"从双方协商和联系情况来看，双方对案涉工程试生产中出现的诸多问题的性质（严重或者轻微程度以及是否容易解决等）、原因以及解决方案均有不同认识，部分问题未得到实际解决。该证据初步表明案涉工程装置投料试车不断出现故障，尚未达到合同约定保证值考核的要求。(4)中冶焦耐公司没有提供证据证明其曾经按照合同要求在预计无负荷试车前48小时、在预计负荷试车前21天等有关时点，书面通知发包人龙盛达公司试车内容、时间、地点以及需要发包人为试车提供必要的条件,难以认定案涉工程竣工检验程序未完成系龙盛达公司不提供必要条件等原因所致。

鉴于案涉工程的竣工检验程序尚未完成,特别是尚未进入保证值考核阶段,无论之前的工程质量如何,中冶焦耐公司原则上均不具有请求龙盛达公司支付剩余工程价款58,140,470.63元及其利息的条件,中冶焦耐公司请求支付上述剩余工程价款,至少需在案涉工程的竣工检验程序完成之后。在案涉工程的竣工检验程序尚未完成的情况下,其申请法院委托司法鉴定机构鉴定案涉工程设计和设备是否符合有关质量合格的标准、案涉工程不正常运转影响投产的质量缺陷的原因及其责任、案涉工程的修复方案及修复费用,对于本案纠纷的处理并无意义,也无必要,法院不予准许。中冶焦耐公司可以在完成竣工检验程序,案涉工程达到竣工验收标准和合同约定的质量标准,或者双方之间出现工程视为竣工验收等情形后,就剩余工程价款另寻法律途径解决。

裁判规则六　工程未经竣工检验,总承包人以工程已交付发包人为由主张工程质量问题属于验收合格后的质量维修问题的,不予支持

【规则解析】

一、工程总承包建设项目的质量要求与交付标准不仅包括建设工程"符合国家规定的建筑工程质量标准",还包括建设工程"满足发包人要求的使用目的与功能需求"

如前一规则所明确,工程总承包模式下总承包人交付的工程质量标准既包括现行国家有关工程施工质量验收规范和标准,也包括工程质量的特殊标准或要求,即"发包人要求";而工程是否满足发包人要求,一般通过竣工检验的程序和环节予以明确。因此,只有通过竣工检验,工程质量才能达到验收合格的标准。

二、总承包人承担质量保修责任的前提是"工程经竣工验收合格",应根据不同施工组织模式的特性对此处的"合格"作出不同的理解

《建设工程质量管理条例》第40条第3款规定:"建设工程的保修期,自竣工验收合格之日起计算。"

根据我国《建筑法》第62条的规定,我国对建设工程质量实施保修制度,即在

保修期限内，即使发包人合理使用建设工程，建设工程也因质量不合格而遭受毁坏损害的，法律要求总承包人承担返工、修理、维护等保修责任的制度。总承包人承担保修责任的期间即为保修期限，根据《建设工程质量管理条例》的规定，保修期间从工程竣工验收合格之日起计算。

在不同的施工组织模式下，《建设工程质量管理条例》第40条第3款中"验收合格"的内涵也应有所不同：在施工总承包模式下的"合格"应理解为符合国家规定的建筑工程质量标准；在工程总承包模式下的"合格"则应理解为既符合国家规定的建筑工程质量标准，又满足发包人要求的使用目的与功能需求。因此，针对工程总承包建设项目，只有总承包人交付的建设工程既"符合国家规定的建筑工程质量标准"又通过竣工检验，表明其满足发包人要求的，才视为"验收合格"，进而开始计算总承包人的质量保修期限。

三、工程总承包项目未经竣工检验，总承包人主张建设工程已验收合格，发包人应支付对价的，不予支持；总承包人以项目已验收合格为由主张己方仅需承担保修责任的，不予支持

根据《建设工程质量管理条例》的规定，总承包人承担质量保修责任的前提是工程经竣工验收合格，但发承包双方未践行"竣工试验程序"或"竣工后试验程序"的，不能视为工程总承包建设项目质量合格。在此情况下，开启保修期间的"竣工验收合格"的条件尚不满足，总承包人就工程总承包建设项目对发包人承担的质量保证义务尚未转变为质量保修责任，若总承包人不能进一步提供证据证明已交付的建设工程满足发包人要求的使用目的与功能需求的，则视为总承包人交付的建设工程不符合工程总承包合同约定的质量要求与交付标准，总承包人应当承担质量缺陷责任，所产生的直接效果是，发包人有权拒绝支付剩余工程款，总承包人应当承担返修等违约责任。

据此，建设项目未通过竣工试验、投料试车等检验程序，总承包人也不能提供证据证明建设工程满足发包人要求的使用目的与功能需求的，视为总承包交付的建设工程不符合合同约定的质量要求，发包人有权拒绝履行"质量保证义务"的对价义务，即足额付款义务；总承包人以工程总承包建设项目已经竣工验收为由主张己方仅需承担质量保修责任且发包人应当支付剩余工程款的，不予支持。

【裁判观点】

1.(2020)最高法民终1040号[①]

中冶焦耐公司主张案涉工程已经通过竣工验收,工程符合合同约定的质量标准和要求,工程已经投产且投产后的质量问题仅仅属于合格后的质量维修问题,其上述主张不仅缺乏事实依据,也明显与事实不符,法院不予支持。中冶焦耐公司主张龙盛达公司在工程交付后擅自使用,工程试车过程中出现问题系龙盛达公司实际操作不当、原料不合格以及设备长期未投入施工造成的正常损耗所致,也明显缺乏事实依据,法院不予支持。案涉合同约定工程竣工验收的标准不仅是工程实物交接,还包括试车投产达产达标,而案涉工程并没有完成竣工检验程序,案涉工程不同于一般实物交接的建设工程,且本案也无证据证明龙盛达公司在工程未经竣工验收情况下擅自使用,案涉工程尚不具有适用最高人民法院《关于审理建设工程施工合同纠纷案件适用法律问题的解释》第13条前半句关于"建设工程未经竣工验收,发包人擅自使用后,又以使用部分质量不符合约定为由主张权利的,不予支持"的规定的条件,中冶焦耐公司根据该条司法解释的规定主张案涉工程存在的问题仅仅是工程验收合格后的质量维修问题,缺乏事实和法律依据,法院不予支持。

案涉工程总价款为33,950万元(包括一系工程总价款32,250万元和二系工程总价款1700万元),龙盛达公司已经支付中冶焦耐公司工程价款281,359,529.37元,该合同项下尚余工程价款58,140,470.63元处于待付状态。按照合同约定的工程价款付款进度,对于案涉一系工程,龙盛达公司应在热负荷试车后支付技术服务费375万元,在设备安装调试后支付3300万元,可预留质保金2500万元(该三项款项合计6175万元);对于案涉二系工程,龙盛达公司应在安装调试后支付230万元,预留质保金142.5万元(该两项款项合计372.5万元)。案涉工程热负荷试车和安装调试等竣工检验程序未完成,且本案无证据证明竣工检验程序未完成可归责于龙盛达公司,按照《总包合同》和《二系总包合同》约定的付款条件,一审法院认定案涉工程价款中尚有6547.5万元(6175万元+372.5万元)未能达到发包人付款的条件,不支持中冶焦耐公司请求剩余工程价款58,140,470.63元及其利息,并无不当。

---

① 中冶焦耐(大连)工程技术有限公司、黑龙江龙盛达煤化工有限公司建设工程施工合同纠纷案,最高人民法院(2020)最高法民终1040号民事判决书。

2.(2019)最高法民申1187号①

首先,原审判决认定的基本事实是否缺乏证据证明的问题。《EPC总承包合同书》约定装置联动试车和性能考核合格并通过168小时验收后10天内且卖方提供全额发票,买方收到发票后,买方支付给卖方金额为合同总价10%的进度款。《技术协议》约定脱硫系统通烟气运行正常后一周内自动进行168小时连续运行考核试验。试验条件:满足设计条件和运行条件,符合卖方提供的操作方法和说明书;做性能保证试验必须满足试验条件,考核试验方案由卖方提供,经买方认可,现场考核试验由买卖双方共同进行。根据原审查明的事实,案涉设备的烟气脱硫系统存在较多遗留质量问题。江南环保公司未提交证据证明案涉设备质量能满足上述168小时连续运行考核试验运行条件,亦未提交证据证明其向奥维乾元化工公司提供了考核试验方案。江南环保公司再审主张案涉设备已经正常投入使用,并且排放达标,奥维乾元化工公司对案涉设备进行了改造,无法再考核测试,但未提交新证据予以证明。江南环保公司在原审程序中提交的陕西省原环境保护厅信息公开的答复与陕西省重点排污企业监测信息发布平台公示的排放数据并非针对案涉设备的排放数据检测,不能证明案涉设备的运行已经达到合同约定的要求。原审判决认定案涉装置168小时连续运行考核试验未完成的责任在江南环保公司,未达到工程进度付款条件,具有事实依据。《EPC总承包合同书》约定10%的合同总价作为质保金,在合同装置性能保证期截止日且环保验收合格且无质量问题10日内支付,如环保验收在质保期内由于卖方装置原因未能达到合格,质保期顺延至环保验收合格,质保金在环保验收合格后支付。合同另约定,装置正常运转168小时后,买方组织对该项目进行总体验收,系统投运一年内由买方向当地环保主管部门申请验收,卖方积极配合。环保检测验收结果以环保部门的检测报告为准。《技术协议》约定卖方提供的装置质量保证期为机械竣工后18个月或168小时运行通过后12个月,先到为准。根据原审查明的相关事实,江南环保公司与奥维乾元化工公司未对案涉设备竣工验收和环保验收,且江南环保公司未提交证据证明案涉设备已达到可以环保验收的运行条件,原审判决认定工程质保金尚不具备支付条件并无不当。

其次,本案中,江南环保公司提供奥维乾元化工公司3×280t/h锅炉烟气氨法脱硫及副产物硫铵回收装置的设计、供货、安装、调试及指导运行服务,对案涉设

① 江苏新世纪江南环保股份有限公司建设工程施工合同纠纷再审审查与审判监督案,最高人民法院(2019)最高法民申1187号民事裁定书。

备质量负责是江南环保公司作为设备供货方的主要合同义务，该义务不因奥维乾元化工公司对案涉设备未竣工验收就使用的行为而免除。原审判决并不存在《民事诉讼法》第200条第6项规定的适用法律错误情形。

裁判规则七 总承包人未履行设备操作培训义务或培训效果未达合同约定标准，以发包人操作不当导致工程未通过投料试车验收为由主张不承担验收不合格责任的，不予支持

【规则解析】

《建设项目工程总承包合同(示范文本)》"附件一"《发包人要求》规定："……对于承包人负责提供的有关设备和服务，对发包人人员进行培训和提供一些消耗品等，在《发包人要求》中应一并明确规定。《发包人要求》通常包括但不限于以下内容：……十一、其他要求……(三)对项目业主人员的操作培训……"

《建设项目工程总承包合同(示范文本)》第5.3款规定："承包人应按照《发包人要求》，对发包人的雇员或其它发包人指定的人员进行工程操作、维修或其它合同中约定的培训。合同约定接收之前进行培训的，应在第10.1款[竣工验收]约定的竣工验收前或试运行结束前完成培训。培训的时长应由双方在专用合同条件中约定，承包人应为培训提供有经验的人员、设施和其它必要条件。"

工程总承包建设项目的"采购"要求包含对高精专业的机械设备进行护理、控制、操作、组装等活动，通过对专业机械设备的操控实现发包人要求的产出效益与产能指标，为了实现工程总承包建设项目的稳定运作与持续经营，相较于传统施工组织模式，工程总承包模式对操控人员的动手能力与专业素养要求较高，故发承包双方往往会在工程总承包合同中约定总承包人负有对发包人的车间员工进行教导培训的义务，并且所训练的学员必须熟练掌握操作技能与应急处理方法才达到发包人要求的培训指标，视为总承包人按约完成了培训义务。

按照合同约定，总承包人培训发包人员工的目的是使其能够熟练操作机械设备，通过机械设备的稳定运作与持续使用达到发包人的功能需求与产能效益，若总承包人培训指导的发包人员工对机械设备的操作试验不够精通、熟练，导致机械设备的试运行无法满足发包人要求的各项参数指标的，则视为总承包人未按约履行义务，总承包人应当承担继续培训、返修更换、检查调试等违约责任；出现上述情形，总承包人以发包人员工操作不当为由拒绝承担因建设工程不满足发包人

要求的性能指标、功能标准及产能效益所产生的违约责任的，不予支持。

【裁判观点】

(2020)最高法民终 1040 号[①]

中冶焦耐公司主张，龙盛达公司举示的证据不能证明案涉工程试车过程中出现的问题系由原材料、操作或者设备质量问题造成。其一，中冶焦耐公司未能举证证明龙盛达公司在试车阶段提供的原材料不符合约定或者相关行业标准。其二，中冶焦耐公司未能举证证明试车中出现的问题系因龙盛达公司操作人员操作不当所致。同时，《总包合同》专用条款第 5.3 条(人员培训)约定，中冶焦耐公司负责对龙盛达公司的操作人员进行培训辅导，培训的效果要求达到该工程全部管理人员、技术人员、操作人员能准确熟练操作各系统为标准，故即使因龙盛达公司操作人员操作不当导致试车过程中出现问题，也系因中冶焦耐公司未能按照约定，对操作人员的培训辅导未能达到约定效果所致。其三，按照《总包合同》和《二系总包合同》的约定，设备质量问题应由中冶焦耐公司承担责任。中冶焦耐公司还主张，因龙盛达公司原料不足而不能继续进行负荷联动试车，龙盛达公司为反驳中冶焦耐公司的该项主张举示了购买焦油发票等证据。最高人民法院《关于适用〈中华人民共和国民事诉讼法〉的解释》第 108 条第 2 款规定："对一方当事人为反驳负有举证证明责任的当事人所主张事实而提供的证据，人民法院经审查并结合相关事实，认为待证事实真伪不明的，应当认定该事实不存在。"鉴于中冶焦耐公司未能举证证明其上述主张成立，龙盛达公司举示的反驳证据使案涉工程因原料不足而不能进行联动负荷试车真伪不明，依据上述规定应认定中冶焦耐公司主张的上述事实并不存在。

综上所述，中冶焦耐公司无证据证明案涉工程联动负荷试车过程中出现的问题系由龙盛达公司过错所致，故应由中冶焦耐公司承担相应的后果和责任；因中冶焦耐公司未能向龙盛达公司交付符合约定的案涉工程，据此可以认定中冶焦耐公司未能完成《总包合同》约定的义务。

---

① 中冶焦耐(大连)工程技术有限公司、黑龙江龙盛达煤化工有限公司建设工程施工合同纠纷案，最高人民法院(2020)最高法民终 1040 号民事判决书。

裁判规则八　工程经竣工验收合格已交付使用，发包人不能提供证据证明工程质量不符合发包人要求的使用目的与功能标准，以工程质量缺陷为由主张权利的，不予支持

【规则解析】

一、我国现行法律要求建设工程主体践行规范的竣工验收程序

《民法典》第 799 条第 1 款规定："建设工程竣工后，发包人应当根据施工图纸及说明书、国家颁发的施工验收规范和质量检验标准及时进行验收。验收合格的，发包人应当按照约定支付价款，并接收该建设工程。"

《建筑法》第 61 条第 1 款规定："交付竣工验收的建筑工程，必须符合规定的建筑工程质量标准，有完整的工程技术经济资料和经签署的工程保修书，并具备国家规定的其他竣工条件。"

竣工验收程序是指工程全部建成后，参与工程建设的各方共同检视、查验、确认建设成果质量是否合乎设计文件且符合国家规定的建筑工程质量标准的工序，也是项目建设的最后一道程序。由于竣工验收程序的目的在于检验建设工程是否符合质量标准，而质量安全关系着不特定大多数使用主体的生命财产安全，因此竣工验收程序也是建设工程从生产建造转入实际使用的枢纽，根据法律规定，建设工程经竣工验收合格，方可投入使用；未经竣工验收合格，不得投入使用，①据此，我国《民法典》《建筑法》均强制建设工程主体严格践行并规范落实竣工验收程序。

二、发包人擅自使用未经竣工验收的建设工程，违反《民法典》《建筑法》的立法本意，故把最严厉的质量责任风险分配给发包人承担

《最高人民法院建设工程司法解释一》第 14 条规定："建设工程未经竣工验收，发包人擅自使用后，又以使用部分质量不符合约定为由主张权利的，人民法院不予支持；但是承包人应当在建设工程的合理使用寿命内对地基基础工程和主体结构质量承担民事责任。"

---

① 《建筑法》第 61 条规定："交付竣工验收的建筑工程，必须符合规定的建筑工程质量标准，有完整的工程技术经济资料和经签署的工程保修书，并具备国家规定的其他竣工条件。建筑工程竣工经验收合格后，方可交付使用；未经验收或者验收不合格的，不得交付使用。"《民法典》第 799 条第 2 款规定："建设工程竣工经验收合格后，方可交付使用；未经验收或者验收不合格的，不得交付使用。"

建设工程的质量安全处于核心地位,要求发包人按照《民法典》《建筑法》《建设工程质量管理条例》的规定组织施工方、设计方、监理方、勘察方严格践行并规范落实建设工程竣工验收程序是保障建设工程质量安全标准的重要手段之一,因此,若发包人未组织竣工验收即对建设工程擅自使用的,作为惩戒,则把最严厉的质量责任风险分配给发包人,即除了地基基础和主体结构存在质量问题外,发包人不得以质量违反约定为由拒绝付款、减免付款义务、要求总承包人承担返修、更换、重作等保修义务①以及要求总承包人承担损害赔偿责任,借以倒逼发包人组织实施规范的竣工验收手续,避免出现安全隐患与质量风险。

三、在工程总承包模式下,发包人使用建设项目后,未对工程质量提出异议且不能提供证据证明建设项目确实"不满足发包人要求的使用目的与功能标准",其以工程质量不合约定为由拒绝付款的,不予支持

虽然工程总承包建设项目的质量要求与交付标准不仅包括符合国家规定的建筑工程质量标准,亦涵盖满足发包人要求的使用目的与功能需求,但是工程总承包建设工程已交付发包人使用较长一段期间,在试用期间内发包人从未就"建设工程不满足发包人要求的使用目的与功能需求"向总承包人提出任何异议并要求总承包人修理整改,又不能提供确切证据证明交付的建设成果确实未达到发包人的使用目的要求与运转产能要求的或证明建设成果确有质量缺陷的,则视为总承包人已经按约履行工程总承包合同约定的建设义务,发包人的付款条件已成就,应当支付剩余工程款;若发包人不能提供证据证明建设工程不符合"发包人要求"又以建设工程存在质量问题为由拒绝付款并要求总承包人承担违约责任的,有违诚实信用原则,法院不予支持。

【裁判观点】

1.(2017)最高法民终 612 号②

首先,关于工程质量违约金的问题。本案四份《建设工程施工合同》项下工程

---

① 最高人民法院认为:"我们认为,出现发包人擅自使用建设工程的情况,承包人对发包人擅自使用部分,不应再承担质量保修责任……如果承包人对发包人擅自使用的建设工程部分仍应承担保修责任,则本条规定就失去了其意义。"最高人民法院民事审判第一庭编著:《最高人民法院新建设工程施工合同司法解释(一)理解与适用》,人民法院出版社 2021 年版,第 153 页。

② 甘肃第一建设集团有限责任公司、机械工业第六设计研究院有限公司建设工程施工合同纠纷案,最高人民法院(2017)最高法民终 612 号民事判决书。

分别于2011年8月1日和2013年12月21日经建设、勘察、设计、监理单位签章后验收合格，且已交付使用。根据最高人民法院《关于审理建设工程施工合同纠纷案件适用法律问题的解释》第13条的规定，机械六院又主张工程质量存在问题要求甘肃一建承担违约责任，其该上诉请求无事实和法律依据，法院不予支持。其次，关于更换人员违约责任的问题。在本案工程施工、验收、结算过程中，机械六院对甘肃一建的项目经理、技术负责人和项目部五人员未提出过异议。现案涉工程已经验收合格，并已投入使用，有关人员更换并未给工程或是机械六院造成实际影响或者损失，故对机械六院所提更换人员违约金的上诉请求，法院亦不予支持。

2.(2019)最高法民申5122号①

关于二审判决未支持冠丰种业公司关于更换、修理不合格组件的诉求是否正确的问题。再审申请期间，冠丰种业公司提交了其于2018年7月16日向山东省冠县公证处就案涉光伏项目组件质量问题进行保全证据公证的公证书证明案涉项目存在重大质量瑕疵，二审判决未支持冠丰种业公司更换、修理不合格组件的诉求错误。法院认为，公证书系在二审判决作出后由冠丰种业公司单方申请制作而成，对其真实性应予以确认，但公证证明对象并非组件不合格。且案涉光伏电站于2016年6月30日并网发电，距公证时已经过两年，根据二审查明的事实，案涉光伏电站并非完全由特锐德公司运营维护，冠丰种业公司亦有工作人员参与，无法证明质量责任应由特锐德公司承担。因此冠丰种业公司再审申请关于特锐德公司安装的组件不合格，二审判决未支持其更换、修理不合格组件的诉求错误的主张，没有充分的证据予以证实，不予支持。

3.(2018)最高法民申160号②

《EPC总承包合同》中虽然包括设计合同、采购合同、施工合同，但本案中的总承包费用由设计费加总承包服务费、建筑安装工程施工费用、材料费三部分组成，总承包费大部分及利息均是在建设工程施工合同中形成的。本案涉案项目虽未进行整体竣工验收，但金玛依公司自2011年11月18日涉案工程竣工后未对涉案项目进行竣工验收即擅自投入使用，且已使用较长时间，现又以涉案项目存在质量问题向寰球公司主张权利，原审法院依照最高人民法院《关于审理建设工程施

---

① 山东冠丰种业科技有限公司、青岛特锐德电气股份有限公司建设工程施工合同纠纷再审审查与审判监督案，最高人民法院(2019)最高法民申5122号民事裁定书。

② 新疆金玛依石油化工有限公司建设工程施工合同纠纷再审审查与审判监督案，最高人民法院(2018)最高法民申160号民事裁定书。

工合同纠纷案件适用法律问题的解释》第13条的相关规定审理本案，不存在适用法律错误的问题。

4.(2019)最高法民终969号①

案涉风能发电工程经新疆电力设计院总承包后，已经建设完成，并进行了相关的竣工验收，经过试运行后交付伊吾东方公司实际使用，对于案涉工程的建设、质量等，伊吾东方公司并未提出异议，新疆电力设计院已经按约履行完成其建设施工义务，伊吾东方公司在建设工程施工合同中的合同目的已经实现。伊吾东方公司全程参与了案涉工程的设计、施工、安装及运行等过程，且工程经过竣工验收合格后实际使用两年，伊吾东方公司对于工程质量本身并无异议，新疆电力设计院在建设工程过程中亦不存在违约情形。因此，伊吾东方公司向新疆电力设计院主张违约责任及赔偿损失的请求，没有事实和法律依据。

5.(2015)民申字第3653号②

关于山东巨润公司认为案涉工程质量不合格，主张对其另行维修的费用进行赔偿是否成立的问题。法院认为，首先，依据山东巨润公司与上海环境公司关于合同解除的约定，如果案涉工程存在质量问题，山东巨润公司应当在与上海环境公司就工程质量问题进行确认，在此前提下提出解除合同、返还已付工程款或赔偿损失的请求。本案中，系争工程完工后直至本案起诉，山东巨润公司从未提出过任何工程质量问题，该工程已通过环保部门的验收并一直在使用。其次，在该案进入诉讼程序后，山东巨润公司以工程存在技术缺陷另行维修为由主张赔偿，以其与张家港宏兴环保设备有限公司签订的维修合同的复印件进行证明该事实成立，原审法院对该份证据的证明效力不予认可并无不当。据此，原审法院作出“山东巨润公司要求上海环境公司返还已支付工程款并支付利息及违约金的请求没有事实根据和法律依据，依法不予支持”的认定正确。申请人的该项申请再审理由不能成立。

6.(2016)最高法民终407号③

关于涉案工程是否交付及工程款支付条件是否成就问题。法院认为，涉案工

---

① 伊吾东方民生新能源有限公司、中国能源建设集团新疆电力设计院有限公司建设工程设计合同纠纷案，最高人民法院(2019)最高法民终969号民事判决书。

② 上海环境工程设计研究院有限公司与山东巨润建材有限公司建设工程合同纠纷申诉、申请案，最高人民法院(2015)民申字第3653号民事裁定书。

③ 鹏鹞环保股份有限公司与西宁市排水公司、西宁市污水处理有限公司等建设工程施工合同纠纷案，最高人民法院(2016)最高法民终407号民事判决书。

程已于2010年9月28日交付使用,且在交付使用两年后污水处理构筑物进行竣工验收时未发现质量问题。涉案工程未完成全部内容的竣工验收也并非因为存在质量问题,而是由于办公楼未通过节能专项验收所致。2014年10月15日,涉案工程经青海省财政投资评审中心审定、双方确认最终合同价为179,207,807.42元,工程尾款8,960,390.37元(179,207,807.42元×5%)已经青海省财政投资评审中心审核。根据《西宁市第三污水处理厂工程总承包合同》专用条款第15.2条"两年质量保修期满,质量缺陷处理完毕并且不再存在质量问题,支付相关款(不计利息)"和第15.3条"工程尾款以最终合同价的5%计扣,经国家、省、市财政部门审核后支付"的约定,排水公司应当支付包括工程尾款在内的欠付工程款。一审判决认定涉案工程已交付、支付工程款条件已经成就正确,排水公司关于一审判决对涉案工程已交付、鹏鹞公司主张给付工程款的诉求符合合同约定的认定有误的主张,缺乏事实依据和法律依据,法院不予支持。

7.(2020)最高法民申4661号①

关于原审判决认定的基本事实是否缺乏证据证明的问题。经审查,原审法院组织正信公司与昂立公司核对,案涉项目组件款99,167,625元,昂立公司已付90,352,725元,剩余8,814,900元未支付,《补充合同》约定总价款97,732,375元,昂立公司已付58,647,275元,剩余39,085,100元未支付,原审判决结合查明的合同价款约定和实际付款情况,认定昂立公司应当支付所欠工程价款共47,900,000元,并判令昂立公司自光伏电站并网发电之日支付欠付工程价款的利息,有充分事实和法律依据。至于案涉工程验收是否合格问题,经审查,案涉光伏电站已在合同约定期限内交付昂立公司并于2014年12月31日并网发电,依据最高人民法院《关于审理建设工程施工合同纠纷案件适用法律问题的解释》第14条规定,"当事人对建设工程实际竣工日期有争议的,按照以下情形分别处理:……(三)建设工程未经竣工验收,发包人擅自使用的,以转移占有建设工程之日为竣工日期",案涉光伏电站已经达到竣工标准,故昂立公司该项再审理由缺乏事实和法律依据,其再审理由无法成立。故昂立公司关于案涉光伏电站未达到合同约定的验收合格标准的再审请求不符合《民事诉讼法》规定的再审情形,法院不予支持。

① 民丰县昂立光伏科技有限公司、正信光电科技股份有限公司建设工程施工合同纠纷再审审查与审判监督案,最高人民法院(2020)最高法民申4661号民事裁定书。

裁判规则九 工程已交付发包人实际使用或试运行,使用期间各项运行指标已满足发包人要求的使用目的与功能需求,发包人以工程未通过竣工验收程序或竣工试验程序为由主张工程款支付条件未成就的,不予支持

【规则解析】

《民法典》第 788 条第 1 款规定:“建设工程合同是承包人进行工程建设,发包人支付价款的合同。”第 793 条第 1 款规定:“建设工程施工合同无效,但是建设工程经验收合格的,可以参照合同关于工程价款的约定折价补偿承包人。”第 799 条第 1 款规定:“建设工程竣工后,发包人应当根据施工图纸及说明书、国家颁发的施工验收规范和质量检验标准及时进行验收。验收合格的,发包人应当按照约定支付价款,并接收该建设工程。”

工程总承包合同的核心权利义务是,总承包人按照合同约定开展建设活动并于竣工后向发包人交付既符合国家规定的建筑工程质量标准又满足发包人使用目的要求的建设成果;作为对价,发包人向总承包人支付工程价款。根据法律规定,发包人付款的前提是“工程质量合格”,认定“工程质量合格”的方式包括:

1. 建设工程通过竣工验收程序,或未经竣工验收程序但发包人擅自使用建设工程。根据《建筑法》第 61 条第 1 款的规定,“交付竣工验收的建筑工程,必须符合规定的建筑工程质量标准,有完整的工程技术经济资料和经签署的工程保修书,并具备国家规定的其他竣工条件”,竣工验收程序是检视建设成果是否“符合国家规定的建筑工程质量标准”的程序;另根据《最高人民法院建设工程司法解释一》第 14 条前半句的规定,“建设工程未经竣工验收,发包人擅自使用后,又以使用部分质量不符合约定为由主张权利的,人民法院不予支持”,发包人擅自使用未经竣工验收的建设工程的,视为建设成果“符合国家规定的建筑工程质量标准”。据此,建设工程通过竣工验收程序以及发包人擅自使用未经竣工验收的建设工程都可以作为认定建设工程质量合格的事实前提。

2. 建设工程通过竣工试验、竣工后试验等投料试车程序。在工程总承包模式下,竣工试验的根本目的在于验证工程是否符合合同约定的质量标准、技术性能

要求，这是发包人签订合同的根本目的；[①]而竣工后试验的实施目标在于证明承包人的设计和施工是否达到发包人要求的某些能源消耗或产出效率等性能指标和产能指标，这是《发包人要求》中对建设项目特殊的质量要求。[②] 据此，竣工试验、竣工后试验等投料试车程序就是验证建设工程是否满足《发包人要求》列明的性能指标、功能标准与产能效益的程序，[③]建设工程通过竣工试验或竣工后试验程序可以作为认定工程总承包建设工程质量合格的事实前提。

3. 建设工程已交付发包人使用一段时间且发包人未就建设工程不满足发包人使用目的或功能要求提出异议，也没有提供证据证明建设工程确实存在运转失灵或指标不达的情形，甚至总承包人有证据证明建设项目启动正常、运转良好且指标达成。虽然竣工验收程序与竣工试验程序可以检验建设工程是否符合国家规定的建筑工程质量标准以及满足发包人要求的使用目的与功能需求，但是实践中发包人常常以拒不实施竣工验收程序或竣工试验程序的不诚信行为为由拖延对建设工程的质量认证，进而达到以质量未经认定为由不付工程款的违法目的，其实质上是以不正当手段阻止付款条件成就。因此在实务中，认定建设工程质量合格的方式不仅可以通过竣工验收程序与竣工试验程序，而且可以通过发包人对建设工程的使用状况、效果反馈及发承包双方签署的其他文件进行综合认定。

在工程总承包建设项目的实践中，建设项目的交付手续往往不够规范，经常在未进行竣工验收程序的前提下，总承包人就将建设项目移交发包人开展实施试运行、投料试车或竣工试验等程序，发包人亦接收工程并投入使用。虽然发包人擅自使用未经验收的建设工程不能证明建设成果满足发包人要求的使用目的与功能需求，但是发包人对建设工程投入使用或试运行一段时间后，在使用期限内从未对总承包人提出建设工程不满足发包人要求的责任承担主张，亦未提供确切证据证明建设工程出现运转故障或产值不达标等情形，甚至总承包人有证据证明建设工程的启动、运转、状况、产出均稳定达标的，法院也可据此认定总承包人交付的建设项目不存在质量问题，即使发包人未同意建设项目通过竣工验收程序或通过投料试车程序，发包人的付款条件也已成就，应当按照约定付款。

---

① 朱树英、曹珊主编：《〈建设项目工程总承包合同（示范文本）〉（GF－2020－0216）适用指南》，法律出版社2021年版，第331页。

② 朱树英、曹珊主编：《〈建设项目工程总承包合同（示范文本）〉（GF－2020－0216）适用指南》，法律出版社2021年版，第419页。

③ 《建设项目工程总承包合同（示范文本）》第9.1.3条规定："……承包人进行试运行试验。当工程或区段工程能稳定安全运行时，承包人应通知工程师，可以进行其他竣工试验，包括各种性能测试，以证明工程或区段工程符合《发包人要求》中列明的性能保证指标……"

在下述(2020)最高法民申1213号和(2019)最高法民终250号案件中,一方面,工程总承包建设项目已交付发包人,可初步推定建设项目符合国家规定的建筑工程质量标准;并且,发包人已经将建设项目试运行或投产使用持续了一段时间,可初步推定建设项目满足发包人要求的使用目的与功能需求。另一方面,发包人使用工程较长时间后,既未对建设工程“不符合国家规定的建筑工程质量标准”或“不满足发包人要求的使用目的与功能需求”提出异议,又未能提供切实证据证明建设工程存在上述问题,甚至总承包人有证据证明建设项目启动正常、运转良好、状况稳定且产出达标的,则可认定建设项目确实不存在质量问题。据此,总承包人已按约履行建设义务,发包人的付款条件已成就,其以建设工程存在质量问题为由拒绝付款的,法院不予支持。

【裁判观点】

1.(2020)最高法民申1213号①

关于付款条件是否满足的问题。根据原审查明的事实,2018年9月14日白银公司向科诺公司和西能公司出具咨询函,载明案涉土建工程白银公司已于2016年8月投入使用,全站设备于2016年12月10日进行了设备送电实验及调试检验合格,2017年5月12日全站正式投产。西能公司作为土建工程的实际施工人,在完成工程并移交使用后,有权主张工程款。

2.(2019)最高法民终250号②

关于涉案项目电站是否已经竣工并移交、是否存在质量问题。光伏农业公司上诉主张项目电站存在质量问题,且至今未正式移交。

根据山西省电力建设工程质量监督中心站2017年6月26日出具的工程质量监督检查并网通知单,涉案项目电站并网试运前阶段通过该站质量监督检查,同意办理并网手续,项目电站实现并网发电;由建设单位、设计单位、施工单位、监理单位2017年9月15日共同所作的杨兴20MW扶贫电站项目竣工验收会议纪要,亦认定项目电站已于2017年6月26日成功并网发电,已安全运行81天,发电660万度,同意项目竣工验收;葛洲坝机建公司与光伏农业公司代表2017年10月12

① 中国能源建设集团湖南省电力设计院有限公司、白银有色集团股份有限公司建设工程分包合同纠纷再审审查与审判监督案,最高人民法院(2020)最高法民申1213号民事裁定书。

② 山西能投光伏农业发展有限公司、中国葛洲坝集团机电建设有限公司建设工程施工合同纠纷案,最高人民法院(2019)最高法民终250号民事判决书。

日形成的山西阳曲项目工程款洽谈会会议纪要，再次确认项目电站于 2017 年 6 月 26 日一次性全额并网成功，安全运行 107 天，项目初步验收合格。

由上述事实可知，项目电站已初步验收合格，达到竣工验收条件，并已实际移交光伏农业公司，且并网发电成功，至今正常安全运行；同时根据上述会议纪要及附件，项目电站在达到竣工验收条件的情况下亦存在一定的待整改问题，光伏农业公司还称项目电站设计不合理导致光伏组件阴影遮挡面积未达到要求。对此法院认为，根据质量监督部门的质监结果、四大主体共同的验收情况及项目电站至今的运行状况，项目电站并未发现质量缺陷，光伏农业公司所提出的问题，均属于一般的质量瑕疵而非重大质量瑕疵，未对项目电站的正常运行构成显著不利影响，在前述的杨兴 20MW 扶贫电站项目竣工验收会议纪要中，各有关单位均未认为有关待整改问题对项目电站达到竣工验收条件造成影响，因此只涉及葛洲坝机建公司的一般质量违约责任及保修责任，不应成为其拒付工程款的抗辩事由。

裁判规则十　合同未约定运行考核、投料试车等竣工试验程序，但有其他证据证明工程总承包建设项目竣工验收合格的，发包人应当支付工程款

【规则解析】

《民法典》第 793 条第 1 款规定："建设工程施工合同无效，但是建设工程经验收合格的，可以参照合同关于工程价款的约定折价补偿承包人。"

发承包双方签订《工程总承包合同》的根本目的就是发包人获得质量合格、符合发包人要求的建设成果，总承包人获得相应工程款，因此，工程质量合格是总承包人行使工程款债权的必要前提，而证明工程质量合格的情形包括：若《工程总承包合同》约定建设项目需经竣工试验或运行考核的，则建设项目通过竣工试验或运行考核后，才可视为工程质量合格，总承包人要求发包人支付工程款的条件成就，在此前提下，仅通过竣工验收程序不能证明工程质量合格。若《工程总承包合同》约定建设项目仅需要经过建设方、施工方、设计方、监理方、设备安装调试方、勘察方等多方考察验收，不需要进行运行考核或竣工试验程序，则建设项目通过竣工验收程序或虽未经竣工验收但发包人擅自使用的，可视为工程质量合格，总承包人行使工程款债权的条件成就，在此前提下，即使建设项目未通过竣工试验程序或运行考核程序也能证明工程质量合格。

在下述(2018)鲁民终2002号案件中,发承包双方签订的《工程总承包合同》未明确约定建设项目需要经过竣工试验或运行考核的程序,且以下情形已证明建设项目质量合格:(1)发包人签认的竣工报告显示建设项目质量符合合同、设计图纸及相关工程质量验收标准;(2)发包人签认的工程交工签证显示建设项目质量符合设计要求及验收规范;(3)建设项目已移交发包人实际控制并投入使用,发包人未就质量问题提出任何异议。据此,即使案涉建设项目未经历试车考核或竣工验收的程序,竣工报告、工程交工签证以及发包人受领建设成果的行为可以证明建设项目经竣工验收合格的,发包人也应予支付工程款。

【裁判观点】

1.(2018)鲁民终2002号①

关于涉案工程是否已竣工验收。第一,从2014年6月30日,施工单位广西建工、设计单位东方建筑或上海电力、监理单位恒信监理、建设单位博恩投资公司共同签署的竣工报告的内容来看,涉案工程已施工完毕,工程质量亦符合合同、设计图纸及相关工程质量验收标准。此外,从2014年11月21日,博恩投资公司委托鉴衡认证中心对涉案项目进行检验的结果来看,涉案项目亦符合技术规范要求。虽然博恩投资公司主张鉴衡检验报告不能作为验收的依据,但该报告系博恩投资公司自己委托作出且其依据该报告领取了相应的财政补贴资金。第二,从2015年8月12日,施工单位广西建工、总包单位天能源科技公司、设计单位东方建筑或上海电力、监理单位恒信监理、建设单位博恩投资公司共同签署的工程交工签证的内容来看,经共同验收,涉案项目符合设计要求及验收规范,同意交工。反之,根据日常经验法则,若涉案项目尚未竣工验收,则博恩投资公司不会签署通过验收的文件,更不会同意交工。第三,经双方确认,涉案光伏电站已于2015年9月29日正式移交给博恩投资公司,且从天能源科技公司提交的各厂区抄表底数及月发电量表(2015年9-11月)记载的内容看,涉案项目已实际投入使用。因此,根据上述事实,足以认定2015年8月12日涉案项目已竣工验收且投入使用,天能源科技公司要求博恩投资公司支付剩余工程款的条件已经成就。

本案中,一审法院将涉案项目验收划分为"单位工程、工程启动、工程试运和移交生产、工程竣工"四个阶段,但该种划分并无合同依据,亦有违当事各方在竣

---

① 惠州天能源科技有限公司(原惠州天能源逆变科技有限公司)、山东博恩投资有限公司合同纠纷案,山东省高级人民法院(2018)鲁民终2002号民事判决书。

工报告、工程交工签证中作出的意思表示，属于认定事实错误，法院予以纠正。此外，从2015年9月29日，天能源科技公司与博恩投资公司召开“关于博恩投资公司15MW金太阳工程项目工程验收、决算和运维的沟通会议”记载的内容看，双方已将项目验收资料进行交接，并对争议工程量的审计、项目运维、电费等问题另行作出安排，故博恩投资公司关于涉案项目尚未验收的主张不能成立。与此同时，鉴于涉案工程已于2015年8月12日验收合格，证明涉案项目通过验收，设备亦不存在质量问题，故博恩投资公司再要求天能源科技公司整改电站功率因数等质量问题、配合山东博恩投资公司有限公司完成光伏电站“工程试运和移交生产”“工程竣工”验收的请求明显不能成立。

2.（2020）晋民终644号①

第一个焦点问题，即葛洲坝公司所作涉案工程是否存在质量问题。从已查明的“2017年6月26日，山西省电力建设工程质量监督中心站出具的《工程质量监督检查并网通知单》；2017年8月26日在能投公司的组织下通过的涉案工程竣工验收；2017年9月10日双方在整改会议上同意本项目竣工验收；2017年9月15日由建设单位（原告）、设计单位（山西安盛泰公司）、施工单位（被告）、监理单位（山西鑫昊通监理有限公司）形成的《杨兴20MW扶贫电站项目竣工验收会议纪要》；2017年10月12日双方形成的《山西阳曲项目工程款洽谈会会议纪要》”等内容事实可证明，葛洲坝公司所施工工程已经质量监督部门的监督检验和四大主体共同的竣工验收以及双方之间的会议论证均未发现项目电站存在质量缺陷，且另案法院和最高人民法院的生效民事判决中均认定能投公司所提出的问题，属于一般的质量瑕疵而非重大质量瑕疵，未对项目电站的正常运行构成显著不利影响，并未认定该项目存在质量问题。二审中，能投公司虽提交了三份证据，欲证明涉案工程存在质量问题，但该证据不能证明其主张的涉案工程存在质量问题的事实，故对能投公司所称涉案工程存在质量问题的主张，法院不予支持。

第二个焦点问题，即葛洲坝公司应否因质量问题而对能投公司承担损失及整改责任。因前述葛洲坝公司所作涉案工程未存在质量问题，故对能投公司所称因质量问题应由葛洲坝公司承担损失责任主张，法院不予支持。对因涉案工程存在的瑕疵整改问题，可按照双方于2017年9月15日签订的《会议纪要》中“所有整改事宜均在山西能投光伏农业发展有限公司付款之后一个月内完成”的约定执行。

---

①　山西能投光伏农业发展有限公司与中国葛洲坝集团机电建设有限公司建设工程施工合同纠纷案，山西省高级人民法院（2020）晋民终644号民事判决书。

裁判规则十一 工程经竣工验收合格或发包人擅自使用后，发包人无法提供证据证明建设工程地基基础与主体结构存在质量问题，其拒不支付工程款或要求减少支付工程款的，不予支持

【规则解析】

一、我国法律对建设工程的地基基础与主体结构存在严格的质量要求

《民法典》第791条第3款规定："禁止承包人将工程分包给不具备相应资质条件的单位。禁止分包单位将其承包的工程再分包。建设工程主体结构的施工必须由承包人自行完成。"

《建筑法》第60条第1款规定："建筑物在合理使用寿命内，必须确保地基基础工程和主体结构的质量。"

建筑物的地基基础，是指支撑由基础传递的上部结构荷载的土体和岩体，由于地基基础是承受所有建筑物重力的基底，为了保证建筑工程的安全和正常使用，对地基基础的根本要求是地基在荷载作用下不至于产生破坏且构成地基基础的地质岩层产生的变形不能过大；建筑物的主体结构，是指用以承受建筑物上的各种荷载、由若干构件链接而成的具备足够强度、刚度、硬度、牢固性、稳定性且具备承受作用力平面或空间体系。① 由于地基基础与主体结构的崩裂塌陷、瓦解倒塌给不特定大多数人所带来的人身财产损害的严重程度是触目惊心、骇人听闻的，所造成的损害后果也是无法挽回、不可逆转的，会对人身财产构成严重的安全隐患，故地基基础与主体结构被视为建设工程的最重要组成部分，地基基础与主体结构的质量安全在工程质量安全保障体系中处于核心地位。为了切实保障人民群众的人身安全与财产安全，法律作出强制规定，总承包人必须确保建设工程的地基基础与主体结构在合理的使用寿命期限内不能出现质量安全问题。

二、即使建设工程已经竣工验收合格或未竣工验收即被发包人擅自使用的，总承包人依然就建设工程的地基基础与主体结构承担严格质量责任与保修责任

《最高人民法院建设工程司法解释一》第14条规定："建设工程未经竣工验

① 最高人民法院民事审判第一庭编著：《最高人民法院新建设工程施工合同司法解释（一）理解与适用》，人民法院出版社2021年版，第150页。

收，发包人擅自使用后，又以使用部分质量不符合约定为由主张权利的，人民法院不予支持；但是承包人应当在建设工程的合理使用寿命内对地基基础工程和主体结构质量承担民事责任。"

鉴于建设工程的地基基础与主体结构与公共人身及财产安全利益息息相关，故法律规定，即使建设工程经竣工验收合格或发包人擅自使用未经验收的建设工程的，虽然针对一般工程质量问题，如屋顶渗漏、墙面鼓包、边缘开裂等问题，总承包人不必承担质量责任，相应地，发包人不得拒绝付款、减少付款并要求总承包人返工重作，在发包人擅自使用未经验收的建设工程的情形下，总承包人甚至不必承担保修责任，即发包人不得要求总承包人支付修复费用；但是对于地基基础与主体结构的质量问题，总承包人也要承担质量保证责任与质量保修责任，该责任不因工程被竣工验收程序评价为"合格"或因发包人擅自使用而减轻或免除。

三、建设工程已经竣工验收合格或发包人擅自使用未经竣工验收的建设工程后，发包人无法提供证据证明建设工程的地基基础与主体结构确实存在质量问题，又提出己方有权拒绝付款或减少付款的，不予支持

最高人民法院《关于适用〈中华人民共和国民事诉讼法〉的解释》（2020 年修正）第 90 条规定："当事人对自己提出的诉讼请求所依据的事实或者反驳对方诉讼请求所依据的事实，应当提供证据加以证明，但法律另有规定的除外。在作出判决前，当事人未能提供证据或者证据不足以证明其事实主张的，由负有举证证明责任的当事人承担不利的后果。"

建设工程已经竣工验收后未经竣工验收而被发包人擅自使用后，发包人主张建设工程的地基基础与主体结构存在质量问题，并据以拒绝付款、行使减价请求权的，应当提供相应证据证明已交付的建设工程的地基基础与主体结构确实存在质量问题。发包人不能提供证据证明建设工程的上述问题，又拒不付款且要求减少付款数额的，有违诚实信用原则，法院不予支持。

【裁判观点】

（2020）最高法民终 982 号①

关于案涉工程是否存在质量问题之问题。最高人民法院《关于审理建设工程

---

① 黑龙江立宏风力发电有限公司、北京天源科创风电技术有限责任公司建设工程施工合同纠纷案，最高人民法院（2020）最高法民终 982 号民事判决书。

施工合同纠纷案件适用法律问题的解释》第13条规定:"建设工程未经竣工验收,发包人擅自使用后,又以使用部分质量不符合约定为由主张权利的,不予支持;但是承包人应当在建设工程的合理使用寿命内对地基基础工程和主体结构质量承担民事责任。"经查,案涉工程未进行整体工程的竣工验收,但2014年11月14日,立宏公司组织天源公司及设计单位、监理单位对案涉工程的升压站进行验收,立宏公司在大庆风云风电场工程升压站工程移交业主书中签字,载明"同意接管,整改项尽快完成落实"。又经查明,电力公司于2018年12月19日作出的关于解列未取得电力业务许可证发电企业的通知中载明,案涉工程并网发电时间为2014年12月24日,解网时间为2018年12月30日。据此可知,案涉工程虽未进行竣工验收,但立宏公司已经对升压站进行了验收,并于2014年12月24日实际占有使用案涉工程并网发电,直至2018年12月30日解网。因此,在案涉工程未经竣工验收立宏公司即已使用的情况下,对于案涉工程的地基基础工程和主体结构的质量问题,在合理使用寿命内由天源公司承担民事责任。

立宏公司上诉主张,案涉工程存在地基基础工程和主体结构的质量问题。对此,法院不予支持,理由有以下三个方面:第一,质量监督部门已经对案涉工程进行了质量监督检查,且出具质量符合设计和验收规范的意见。质监站先后两次分别对案涉工程的土建工程和升压站受电前及首批风机并网前的工程质量进行监督检查,并于2014年4月9日和2014年10月12日出具质量监督检查报告。其中2014年4月9日的质量监督检查报告中载明,"工程实体质量经施工现场抽查检查,实测实量,施工质量基本符合设计和验收规范要求";2014年10月12日出具质量监督检查报告中载明"综合质量行为、机务、电气、控制、土建工程与试运行环境五个专业小组的监督检查结果,工程建设各责任主体的质量行为基本符合监检大纲要求,反映工程内在质量的技术文件、资料基本齐全,施工质量经施工现场抽查检查,施工质量基本符合设计和验收规范要求"。第二,立宏公司已实际使用案涉工程进行并网发电近4年时间。2014年11月14日,立宏公司组织天源公司及设计单位、监理单位对案涉工程的升压站进行验收。电力公司于2018年12月19日作出的关于解列未取得电力业务许可证发电企业的通知中载明,案涉工程并网发电时间为2014年12月24日,解网时间为2018年12月30日。近四年的并网发电过程,均证明案涉工程质量符合施工要求,能够实现立宏公司缔约目的,故不存在主体结构和地基基础工程问题。第三,法院对案涉工程进行了现场勘察。法院现场勘察过程中,双方当事人均认可,支撑1号主变机和2号主变机的三个基础支柱,肉眼可见处于同一水平面,外观良好,但四周围挡存在略有下沉、部分地方有裂缝的情形。故从勘察情况上看，立宏公司主张案涉工程的地基基础工程和主体结构存在质量问题，缺乏充分的事实依据。综上，立宏公司主张案涉工程的地基基础工程和主体结构存在质量问题的上诉理由，缺乏充分的事实和法律依据，法院不予支持。

裁判规则十二　未对项目正常运行构成显著不利影响的工程质量一般缺陷，属于一般质量违约责任及保修责任，发包人以此为由拒付工程款的，不予支持

【规则解析】

一、建设工程质量问题可分为一般缺陷与重大缺陷

工程质量缺陷引发的法律后果为违约责任，违约责任又区分为一般违约与根本违约，根据《民法典》第577条的规定，一般违约产生继续履行、补救措施或损害赔偿的违约责任，根据《民法典》第563条的规定，根本违约产生解除合同的违约责任。相应地，工程质量缺陷亦分为一般缺陷与重大缺陷，在不同的质量要求与验收标准下，一般缺陷与重大缺陷有不同的区分情形，但一般情况下，工程质量的一般缺陷与重大缺陷的区分如下：

1. 在质量要求与验收标准为建设工程"符合国家规定的建筑工程质量标准"的范畴下，根据《建筑工程施工质量验收统一标准》第5.0.6条"条文说明"规定，如经检测鉴定达不到设计要求，但经原设计单位核算、鉴定，仍可满足相关设计规范和使用功能要求时，该检验批可予以验收，故一般缺陷应为工程质量"达不到设计要求"，具体表现为屋顶、墙面开裂、渗水但是不影响重要使用功能；根据《建筑工程施工质量验收统一标准》第5.0.6条"条文说明"的规定"经法定检测机构检测鉴定后认为达不到规范的相应要求，即不能满足最低限度的安全储备和使用功能"，故重大缺陷应为工程质量"不满足最低安全要求与使用功能"，如地基基础或主体结构出现质量问题影响安全使用。

2. 在质量要求与验收标准为建设工程"满足发包人要求的使用目的与功能需求"的范畴下，一般缺陷是指机械设备"能够有效启动、持续运转，但不能满足发包人要求的生产目的与产出效益"，重大缺陷是指机械设备"无法启动、运转故障、状态异常"。

二、只有建设工程质量存在重大缺陷，发包人才得以行使先履行抗辩权拒绝付款

在工程质量存在重大缺陷的情况下，根据《建筑工程施工质量验收统一标准》第5.0.8条"条文说明"的规定，"分部工程及单位工程经返修或加固处理后仍不能满足安全或重要的使用功能时，表明工程质量存在严重的缺陷。重要的使用功能不满足要求时，将导致建筑物无法正常使用，安全不满足要求时，将危及人身健康或财产安全，严重时会给社会带来巨大的安全隐患，因此对这类工程严禁通过验收，更不得擅自投入使用，需要专门研究处置方案"，工程质量存在重大缺陷的后果是建筑物要么存在严重安全隐患要么丧失正常使用价值，而这是发包人进行开发建设的根本目的以及工程合同的核心对价，也就是说，总承包人保证工程质量不出现重大缺陷就是履行交付质量合格工程的义务，与发包人履行支付工程款义务层次一致，均属于主合同义务，构成互为抗辩的同等地位，因此，根据《民法典》第526条的规定，"当事人互负债务，有先后履行顺序，应当先履行债务一方未履行的，后履行一方有权拒绝其履行请求。先履行一方履行债务不符合约定的，后履行一方有权拒绝其相应的履行请求"，总承包人施工完成的建设工程质量存在重大缺陷的，发包人有权行使先履行抗辩权，拒绝支付工程价款。

三、建设工程经竣工验收合格或交付发包人使用之前，若建设工程质量仅存在一般缺陷，发包人仅得以在一般缺陷范围内要求总承包人返工、修理、减少价款或赔偿损失，但不得超出一般缺陷范围要求行使先履行抗辩权

工程质量的一般缺陷不存在质量安全威胁，也不影响发包人的合理使用目的，如不对日常生活居住造成严重影响的墙面开裂、鼓包，或是不影响发包人生产目的的瑕疵，或是设备运转正常只要稍作返修就能达到发包人要求指标的缺陷等，未在根本上破坏合同目的，可以通过总承包人承担更换、修理、返工等违约责任或保修责任中解决，不能撼动总承包人施工完成的主体结构与地基基础质量合格这一事实的存在本身，不构成发包人拒绝支付工程对价的合理抗辩理由，发包人超出一般缺陷范围行使先履行抗辩权的，有违诚实信用原则与公平原则，不予支持。

四、若发包人在竣工验收程序中未就质量一般缺陷提出异议或未经验收擅自使用的，建设工程经竣工验收合格或交付发包人使用之后，发包人丧失就质量一般缺陷要求总承包人承担修理费用或支付修复费用的权利

由于工程质量重大缺陷引发工程安全隐患威胁，使建设工程丧失使用价值与经济利益，严重影响发包人要求的预期目的、功能指标及产能效益的实现，故根据《建筑法》第60条第1款"建筑物在合理使用寿命内，必须确保地基基础工程和主体结构的质量"以及《最高人民法院建设工程司法解释一》第14条"建设工程未经竣工验收，发包人擅自使用后……承包人应当在建设工程的合理使用寿命内对地基基础工程和主体结构质量承担民事责任"的规定，无论建设工程是否通过竣工试验程序，发包人是否擅自使用未经竣工的建设工程，只要建设工程存在有关于"地基基础工程""主体结构"的质量重大缺陷的，"竣工验收合格"及"发包人擅自使用未经验收的工程"均不构成发包人针对"地基基础工程""主体结构"承担质量责任的合理抗辩事由，发包人均可行使减价请求权与先履行抗辩权，总承包人均应承担修理、返工、赔偿等违约责任或保修责任。

但是，工程质量一般缺陷并非建设工程的主合同义务，发包人应当在竣工验收程序或竣工试验程序中发现屋顶墙面存在渗水鼓包或机械设备不满足发包人产出目的等工程质量一般缺陷，并要求总承包人返修整改，直至满足合同约定的质量要求与验收标准为止；或者，未经竣工试验程序或竣工验收程序的检视验证，发包人不应擅自使用建设工程，否则有违《建筑法》的强制性规定，应视为发包人认可建设工程满足合同约定的质量要求与验收标准。据此，若建设工程经竣工验收且经竣工试验合格，或发包人擅自使用未经试验或验收的工程的，则直接推定建设工程质量合格，认定建设工程不存在质量一般缺陷，法院原则上不支持发包人基于建设工程一般质量缺陷行使权利的主张，如"本院认为，凯创公司擅自使用未经验收的建设工程，现又以质量不符合约定主张权利，缺乏法律依据"，[①]再如"案涉工程于2014年11月21日竣工，并已使用多年，工程质保期已届满，能源集团未举证推翻原审该项认定，能源集团该项主张依据不足，不能成立"，[②]又如"因园晟公司未充分举证证明案涉工程存在质量问题，一审法院结合案涉工程主体结

① 浙江省三建建设集团有限公司、咸阳凯创置业有限责任公司建设工程施工合同纠纷案，最高人民法院(2020)最高法民终483号民事判决书。

② 国家能源集团新疆吉林台水电开发有限公司、通州建总集团有限公司建设工程施工合同纠纷再审审查与审判监督案，最高人民法院(2020)最高法民申5614号民事裁定书。

构质量经验收合格、园晟公司已接收使用案涉工程的实际情况,未准许园晟公司在本案中进行质量鉴定的请求,并无不当”。[①]

综上所述,若发包人没有相反证据推翻工程质量合格的推定,也没有明确证据证明建设工程的主体结构与地基基础确实不满足最低安全要求,又以工程质量存在一般缺陷为由拒绝付款并要求总承包人承担保修责任的,不予支持。

【裁判观点】

(2019)最高法民终 250 号[②]

关于涉案项目电站是否已经竣工并移交、是否存在质量问题。光伏农业公司上诉主张项目电站存在质量问题,且至今未正式移交。根据山西省电力建设工程质量监督中心站 2017 年 6 月 26 日出具的工程质量监督检查并网通知单,涉案项目电站并网试运前阶段通过该站质量监督检查,同意办理并网手续,项目电站实现并网发电;由建设单位、设计单位、施工单位、监理单位 2017 年 9 月 15 日共同所作的杨兴 20MW 扶贫电站项目竣工验收会议纪要,亦认定项目电站已于 2017 年 6 月 26 日成功并网发电,已安全运行 81 天,发电 660 万度,同意项目竣工验收;葛洲坝机建公司与光伏农业公司代表 2017 年 10 月 12 日形成的山西阳曲项目工程款洽谈会会议纪要,再次确认项目电站于 2017 年 6 月 26 日一次性全额并网成功,安全运行 107 天,项目初步验收合格。由以上事实可知,项目电站已初步验收合格,达到竣工验收条件,并已实际移交光伏农业公司,且并网发电成功,至今正常安全运行;同时根据上述会议纪要及附件,项目电站在达到竣工验收条件的情况下亦存在一定的待整改问题,光伏农业公司还称项目电站设计不合理导致光伏组件阴影遮挡面积未达到要求。对此,法院认为,根据质量监督部门的质监结果、四大主体共同的验收情况及项目电站至今的运行状况来看,项目电站并未发现质量缺陷,光伏农业公司所提出的问题,均属于一般的质量瑕疵而非重大质量瑕疵,未对项目电站的正常运行构成显著不利影响,在前述的杨兴 20MW 扶贫电站项目竣工验收会议纪要中,各有关单位均未认为有关待整改问题对项目电站达到竣工验收条件造成影响,因此只涉及葛洲坝机建公司的一般质量违约责任及保修责任,

---

① 武汉中生建工集团有限公司、武汉中生建工集团有限公司阳新分公司建设工程施工合同纠纷案,最高人民法院(2020)最高法民终 766 号民事判决书。

② 山西能投光伏农业发展有限公司、中国葛洲坝集团机电建设有限公司建设工程施工合同纠纷案,最高人民法院(2019)最高法民终 250 号民事判决书。

不应成为其拒付工程款的抗辩事由。

裁判规则十三　因发包人原因导致工程总承包建设项目未能完成合同约定的性能考核要求无法检验项目是否满足发包人要求，发包人以建设项目未经合同约定的性能考核程序为由拒绝付款的，不予支持

【规则解析】

《建设项目工程总承包合同(示范文本)》第9.2.1项规定:“如果承包人已根据第9.1款[竣工试验的义务]就可以开始进行各项竣工试验的日期通知工程师，但该等试验因发包人原因被延误14天以上的，发包人应承担由此增加的费用和工期延误，并支付承包人合理利润……”第9.4.1项规定:“因发包人原因导致竣工试验未能通过的，承包人进行竣工试验的费用由发包人承担，竣工日期相应顺延。”

为了检视验证工程总承包建设项目是否满足发包人要求的各项诸如性能指标、产能指标、效率指标、环保指标等指标要求，总承包人需要完成建设项目的性能考核程序，这是总承包人索要工程款的前提。性能考核程序属于竣工试验程序的一个内部阶段，根据《建设项目工程总承包合同(示范文本)》的要求，若出于发包人自身原因导致建设项目未能顺利通过竣工试验的，发包人应当对未能通过竣工试验所产生的不利后果负责，具体包括追加费用、顺延工期、赔偿利润等，当然，发包人也不能以竣工试验未能通过为由针对总承包人的付款请求进行合理抗辩。

在下述(2019)新民终387号案件中，发包人以案涉工程未进行性能考核进而无法竣工验收为由拒绝总承包人的付款请求，但是案涉工程未能完成性能考核的原因在于“专有技术和核心催化剂的问题”，而该“专有技术和核心催化剂”主要由发包人与第三人通过签约方式而获得。因此案涉工程未进行性能考核的原因在于发包人未取得“专有技术和核心催化剂”，是发包人原因所致，发包人又以案涉工程未进行性能考核为由拒绝付款的，属于“以不正当手段阻止付款条件成就”，视为付款条件已成就，故对于发包人的主张，法院不予支持。

【裁判观点】

1.(2019)新民终 387 号①

关于乌石化分公司是否应当向德晟达公司支付剩余工程款的问题。《脱硫脱硝合同》专用条款第 14.4.C 项约定全部建筑安装工程完工,装置试车成功并通过连续正常 72 小时的考核期,甲方预留合同额 5% 的质量保证金后,14 日内办理财务结清手续,付清余款;质量保证金在质保期结束后(无息)支付。现乌石化分公司与德晟达公司对于已经完成中间交接以及联动试车的事实均无异议,乌石化分公司认为涉案脱硫脱硝工程设备并未试车成功并未通过 72 小时的考核期,不应当支付剩余工程款。现双方均认可涉案脱硫脱硝工程未组织性能考核,就未组织性能考核的原因,双方产生争议。根据《脱硫脱硝合同》及《技术协议》约定,组织进行性能考核的义务方应为乌石化分公司,其应当在涉案脱硫脱硝工程设备中间交接后的 6 个月内对涉案脱硫脱硝工程设备进行性能考核,如非德晟达公司原因导致无法进行性能考核的,乌石化分公司不再要求进行性能考核,并向德晟达颁发预验收证书。乌石化分公司出示其与德晟达公司之间的往来函件以证实未组织进行性能考核的原因系涉案脱硫脱硝工程未完工、环保不达标,经查双方往来的函件中显示涉案脱硫脱硝工程运行存在部分问题,德晟达公司承诺进行调试、并对消防工程进行消缺及整改,并未明确导致未进行性能考核的主体。德晟达公司亦提出上述行为均系其在中间交接后对涉案脱硫脱硝工程履行质保义务。乌石化分公司特别指出 2017 年 6 月 6 日德晟达公司致乌石化分公司的回函中记载:"工程已经中交一年多,项目到现在由于专有技术和核心催化剂的问题无法进行性能验收",应当认定系德晟达公司的原因导致涉案脱硫脱硝工程未进行性能考核。但涉案脱硫脱硝工程的专有技术及核心催化剂系乌石化分公司与案外人中悦公司签订《中国石油乌鲁木齐石化公司热电厂 1、2 号燃煤锅炉脱硫脱硝项目配套设施及低氮燃烧器改造技术协议》与《中国石油乌鲁木齐石化公司热电厂 1、2 号燃煤锅炉脱硫脱硝项目有机催化技术协议》《买卖合同》而获得,故本案中因专有技术及核心催化剂的问题导致无法进行性能考核不应归责于德晟达公司,乌石化分公司的上述上诉理由缺乏相应的事实及法律依据,法院不予采纳。

乌石化分公司亦提出涉案脱硫脱硝工程存在中间交接逾期,在中间交接后存在调试、消缺、整改等工作,但乌石化分公司并不能以上述原因免除其在中间交接

① 中国石油天然气股份有限公司乌鲁木齐石化分公司与新疆德晟达环保工程有限责任公司建设工程施工合同纠纷案,新疆维吾尔自治区高级人民法院(2019)新民终 387 号民事判决书。

后6个月内组织性能考核的义务。且《脱硫脱硝合同》通用条款第10.1.6条约定如果三次性能考核无法达标,乌石化分公司可拒绝接收涉案脱硫脱硝工程设备,并要求德晟达公司返还工程款。乌石化分公司在涉案脱硫脱硝工程中间交接至今未组织性能考核,怠于履行自己的合同义务,亦不依据合同约定主张自己的权利。根据双方《技术协议》的约定,乌石化分公司不应再要求对涉案脱硫脱硝工程进行性能考核。乌石化分公司未在约定期限内组织性能考核,应当向德晟达公司颁发预验收证书,并支付剩余工程款。

2.(2015)桂民一初字第4号①

关于金桂公司请求中南院支付未通过性能测试违约金138万元及利息有无事实和法律依据的问题。法院认为,根据双方在合同"安装和测试"中约定的"买方应当用卖方在成套设备地址提供的针对性服务对设备进行安装、投入使用以及进行测试"以及在"保证、运行及性能测试"中约定的"性能测试及相关的检验应由卖方根据附件二的规定进行指导"。可以认定,中南院对承建的机组完成安装和运行测试之后,作为发包方的金桂公司应当在规定的时间内组织进行性能测试,金桂公司是机组性能测试的责任主体,中南院则负有性能测试指导的协助义务。涉案机组通过运行测试并一直投入使用至今,金桂公司作为业主方没有按合同约定及时组织性能测试,现金桂公司反诉主张由中南院承担未经性能测试的法律后果,要求中南院支付未能通过性能测试的违约金及利息,依据不足,法院不予支持。

3.(2021)最高法民申1138号②

本案中,案涉双方约定建设工期是指本合同正式签署至电站通过72小时整套启动试运行时止,2014年12月31日案涉工程成功并网发电,2015年1月3日完成72小时热负荷,据此原判决认定案涉工程华新公司已完成主要合同义务并转入效益分享期,事实及合同依据充分,并无不妥。榆中钢铁公司申请再审认为完成72小时热负荷仅系具备验收条件,华新公司并未组织正式验收,原判决以此时确认华新公司已将合同履行至效益分享期错误。经审查,虽双方在2015年1月3日完成72小时热负荷之后并未进行正式的竣工验收,但案涉项目系依附榆中钢铁公司已有的两座高炉产生的余气余压发电,在2014年10月13日华新公司

---

① 中国电力工程顾问集团中南电力设计院有限公司与广西金桂浆纸业有限公司建设工程施工合同纠纷案,广西壮族自治区高级人民法院(2015)桂民一初字第4号民事判决书。

② 酒钢集团榆中钢铁有限责任公司、兰州华新同恒节能科技有限公司合同纠纷再审审查与审判监督案,最高人民法院(2021)最高法民申1138号民事裁定书。

申请煤气管道进出口、氮气以及高低压系统接入，12 月 26 日提交 TRT 系统并网申请及 10KV 接入系统倒送电申请时，榆中钢铁公司即有义务对案涉设备进行检验，以确保生产生活的安全性；同时，根据案涉技术协议第二部分工程部分第 1.5.2 条约定，华新公司需等待榆中钢铁公司通知后到榆中钢铁公司参加验收，案涉工程在 2015 年 1 月 3 日完成 72 小时热负荷后已投入使用，榆中钢铁公司作为项目甲方，即应启动验收程序，以确保后续生产安全，但其因钢铁行业整体效益下滑，2015 年 1 月 19 日主动关停了 1#高炉，导致该发电项目缺少能源介质无法发电，据此原判决以完成 72 小时热负荷作为建设工程完成的节点，确认华新公司已将合同履行至效益分享期并无不妥。

裁判规则十四 工程出现质量问题，发包人应优先通知总承包人履行修复义务；发包人未通知总承包人而自行修复的，承包人不承担修复费用

【规则解析】

一、我国法律规定承担保修义务的主体是施工企业，即总承包人

《建筑法》第 75 条规定："建筑施工企业违反本法规定，不履行保修义务或者拖延履行保修义务的，责令改正，可以处以罚款，并对在保修期内因屋顶、墙面渗漏、开裂等质量缺陷造成的损失，承担赔偿责任。"

《建设工程质量管理条例》第 41 条规定："建设工程在保修范围和保修期限内发生质量问题的，施工单位应当履行保修义务，并对造成的损失承担赔偿责任。"

《房屋建筑工程质量保修办法》第 4 条规定："房屋建筑工程在保修范围和保修期限内出现质量缺陷，施工单位应当履行保修义务。"

《建设项目工程总承包合同（示范文本）》第 4.9.1 项规定："承包人应按合同约定的质量标准规范，建立有效的质量管理系统，确保设计、采购、加工制造、施工、竣工试验等各项工作的质量，并按照国家有关规定，通过质量保修责任书的形式约定保修范围、保修期限和保修责任。"

我国法律对建设工程规定了质量保修制度，是指建设工程经竣工验收合格后的一段时间内，即使发包人合理使用但建设工程依然出现质量问题，发包人据以有权要求总承包人予以返工、修理的制度。根据我国法律规定，承担保修责任的

主体为施工单位，即总承包人，若发包人在保修期限内发现工程质量缺陷，其应当要求总承包人予以返工、修理。

二、当发包人通知总承包人保修，但总承包人不履行保修义务时，发包人有权委托第三人实施保修工作，所产生的保修费用由总承包人承担

《民法典》第581条规定："当事人一方不履行债务或者履行债务不符合约定，根据债务的性质不得强制履行的，对方可以请求其负担由第三人替代履行的费用。"

若建设工程在质量保修期限内出现质量缺陷问题，总承包人应当响应发包人的修复要求履行返工、修理义务，总承包人接到发包人的通知但未及时返修或拒不返修的，根据《民法典》第581条的规定，发包人可以委托第三人实施维修工作，且就委托第三人修复产生的修理费用，发包人有权要求总承包人予以支付。

三、若发包人未通知总承包人保修即擅自委托第三人实施保修工作的，所产生的保修费用应当由发包人自行承担，发包人要求总承包人支付因其委托第三方实施保修而产生的保修费用的，不予支持

发包人可以要求总承包人支付因委托第三人实施修复工作所产生的修复费用的前提是发包人通知总承包人前来修复但总承包人拒不修复或未在发包人要求的修复期限内完成修复工作，若发包人未要求总承包人承担保修责任就径直委托第三人实施保修工作的，首先，若第三人实施修复的行为不当造成建设成果损失的，会导致过错的混合与责任的交织，难以明确担责主体；其次，该处理方式违反《建筑法》及相关配套法规要求保修责任主体必须为总承包人的强制性规定；最后，该处理方式违背发承包双方的质量保修条款，有违诚实信用原则，且存在发包人与第三人恶意串通虚高套取总承包人修复费用之嫌，因此，发包人未通知总承包人履行保修义务就直接委托第三人实施修复工作，就委托修复产生的委托费用，发包人要求总承包人支付的，不予支持。

【裁判观点】

（2018）最高法民终494号①

案涉昭巧二级公路在2014年7月10日交工验收后，存在质量缺陷。交工验

① 重庆交通建设（集团）有限责任公司、重庆市佳海建筑工程有限公司建设工程施工合同纠纷案，最高人民法院（2018）最高法民终494号民事判决书。

收文件要求缺陷工程整改修复合格后在竣工验收时一并验收，但由于发生地震，为了不影响地震灾后恢复重建工作，昭巧公路管理处与重庆建工集团通过多次协商，重庆建工集团同意采用在工程结算款中扣除缺陷工程修复款方式处理。法院认为，根据最高人民法院《关于审理建设工程施工合同纠纷案件适用法律问题的解释》第11条关于“因承包人的过错造成建设工程质量不符合约定，承包人拒绝修理、返工或者改建，发包人请求减少支付工程价款的，应予支持”之规定，正常情况下，佳海公司所施工交付的工程存在质量问题，应当先要求佳海公司进行修理、返工或者改建，如果佳海公司拒绝从事上述工作的，才能减少支付工程款。但是，本案系特殊情况，由于发生地震灾害，为了不影响地震灾后恢复重建工作，昭巧公路管理处与重庆建工集团协商同意采用在工程结算款中扣除缺陷工程修复款方式处理，符合当时的情势。但是缺陷工程修复款金额8,072,756元系业主方昭巧公路管理处与重庆建工集团协商确认，佳海公司并未参与协商过程，重庆交建公司亦未举证证明其曾与佳海公司就上述金额进行过核算，更未经佳海公司签字认可，故仅凭业主方与重庆建工集团协商确定的扣减数额要求对佳海公司应得工程款作相应扣减，缺乏事实依据。考虑到本案实际情况，即案涉工程确实存在质量缺陷问题，佳海公司应承担相应责任，基于公平原则，法院酌情考虑由佳海公司与重庆交建公司各承担50%的业主认定缺陷工程修复款，即双方分别承担8,072,756元×50%=4,036,378元。重庆交建公司没有举证证明佳海公司收到修复通知，或者收到通知却拒绝或不履行修复义务的事实存在。且重庆交建公司与第三方签订的缺陷处治施工合同没有明确指向佳海公司施工的范围，故其主张的应扣除委托第三方修复质量缺陷工程产生的费用489,021元无事实依据，一审判决不予支持并无不当。

第四章

工程总承包签证与索赔

裁判规则一 ┆ 未经监理人签字或盖章的签证不得作为认定实际工程量的依据

【规则解析】

工程总承包下承包人的利润空间较大，相应地，承包人承担的施工责任范围也较广。由于施工与设计均由承包人负责承接实施，除非承包人有证据证明发包人的发包文件或招标文件确有承包人难以发现并纠正的缺陷、错误，或者发包人发出变更指示，所涉及的工作量超出为实现"发包人要求"所必需的工程量，或者承包人因发包人发出其他承包人难以在签约报价时合理预见的指令而遭受损失；否则承包人难以要求发包人变更合同价格或追加施工费用。可以说，在工程总承包模式下，针对承包人施工完成的增量工程，承包人原则上只有取得发包人或监理人签章认可的前提下才有权要求发包人追加费用或变更价格。

若承包人为证明工程量超额发生而单方制作的签证单未取得监理人签字的，一方面，施工过程的工程增量属于施工范围的变更，根据《民法典》的规定，变更需经双方合意才能产生约束效力，而未经监理人签章确认的签证单不能体现发包人对已发生工程量的实际确认，不能认定为发包人对承包人已完成工程量进行认可的真实意思表示，故不发生工程量增加的法律效果；另一方面，根据最高人民法院《关于适用〈中华人民共和国民事诉讼法〉的解释》（2020 年修正）第 104 条的规定[①]，只有具有

---

① 最高人民法院《关于适用〈中华人民共和国民事诉讼法〉的解释》（2020 年修正）第 104 条规定："人民法院应当组织当事人围绕证据的真实性、合法性以及与待证事实的关联性进行质证，并针对证据有无证明力和证明力大小进行说明和辩论。能够反映案件真实情况、与待证事实相关联、来源和形式符合法律规定的证据，应当作为认定案件事实的根据。"

合法性、关联性以及真实性的证据才应当作为认定案件事实的依据,而未经监理人签章确认的签证单因不具备监理人或发包人的签字或章印而欠缺合法性,故不能作为认定工程量实际发生的依据。

【裁判观点】

(2020)最高法民终781号①

武汉中森华公司与福建中森公司签订的《工程总承包施工合同》中约定工程签证单必须有监理单位和武汉中森华公司的有效签字盖章才能作为结算依据。但是,"降水工程"784,912元,"井点降水抽水电费"58,929元,"障碍物破除"15,200元,"拉电缆签证"4000元,"试桩静载试验挖运砂"113,466元,"基坑回填"247,434元签证单无监理单位或武汉中森华公司盖章。福建中森公司以上述不符合其与武汉中森华公司约定的签证单来主张相应利益,事实依据不足……所以,在福建中森公司未提供有力证据证明上述八项工程未包括在上述建筑安装工程、桩基及基坑支护工程的情况下,一审判决在前述329,279,518.14元、87,240,234.53元之外未再将上述项目对应款项增加作为工程款,并无明显不当。所以,不宜直接以相应的工程签证单将上述费用作为武汉中森华公司应负担的工程款。

裁判规则二 承包人未按合同约定程序索赔,在诉讼过程中以存在索赔事由为由主张索赔权利的,不予支持

【规则解析】

2020年住建部发布的《建设项目工程总承包合同(示范文本)》对发承包双方在工程总承包项目施工活动中的索赔行为提出了要求,其中第19.1款"索赔的提出"中规定:"……索赔方应在知道或应当知道索赔事件发生后28天内,向对方递交索赔意向通知书,并说明发生索赔事件的事由;索赔方未在前述28天内发出索赔意向通知书的,丧失要求追加/减少付款、延长缺陷责任期和(或)延长工期的权利……"此即为"逾期失权"条款,是指享有索赔权利的一方应当在合同约定的期

① 福建中森建设有限公司、湖北徐东(集团)股份有限公司建设工程施工合同纠纷案,最高人民法院(2020)最高法民终781号民事判决书。

限内行使索赔权利,索赔期间届满未行使的,丧失索赔权利。该"逾期失权"条款为建设工程施工活动中的交易惯例,目的是敦促权利人积极、高效行使索赔权利,以便于及时解决索赔价款争议、固定索赔证据,避免索赔事实因索赔进程的僵滞而逐渐模糊化,并随着时间的推移以及证据材料的灭失而陷入"罗生门"中,届时在发承包双方之间引发更大的责任推诿与价款扯皮,耗费更大的精力和财力。

同时,《最高人民法院建设工程司法解释一》第 10 条第 2 款规定"当事人约定承包人未在约定期限内提出工期顺延申请视为工期不顺延的,按照约定处理,但发包人在约定期限后同意工期顺延或者承包人提出合理抗辩的除外",将上述"逾期失权"的交易习惯上升到司法解释,加强其适用效力。据此,若当事人在《施工合同》中约定"享有索赔权利的权利人应当在一定期限内行使权利,期限内未行使的,期限届满则丧失索赔权利,视为工期不顺延、费用未增加、损失未发生"的,该约定有效,承包人应当遵守,即承包人应当在约定的期限内提交索赔文件、主张索赔权利;若承包人超出索赔期限仍未主张索赔请求,在仲裁阶段或诉讼阶段,其又以出现索赔情形为由要求行使索赔权利的,不予支持。

根据索赔实务经验,一个有效的索赔需满足以下四个要件:其一,索赔依据的事实符合《施工合同》约定的索赔情形或索赔已征得发包人同意;其二,承包人已在《施工合同》约定的索赔期限内提交索赔文件;其三,承包人提交的索赔文件符合《施工合同》约定的索赔格式要求;其四,承包人制作并保存其按照《施工合同》的约定向发包人主张索赔权利的记录文件,以便在后续的推诿争议中作为强有力的证明文件予以出示。因此,承包人遭遇可以追加费用、变更价款或索赔损失等索赔情形时,应当按照上述条件行使索赔权利、制作索赔文件并固定索赔证据,避免索赔不符合合同约定或证据灭失而导致索赔被法院认定无效进而不予支持的不利风险。

鉴于索赔程序要求规定了索赔权利的"时效性",可能产生"逾期失权"的不利后果,故建议承包人及其项目经理严格遵守索赔程序规则:

1. 发生合同约定的索赔情形后,承包人应当在知道或应当知道索赔事实发生之日起的 28 日内向发包人提交索赔意向书,如若不然,丧失索赔权利,即无权要求追加付款或顺延工期;

2. 提交索赔意向书后,承包人应当在提交索赔意向书之日起 28 日内向发包人提交初步索赔报告,详细说明索赔理由、要求追加的费用以及延误的工期,并附上必要的证明材料;

3. 若索赔事实持续影响施工活动的,承包人应当保持跟踪记录,每月向发包

人发送延续索赔通知;

4. 索赔事实影响结束后28日内,承包人应当向发包人提交最终索赔报告,详细说明索赔理由、要求追加的费用以及延误的工期,并附上必要的证明材料。

值得注意的是,在未另有约定的情形下,在约定期限内提交"索赔意向通知书"才是避免"逾期失权"的关键节点。

【裁判观点】

(2020)最高法民终891号①

关于未按约定提交保险凭证的违约金50万元的问题。修水公司提出该索赔的依据是《合同》第四章"专用合同条款"第20.5.1条规定:"承包人提交各项保险生效的证据和保险单副本等保险凭证的期限为:因承包人原因,拨付第一次工程预付款后30日以内。否则,视承包人违约,违约金为50万元。发包人可直接从工程进度付款支付中扣减违约金。"该《合同》第三章"通用合同条款"第23.4.1条规定:"发包人应在知道或应当知道索赔事件发生后28天内,向承包人发出索赔通知,并说明发包人有权扣减的付款和(或)延长缺陷责任期的细节和依据。发包人未在前述28天内发出索赔通知的,丧失要求扣减付款和(或)延长缺陷责任期的权利。"因此,即便电建公司、降龙公司没有按约定向修水公司提交相关保险凭证,修水公司也并没有按约定从工程进度付款支付中扣减违约金,也没有提供证据足以证明其已在约定期限内向承包人主张索赔。

关于未按约定安排相关管理人员驻工程现场的罚款的问题。修水公司上诉主张,自2016年11月21日开工以来,承诺的人员全部未到岗到位,至今已有10个月。共计处罚:16人×22天×10个月×1000元/天=352万元。根据《合同》专用条款第4.7.2条约定:"承包人施工项目经理、项目常务副经理和主要管理人员驻工程现场时间不得少于22天/月,否则每月按少于22天的天数按1000元/天进行处罚,发包人在每月支付给承包人的进度付款中直接扣除。"该条并未约定具体的驻场人数。虽然在投标文件"表1.1-1项目部主要人员配置明细表"中明确了主要管理人员等人数,但并未规定必须都要驻场及其驻场天数,而根据电建公司、降龙公司一审提供的监理意见和相关会议纪要能证明在施工期间承包人确有管理人员驻在工程现场,而且根据上述索赔条款,修水公司也丧失了索赔权利。

---

① 修水县水库资产管理有限公司、中国电建集团西北勘测设计研究院有限公司建设工程施工合同纠纷案,最高人民法院(2020)最高法民终891号民事判决书。

裁判规则三　在工程总承包合同履行过程中，价款调整、工程量增减、费用追加、损失赔偿、工期顺延等事项经发包人签章确认或支持认可的，可以作为认定发包人应付款项的依据

【规则解析】

根据《民法典》第543条①的规定，合同变更须经当事人意思表示的一致方可生效。价格调整、工程量增减、费用追加、损失赔偿、工期顺延、验收标准变化等事项属于对合同根本内容的变更，承包人就上述事项提出变更请求后，需经发包人签章确认或支持认可才发生变更的效力。若发包人予以签认或同意的，上述价款、费用、赔偿等可以作为认定发包人应付款项的依据，发包人在诉讼中又不认可上述签认的，不予支持；若承包人不能提供证据证明发包人对上述变更事项作出曾经确认或同意的意思表示的，该变更事项不得作为认定发包人应付款项的依据。

实践中，发包人往往会以对变更签证单、工作联系函、会议纪要、补充协议、对账单、工程量确认单、验收记录单等进行签章确认的形式对变更事项或索赔情形予以认可，上述文件可以作为认定发包人应付款项的依据。

鉴于在工程总承包模式下，原则上承包人只有取得发包人对变更的同意或认可才有主张调价的正当理由，所以承包人应当格外重视工程总承包模式下的变更程序：②

1. 若承包人在施工过程中认为项目建设存在如下可能的，可以向发包人提交《承包人建议书》或《合理化建议》，说明为达到以下“可能”所应采取的施工措施：(1)加快竣工，缩减工期；(2)减少费用，节约成本；(3)提高产出，拉动效益。《承包人建议书》或《合理化建议》应当载明建议的内容、理由以及对合同价格与建设工期的影响。

2. 除另有约定外，监理人(工程师)应当在收到承包人报送的《承包人建议书》或《合理化建议》之日起7日内审核完毕，报送发包人；发包人应当在收到监理人(工程师)报送的《承包人建议书》或《合理化建议》之日起7日内审批完毕。

3. 若发包人审批通过承包人的《承包人建议书》或《合理化建议》的，监理人

① 《民法典》第543条规定：“当事人协商一致，可以变更合同。”

② 《建设项目工程总承包合同(示范文本)》第13.2款“承包人的合理化建议”。

(工程师)应当发出“变更指令”,要求承包人执行变更事项。基于变更引发的价格变动由发承包双方协商一致确定。

4. 若发包人不认可承包人的《承包人建议书》或《合理化建议》的,监理人(工程师)应当通知承包人。承包人应当在收到通知之日起着手准备基于变更导致的费用增加或工期延误材料,为后续启动索赔程序、仲裁程序或诉讼程序埋下证据伏笔。

【裁判观点】

(2019)最高法民终1356号①

经查,9号鉴定意见中,“证据无赤天化签字部分”所涉“合同外业主委托项目”“天门河取水工程”两项,金额共计为3,535,998元。其中,原审判决支持了“天门河取水工程”项目所涉金额。现就“合同外业主委托项目”认定如下:

“主厂房内增加交接班室”“982平台场地欠回填”“A列外场平土石方开挖”三项,电建公司并未举示赤天化公司的确认文件,不予支持。

“1500履带吊配外线电气试验设备、吊装。”电建公司举示了编号为“合同外-033”的工程量清单,清单业主单位栏上仅有王某勇签字。赤天化公司对该工作人员不予认可。电建公司应当举证证明该工作人员的身份以及相应权限范围,但电建公司并未提交证据,应当承担举证不能之法律后果。

“983到960管廊施工区域的场平土石方”“厂区东侧斜坡标高高出2米的场平土石方”。经查,2010年8月7日,赤天化公司向电建公司发出的编号为2010-JCHG/DJE-0102的关于辅助工程包管廊位置边坡与施工厂区东侧地下管网工程的回函载明:“对983到960管廊施工场平未到位的区域委托贵公司施工,属于合同外增加项;厂区东侧斜坡段标高高出2.0m,土石为合同外项目,管道施工按照设计图纸施工。”该函证明赤天化公司认可上述两项工程属于合同外增项,应当认定为电建公司的工程增量。电建公司已通过司法鉴定完成了其工程量的举证责任。9号鉴定意见中所涉结论,双方当事人亦无主张存在不合理之处,可作为计价依据。原审判决认为电建公司未举示工程量证据,与事实不符,应予纠正。经核实,“983到960管廊施工区域的场平土石方”“厂区东侧斜坡标高高出2米的场平土石方”金额分别为203,477.47元、209,484.74元,共计412,962元。电建

---

① 中国电建集团新能源电力有限公司(原贵州电力建设第二工程公司)、贵州赤天化桐梓化工有限公司建设工程施工合同纠纷案,最高人民法院(2019)最高法民终1356号民事判决书。

公司此项主张成立，予以支持。

裁判规则四 工程总承包合同的守约方未采取合理措施防止损失扩大，其就扩大损失部分要求违约方承担损害赔偿责任的，不予支持

【规则解析】

《民法典》第591条规定："当事人一方违约后，对方应当采取适当措施防止损失的扩大；没有采取适当措施致使损失扩大的，不得就扩大的损失请求赔偿。当事人因防止损失扩大而支出的合理费用，由违约方负担。"

合同履行期间，一方当事人未按照约定履行义务，造成另一方当事人遭受损失的，遭受损失的一方当事人即守约方有权要求违约方承担损害赔偿责任。但是，根据法律规定，针对违约方违约行为所带来的不利影响，守约方负有采取合理措施防止违约造成的损失不断扩大的义务，此为"止损义务"。该义务属于不真正义务，违约方不得强制要求守约方履行，但是如若守约方不履行止损义务的，根据法律规定，将承担一定不利后果，即守约方应当在其未实施合理止损措施导致损失不断扩大的范围内承担不利后果，其不得就损失扩大部分要求违约方承担损害赔偿责任。

在下述(2017)湘民终154号案件中，虽然总承包人的施工进度拖延导致发包人因未得到依政府承诺可以享受到的财政补贴而遭受损失，根据合同约定，总承包人理应赔付发包人该部分应得而未得的财政补贴损失，但是发包人因总承包人施工迟延而解除合同后，发包人拖延较长时间才签订工程总承包合同引入新的总承包人进场施工，因发包人未采取合理措施阻止因总承包人施工迟延而导致发包人基于无法获得政府承诺的财政补贴而遭受的损失扩大，就扩大的损失部分，法院不支持发包人要求原总承包人赔付的请求。

【裁判观点】

(2017)湘民终154号①

对于新阳公司主张的3000万元财政补贴资金损失，法院认为，虽然EPC合同

---

① 湖南新阳新能源有限公司与许继集团有限公司、许继电气股份有限公司等建设工程施工合同纠纷案，湖南省高级人民法院(2017)湘民终154号民事判决书。

有约定:因承包人责任,导致项目未按发包人规定的合同工作量完工,造成财政补贴全部退回、部分退回、减少拨付、降低拨付标准的,由此造成的损失由承包人承担。但因财政拨付的标准、金额与施工完成的进度、规模密切相关,未按申报规模进行建设的,不能全额领取补助。同时,许继集团未履行合同退场后,新阳公司于4月1日发函要求与其解除合同,然后于2014年8月才与中十冶公司签订新的EPC合同,继续施工,补充协议更是在2014年12月3日才签订,且最终只完成了4.5MW。新阳公司二审提交的证据不能证明其采取了足够必要措施防止损失扩大,新阳公司的没有资金和时间另行施工的理由不充分。新阳公司没有采取适当措施致使损失扩大的部分,不得要求赔偿。故对未建设的7MW工程补助金2800万元的损失不能由许继集团承担。但新阳公司与许继集团签订EPC合同是2013年10月16日,约定工期3个月,若双方如约履行,应可在2013年12月31日前完成近12MW的工程量,获取5元/瓦的财政补助。后因许继集团未履行合同,造成补助标准降到了4元/瓦,这1元/瓦的差价为新阳公司即使采取补救措施也无法减少的绝对损失额,许继集团应承担相应的赔偿责任。鉴于新阳公司约定的3个月合同期超过了5元/瓦的补助截止日16天,该16天的工程不能获得1元/瓦的补助损失。故一审法院只支持新阳公司采取补救措施也无法减少的绝对损失额(1元/W×12WM)中未超过补助截止日财政补助损失的部分9,913,043.48元并无不妥。

第五章

工程总承包价格调整与结算

裁判规则一 合同约定固定总价作为计价模式，总承包人以设计变更为由要求增加合同价格的，不予支持

【规则解析】

一、关于工程总承包模式原则上应当采用固定总价计价方式的问题

《工程总承包管理办法》第16条第1款规定："企业投资项目的工程总承包宜采用总价合同，政府投资项目的工程总承包应当合理确定合同价格形式。采用总价合同的，除合同约定可以调整的情形外，合同总价一般不予调整。"

在工程总承包模式下，设计任务也由总承包人一并承接，若不以合同约定、发包人认可以及变更程序制约总承包人对施工设计进行变更的权利，则会出现总承包人通过恶意滥用设计变更权无限制抬高合同价格的后果。鉴于总承包人单方擅自实施的设计变更行为未体现出发包人的内心意思并超出发包人的合理预见范围，任由总承包人滥用设计变更并据此增加价款或追加费用将严重破坏意思自治原则及市场公平原则。因此，工程总承包的施工组织模式原则上应当匹配固定总价的合同计价模式，除合同约定的变更情形或发包人同意调整价格外，固定总价一律不准调整，借以压制总承包人凭借设计能力优势、通过设计变更攫取不正当工程款利益的企图。

二、关于工程总承包模式下的设计变更问题

《工程总承包管理办法》第3条规定："本办法所称工程总承包，是指承包单位

按照与建设单位签订的合同，对工程设计、采购、施工或者设计、施工等阶段实行总承包，并对工程的质量、安全、工期和造价等全面负责的工程建设组织实施方式。”工程总承包模式是发包人将设计工作与施工作业发包给总承包人一并承接、由总承包人通过设计成果与施工成果对发包人全部负责的施工组织模式，设计活动由总承包人自主进行，设计变更也由总承包人自行实施，因此，根据《建设项目工程总承包合同（示范文本）》第5.6款“承包人文件错误”的规定，“承包人文件存在错误、遗漏、含混、矛盾、不充分之处或其他缺陷，无论承包人是否根据本款获得了同意，承包人均应自费对前述问题带来的缺陷和工程问题进行改正……”总承包人应当对设计文件的及时性、完整性、充分性、真实性以及设计活动的合约性、有效性、正确性负责，原则上其不得以设计变更为由要求发包人上调价格、追加费用并顺延工期，这是传统施工总承包模式与工程总承包模式的根本区别。

但是，工程总承包施工过程中的设计变更存在多种情形，不同的设计变更情形将引发不同的费用承担责任，仅以工程总承包模式下承包人不得就设计变更调整合同价格为由拒绝承包人追加费用的请求不合实际，也有违公平原则。在工程总承包的实践中，常见的设计变更情形主要包括以下几类。

（一）基于发包人发出设计变更指令，变更所影响的工程量变化超出为实现“发包人要求”所需要的施工范围而导致的设计变更

由于总承包人的投标报价紧紧围绕并响应“发包人要求”而编制，因此总承包人的投标报价与发包人的“发包人要求”构成工程总承包合同的核心对价，这是工程总承包合同得以顺利履行的坚实基础。但若发包人在施工过程中发出设计变更指令，变更内容所涉及的施工范围超出招标时“发包人要求”所对应的施工义务范畴的，会导致总承包人原先的投标报价无法匹配对应因设计变更所产生的额外施工成本。因此，为维护公平对价原则，保障合同履行的径行直遂，避免总承包人因不堪重负而半途“毁约”，导致发包人的开发建设目的落空，发包人应当增加合同价格，给予总承包人费用补偿。

该项设计变更属于《建设项目工程总承包合同（示范文本）》第5.2.1项“……发包人的意见构成变更的，承包人应在7天内通知发包人按照第13条［变更与调整］中关于发包人指示变更的约定执行……”以及第3.5.2项“承包人收到工程师作出的指示后应遵照执行。如果任何此类指示构成一项变更时，应按照第13条［变更与调整］的约定办理”规定的情形。发生此类设计变更的，发包人发出设计变更指令的行为构成要约，总承包人执行变更指令构成承诺，双方已达成设

计变更合意，故总承包人有权变更合同价格，若发包人不同意变更价格的，则总承包人有权启动索赔程序，向发包人追加费用并索赔工期。

（二）基于发包人提供的方案或初步设计文件、项目基础资料、《发包人要求》等存在缺陷错误导致总承包人绘制的设计图纸出错而引发的设计变更

鉴于总承包人制作施工图设计的前提依据在于发包人提供的项目基础资料、《发包人要求》等文件，若发包人提供的上述文件存在错误的，极有可能导致总承包人绘制图纸出错，进而引发设计变更。

该项设计变更属于《建设项目工程总承包合同（示范文本）》第1.12款第2段"《发包人要求》或其提供的基础资料中的错误导致承包人增加费用和（或）工期延误的，发包人应承担由此增加的费用和（或）工期延误，并向承包人支付合理利润"规定的情形。发生此类设计变更的，鉴于发包人提供的文件有误导致总承包人设计错误致使总承包人遭受施工费用增加或建设工期延误的损失属于发包人违约所造成的损失，根据《民法典》第577条①的规定，发包人应承担违约后的损害赔偿责任，故总承包人有权启动索赔程序，向发包人追偿费用并索赔工期。

（三）基于总承包人自身原因造成设计图纸错误而引发的设计变更

在总承包人承包经验不足、预见能力较差、技术水平不高的情况下，总承包人制作的设计图纸往往存在错误、缺陷、疏漏、不符的情形，致使发包人下达修改不符、纠正错误的设计变更指令，从而引发设计变更。

该项设计变更属于《建设项目工程总承包合同（示范文本）》第5.6款"承包人文件存在错误、遗漏、含混、矛盾、不充分之处或其他缺陷，无论承包人是否根据本款获得了同意，承包人均应自费对前述问题带来的缺陷和工程问题进行改正……"规定的情形。发生此类设计变更的，鉴于设计变更是由于总承包人自身能力欠缺所引起的，该设计变更符合《民法典》第577条规定的"采取补救措施"的情形，属于总承包人应当承担的违约责任，②故总承包人不得据此要求发包人变更价格或向发包人追加费用并索赔工期。

---

① 《民法典》第577条规定："当事人一方不履行合同义务或者履行合同义务不符合约定的，应当承担继续履行、采取补救措施或者赔偿损失等违约责任。"

② 《民法典》第577条规定："当事人一方不履行合同义务或者履行合同义务不符合约定的，应当承担继续履行、采取补救措施或者赔偿损失等违约责任。"

(四)基于总承包人以提交《合理化建议》的形式请求发包人同意设计优化方案所引发的设计变更

工程总承包的优势在于由总承包人发挥设计与施工的有机联动、高效配合、合理衔接的作用,从而在固定总价不变的前提下实现承包利润的增加,故工程总承包模式赋予总承包人向发包人提出设计优化并要求变更估价的权利。实践中总承包人可以通过提交《合理化建议》或《承包人建议书》的形式向发包人提请设计优化,发包人同意实施建议并增加价格的,此优化活动也构成一项设计变更。

该项设计变更属于《建设项目工程总承包合同(示范文本)》第13.2.2项"……合理化建议经发包人批准的,工程师应及时发出变更指示,由此引起的合同价格调整按照第13.3.3项[变更估价]约定执行。发包人不同意变更的,工程师应书面通知承包人"规定的情形。发生此类设计变更的,鉴于设计优化请求属于总承包人提出变更的要约,发包人作为工程总承包合同的相对人,享有不同意进而不予承诺的权利,故在发包人不同意执行设计优化方案的情况下,总承包人不得贸然实施设计优化;即使总承包人已擅自实施施工优化行为的,其也无权就此要求发包人增加合同价格、追加施工费用并顺延相应工期。

(五)基于不可预见的地下施工障碍、法律变化、市场价格波动、异常恶劣天气变化所引发的变更

在施工过程中,总承包人总会遭遇不可预见的施工障碍,如地下淤泥、地下硬岩、地下采空区、地下管廊布线等地下施工障碍,再如异常暴雨、暴雪、暴风等恶劣气候施工障碍;或遭遇合同履行赖以为继的客观基础发生难以预见的情势变更,如政策变动、规划调整,再如人工费、材料费、设备费的大幅上涨,有可能导致总承包人遭受费用增加或工期延误的不利后果。由于上述不利施工困难超出总承包人的合理预见范围,故总承包人可以向发包人提出变更要求,发包人应当据以下达变更指令,由此引发设计变更。

该项设计变更属于《建设项目工程总承包合同(示范文本)》第4.8款"不可预见的困难"、第8.7.4项"异常恶劣的气候条件"、第13.7款"法律变化引起的调整"以及第13.8款"市场价格波动引起的调整"所规定的情形。发生此类变更的,鉴于上述变更事项属于超出总承包人合理预见范围的情事变化,导致工程总承包合同履行的外在环境与客观基础被打破,按照原合同约定继续履行会产生令人难以接受的显失公平的后果,故总承包人应当迅速通知发包人,发包人接到通知后,

应当根据合同约定的变更程序下达变更指令。

综上所述，设计变更的情形包括五类，即发包人下达变更指令所引发的设计变更（发包人提出要约）、发包人文件错误导致总承包人设计错误所引发的设计变更（发包人违约）、总承包人自身原因导致设计错误所引发的设计变更（总承包人违约）、总承包人为实施设计优化所引发的设计变更（总承包人提出要约）以及因不可预见的施工障碍与费用增加情形所引发的设计变更（情势变更）。五类截然不同的设计变更情形所导致的价格变更及费用承担情形均不一致，当事人应当根据不同设计变更情形制作相应证明文件。

三、关于本条规则的理解问题

在下述（2020）最高法民终 481 号案件中，发承包双方约定合同价格为固定总价，总承包人未取得发包人对设计变更的同意，其以设计变更为由要求发包人调整合同价格的，不予支持。法院之所以作出上述裁判，主要是基于以下考虑：

首先，双方约定以固定总价作为合同价格，则应当以合同约定的固定总价作为结算依据。《最高人民法院建设工程司法解释一》第 19 条第 1 款规定“当事人对建设工程的计价标准或者计价方法有约定的，按照约定结算工程价款”，该案中，双方当事人约定“本合同价款（暂定价）为人民币柒仟捌佰万元整（7800 万元），其中包括建设工程设计费 150 万元。投资详见本项目的设计概算书”，故双方当事人应当以约定的固定总价 7800 万元作为工程价款的结算依据。

其次，该案不存在任何允许以设计变更为由突破合同固定总价的情形。承前所述，鉴于工程总承包模式下是总承包人负责设计工作，原则上不允许总承包人以设计变更为由变更合同价格或追加施工费用；但是，出现以下情形的，即使合同采用固定总价的计价模式，总承包人亦可以设计变更为由突破合同约定的固定总价：其一，发包人超出承包人的合理预见范围、逾越“发包人要求”所需的义务范畴下达设计变更指令；其二，发包人提供的《发包人要求》或其他项目所需文件存在错误导致以其为绘制依据的施工图纸出现错误；其三，承包人以“合理化建议”的形式发出设计变更要约，发包人同意执行建议方案并据此变更价格。然而，在该案中，总承包人提出项目施工存在设计变更的情形，但未提供证据证明发包人下达了超越“发包人要求”的设计变更指令、发包人提供的文件有误导致设计文件错误或发包人同意总承包人提出的设计变更请求，故总承包人主张以工程总承包项目出现设计变更为由上调合同价格的，没有相应事实依据，法院不予支持。

最后，工程总承包模式下是总承包人负责设计工作，且合同多处强调“不得随意设计变更”。一方面,该案合同约定,“合同价款所包含的工程内容为初步方案设计范围所包含的工作范围,案涉工程设计由总承包人设计,设计费包含在合同价款内”,故总承包人为设计负责人,其在未征得发包人同意的前提下即擅自变更设计并据此要求发包人额外支付设计变更费用,本就违反意思自治原则;另一方面,该案合同亦约定,“对初步设计方案性的变更:甲乙双方原则上不得随意变更”,故总承包人擅自进行设计变更并据此要求发包人追加工程款的,与合同约定不符,据此法院不予认定。

综上所述,法院根据当事人约定的固定总价条款,结合该案不存在以设计变更为由突破固定总价的情形,裁判该案应当以双方约定的固定总价结算,认定事实充分,适用依据正确。

【裁判观点】

(2020)最高法民终481号[①]

工程价款的认定问题:

案涉合同第一部分“协议书”约定“将本工程项目设计、采购、施工及开车任务,委托总承包商进行EPC工程总承包”。合同中对工程价款的约定有以下几部分:(1)案涉合同第二部分“通用条款”第23条“合同价款及调整”约定“协议书中表明的合同价款为固定合同总价,任何一方不得擅自改变。合同价款所包含的工程内容为初步方案设计范围所包含的工作范围”,该条同时约定了合同价款调整的情形及合同价款所包含的风险。该部分第31条“变更价款的确定”约定了对合同价款做出调整的具体操作及遵循的原则。(2)案涉合同第三部分“合同专用条款”第7条“合同价款、支付及调整”第7.1款“合同价款”中约定,“本合同价款(暂定价)为人民币柒仟捌佰万元整(7800万元),其中包括建设工程设计费150万元。投资详见本项目的设计概算书”。

该合同“通用条款”约定合同价款为固定合同总价,但合同第一部分“协议书”、第二部分“通用条款”中均没有约定具体的合同价款,第三部分“合同专用条款”约定合同价款(暂定价)为7800万元。按照合同第三部分“合同专用条款”第2.2款“合同文件及解释优先顺序”中约定的合同条款解释顺序,合同价款应理解为固定总价(暂定价)7800万元。该合同附件十一“项目投资估算表”对该工程各

① 北京蓝图工程设计有限公司、新疆大黄山鸿基焦化有限责任公司建设工程施工合同纠纷案,最高人民法院(2020)最高法民终481号民事判决书。

项造价分项估算计算出的建设投资总计 7808 万元，与合同约定的价款 7800 万元相符。约定合同价款为固定总价并非不能变更，根据合同的约定，在符合“通用条款”约定的情形时按照该部分第 31 条“变更价款的确定”的约定可对合同价款进行变更。北京蓝图公司上诉称案涉合同并非固定总价 7800 万元、合同价款为暂定价 7800 万元，与合同约定并不矛盾。

北京蓝图公司上诉称双方在合同履行过程中将合同价款变更为据实结算，与事实不符。(1)北京蓝图公司与鸿基焦化公司的往来函件不能证明双方对工程价款进行了变更。鸿基焦化公司于 2013 年 4 月 7 日致北京蓝图公司的函中并未就合同约定的工程款进行变更，也未就进行变更达成一致，北京蓝图公司无证据证明双方完成了合同价格的调整。2016 年 4 月 19 日北京蓝图公司致鸿基焦化公司关于 12 万吨/年合成氨填平补齐项目决算及出具发票的函中称“由于实际造价与合同暂定价差异较大，经双方协商同意按照实际工程量按实结算”，鸿基焦化公司在复函中并未提及据实结算，北京蓝图公司无证据证明鸿基焦化公司同意据实结算，仅以其在函件中单方所称、鸿基焦化公司未提异议为由认为鸿基焦化公司认可据实结算，缺乏事实依据。(2)工程款支付证书系宝中公司出具报告的一部分，不能证明双方对工程价款进行了变更。北京蓝图公司以案涉工程 2013 年 3 月至 9 月工程款支付证书中鸿基公司审核的应付款总额远超合同所约定的 7800 万元为由，认为双方对合同价款变更为据实结算。对此，法院认为，案涉六本报告书系鸿基焦化公司委托宝中公司出具，是为了对工程进度款的支付进行审核，工程款支付证书是审核中的过程资料，并非最终的支付依据，而且工程款支付证书中记载最终以宝中公司审核为准，宝中公司审核的应付款金额并未超过合同约定价款，鸿基焦化公司已支付的工程款也未超出合同约定的价款，因此工程款支付证书不能证明双方是据实结算的。综上所述，北京蓝图公司上诉主张双方对合同约定的价款变更为据实结算的上诉理由不能成立。

案涉合同中并未约定以北京蓝图公司向第三方支付的款项作为案涉合同价款的结算依据，北京蓝图公司因案涉工程向第三方支付的价款与案涉工程款的认定无关。

合同“通用条款”约定合同价款所包含的工程内容为初步方案设计范围所包含的工作范围，案涉工程设计由北京蓝图公司设计，设计费包含在合同价款内，合同“通用条款”第 29 条“工程变更”约定“对初步设计方案性的变更甲乙双方原则上不得随意变更”。对于双方是否对初步设计方案进行变更问题，北京蓝图公司称签订案涉合同时没有初步设计方案，工程是边设计边施工的；鸿基焦化公司称没有变更，案涉合同是 EPC 合同，设计是由北京蓝图公司负责的。北京蓝图公司所称与合同约定不符，不予采信，按照北京蓝图公司所称也就不存在超出初步方案设计范围的内容。

北京蓝图公司二审庭审中称，实际工程量发生重大变更，应当据实结算。合同中约定了工程款暂定价，同时约定了对于价款调整的情况及变更价款的确定，北京蓝图公司未提供证据证明出现了合同“通用条款”部分约定的价款调整的情况，即“由于业主变更引起的合同价款的增减（变更引起的工程建设费用累计增减额 50 万元以内的变更不予调整）；合同约定的其它价款增减或调整”。北京蓝图公司以实际工程量发生变更认为应当据实结算的理由不能成立。

综上所述，北京蓝图公司没有证据证明双方已经对合同价款进行了调整，在合同无效的情况下，一审判决参照合同约定的 7800 万元认定工程价款正确。对于一审判决认定的已付工程款 71,624,151.67 元双方均无异议，因此鸿基焦化公司剩余未付工程款数额为 6,375,848.33 元，一审对此认定正确。

裁判规则二 合同签订后，发包人与总承包人就设计变更、价格调整及费用索赔达成新合意，发包人拒不支付超出合同固定总价费用的，不予支持

【规则解析】

在工程总承包模式下，设计任务与施工作业由总承包人一并承接，故总承包人应对施工范围以及设计范围内的可能风险与不利后果负责。《建设项目工程总承包合同（示范文本）》第 5.1.1 项“设计义务的一般要求”规定：“承包人应当按照法律规定，国家、行业和地方的规范和标准，以及《发包人要求》和合同约定完成设计工作和设计相关的其他服务，并对工程的设计负责。承包人应根据工程实施的需要及时向发包人和工程师说明设计文件的意图，解释设计文件。”且第 5.6 款“承包人文件错误”亦规定：“承包人文件存在错误、遗漏、含混、矛盾、不充分之处或其他缺陷，无论承包人是否根据本款获得了同意，承包人均应自费对前述问题带来的缺陷和工程问题进行改正……”因此，原则上，工程总承包模式中设计文件由总承包人制作，总承包人应当对设计文件的准确性负责，不允许总承包人以设计文件错误、遗漏、迟延、不符、缺陷为由向发包人主张变更价格或索赔费用的权利。

但是，若发包人与总承包人就设计变更、价格调整及费用索赔达成合意的，鉴于变更及调价有其合理性及正当性，发包人应当向承包人支付合意范围内的增调价格与追加费用，理由如下。

一、发包人提供的基础资料及《发包人要求》存在错误、遗漏、迟延、不符、缺陷的，发包人应对此负责

《建设项目工程总承包合同（示范文本）》第2.3款“提供基础资料”第1句规定：“发包人应按专用合同条件和《发包人要求》中的约定向承包人提供施工现场及工程实施所必需的毗邻区域内的供水、排水、供电、供气、供热、通信、广播电视等地上、地下管线和设施资料，气象和水文观测资料，地质勘察资料，相邻建筑物、构筑物和地下工程等有关基础资料，并根据第1.12款［《发包人要求》和基础资料中的错误］承担基础资料错误造成的责任。”

《建设项目工程总承包合同（示范文本）》第1.12款“《发包人要求》和基础资料中的错误”第2段规定：“《发包人要求》或其提供的基础资料中的错误导致承包人增加费用和（或）工期延误的，发包人应承担由此增加的费用和（或）工期延误，并向承包人支付合理利润。”

《建设项目工程总承包合同（示范文本）》第5.6款“承包人文件错误”规定：“承包人文件存在错误、遗漏、含混、矛盾、不充分之处或其他缺陷……承包人均应自费对前述问题带来的缺陷和工程问题进行改正……《发包人要求》的错误导致承包人文件错误、遗漏、含混、矛盾、不充分或其他缺陷的除外。”

在工程总承包模式下，即使是由总承包人完成初步设计及施工图设计义务的，但总承包人仍需要以发包人提供的项目基础资料及《发包人要求》作为正确绘制设计图纸的前置条件及核心依据。据此，发包人仍然负有完成地质勘察工作、提供项目基础资料并制作体现其完整意思的《发包人要求》的义务，并应保证上述文件的真实性、完整性、及时性、充分性。若发包人提供的项目基础资料及《发包人要求》存在错误、缺陷、遗漏、不符、迟延，且一个有经验的总承包人无法根据其管理能力及承包经验对其进行合理修改纠偏，导致总承包人绘制的设计图纸存在相应问题，并使总承包人遭受额外支出、费用损失及工期延误的，发包人应对此负责，即发包人应当响应总承包人的费用追加请求、损失赔偿请求以及工期顺延请求。

二、发包人发出超出总承包人合理预见范围的变更指令，所涉及的工程量变化超出为实现“发包人要求”所覆盖的施工范围的，发包人应对此负责

《建设项目工程总承包合同（示范文本）》第3.5.2项规定：“承包人收到工程师作出的指示后应遵照执行。如果任何此类指示构成一项变更时，应按照第13条［变更与调整］的约定办理。”

《建设项目工程总承包合同（示范文本）》第4.8款“不可预见的困难”第2段规定：“承包人遇到不可预见的困难时……工程师应当及时发出指示，指示构成变更的，按第13条［变更与调整］约定执行。承包人因采取合理措施而增加的费用和（或）延误的工期由发包人承担。”

《建设项目工程总承包合同（示范文本）》第5.2.1项规定：“……承包人对发包人的意见按以下方式处理：（1）发包人的意见构成变更的，承包人应在7天内通知发包人按照第13条［变更与调整］中关于发包人指示变更的约定执行……”

《建设项目工程总承包合同（示范文本）》第5.2.3项第2段规定：“……需要修改《发包人要求》的，承包人应按第13.2款［承包人的合理化建议］的约定执行。上述情形还应适用第5.1款［承包人的设计义务］和第13条［变更与调整］的有关约定。”

在工程总承包模式下，总承包人的投标报价是根据发包人制作的《发包人要求》或其他招标文件作出的，总承包人的投标价格与发包人的“发包人要求”及合同风险范围严丝合缝地切合对应，构成工程总承包合同中双方地位公平、权利义务对等、履行得以顺利的前提基础。若在施工过程中，发包人发出设计图纸变更、施工进度变更、路径流程变更、工艺技术变更、设备选型变更、验收标准变更、工程量变更等变更指令，要求总承包人必须按照指令执行，所涉及的工程量变化超出为满足“发包人要求”所需要的建设规模及施工范围，导致总承包人的施工成本增加的，该变更行为超出了总承包在编制投标价格时的合理预见范围，打破了总承包人投标报价的基础依据，破坏了工程总承包模式要求的风险与对价相匹配的平衡，根据公平原则，总承包人有权要求变更价格并要求发包人追加施工费用。

三、在工程总承包模式下，因建设单位原因产生的工程费用和工期变化风险由发包人承担，发包人应对此负责

《工程总承包管理办法》第15条第2款规定：“建设单位承担的风险主要包括：（一）主要工程材料、设备、人工价格与招标时基期价相比，波动幅度超过合同

约定幅度的部分;(二)因国家法律法规政策变化引起的合同价格的变化;(三)不可预见的地质条件造成的工程费用和工期的变化;(四)因建设单位原因产生的工程费用和工期的变化;(五)不可抗力造成的工程费用和工期的变化。"

发包人编制的项目基础资料与《发包人要求》存在错漏引发设计错误问题,以及发包人下达超出总承包人合理预见范围内的变更指令,导致总承包人施工费用增加及建设工期延误的,该情形属于"因建设单位原因产生的工程费用和工期的变化",根据《工程总承包管理办法》规定以及工程总承包施工模式的交易惯例,发包人应当对该不利后果负责,即允许总承包人就此上调价格、追加费用并顺延工期。

四、发包人对设计变更、价格调整及费用追加的认可体现发包人的内心意思与真实意志,发包人应对此负责

《民法典》第 465 条规定:"依法成立的合同,受法律保护。依法成立的合同,仅对当事人具有法律约束力,但是法律另有规定的除外。"第 509 条第 1 款规定:"当事人应当按照约定全面履行自己的义务。"

在工程总承包项目的施工过程中,发包人在补充协议、会议纪要、工程联系函、签证变更单、工程量确认单、验收记录、阶段结算协议等过程文件中对设计变更、费用追加、损失索赔等事项进行签认的,该签认行为体现了发包人的真实意志与内心意思,对发包人具有约束效力,发包人应对其所签认的事项予以履行落实。

综上所述,发包人与总承包人就设计变更、价格调整及费用索赔达成合意的,发包人应当依诚实信用原则向总承包人支付或补偿上述款项;发包人就上述事项表明许可后,在诉讼期间又拒绝承认或拒不支付上述超出固定总价的费用的,有违诚实信用原则,法院应不予支持。

【裁判观点】

(2019)最高法民终 134 号①

关于工程款数额应如何认定的问题。滨海鼎昇公司上诉主张,远达水务公司擅自变更设计图纸,土建工程设计变更部分的工程量不应计入滨海鼎昇公司应付款范围。对此,法院认为,滨海鼎昇公司此项上诉主张不成立。2012 年 7 月 31 日

---

① 天津滨海鼎昇环保科技工程有限公司、国家电投集团远达水务有限公司建设工程施工合同纠纷案,最高人民法院(2019)最高法民终 134 号民事判决书。

签订的《总承包合同》明确约定远达水务公司承包范围包括工程施工图的设计。次日,滨海鼎昇公司参与签订的《工程设计补充协议》约定,重庆环保设计院在远达水务公司取得总承包人资格后,继续实施设计任务,如远达水务公司提出设计优化或者设计变更,重庆环保设计院应积极配合,完成施工图设计变更。在2012年12月8日施工图交底会上形成的会议纪要载明,重庆环保设计院与监理公司签字同意远达水务公司施工图设计方案。其后,滨海鼎昇公司多次向远达水务公司提出抓紧施工进度、尽快完工等要求,且其对远达水务公司变更图纸施工而制作的工程款支付申请表、工程产值清单进行了签字确认。据此,一审法院认定滨海鼎昇公司对远达水务公司变更设计图纸并进行施工是明知且授意的,并无不当。由于鉴定机构分别依据滨海鼎昇公司和远达水务公司的主张作出两个工程造价鉴定结论,在上述事实基础上,一审法院采信鉴定机构依据远达水务公司的主张计算得出的工程造价鉴定结论,认定案涉已完工程造价,符合本案实际,并无不当。滨海鼎昇公司关于土建工程设计变更部分的工程量不应计入应付款范围的上诉主张,理据不足,法院不予支持。

裁判规则三 | 合同约定工程价款为固定总价,总承包人要求据实结算或按照定额计价结算的,不予支持

【规则解析】

本条裁判规则应当从以下三个方面解读。

一、固定总价是工程总承包施工组织模式下的原则计价方式

《工程总承包管理办法》第16条第1款规定:“企业投资项目的工程总承包宜采用总价合同,政府投资项目的工程总承包应当合理确定合同价格形式。采用总价合同的,除合同约定可以调整的情形外,合同总价一般不予调整。”

《建设项目工程总承包合同(示范文本)》第14.1.1项规定:“除专用合同条件中另有约定外,本合同为总价合同,除根据第13条[变更与调整],以及合同中其它相关增减金额的约定进行调整外,合同价格不做调整。”

工程总承包模式下是由总承包人负责施工图设计工作,且施工作业也由总承包人实施,因此可以认为总承包人把控着“设计变更”的“阀门”,若不对总承包人的设计变更权限加以限制,会引发总承包人滥用设计变更权利并据此追加费用进

而突破发包人投资预算上限的不利后果。“固定总价”的计价方式则是压制总承包人设计变更权利的关键所在，也是在内部驱动总承包人转变管理模式、优化设计方案、加快技术迭代、提升工艺水平、提高作业效率以争取更大的利润空间的核心要素。据此，原则上，固定总价是高度匹配契合工程总承包施工组织模式的计价方式，当事人在工程总承包合同章约定工程价款以固定总价结算的，有其实践合理性与适用正当性。

二、当事人明确约定计价方式的，应当以约定的计价方式结算工程价款

《建筑法》第 18 条规定：“建筑工程造价应当按照国家有关规定，由发包单位与承包单位在合同中约定。公开招标发包的，其造价的约定，须遵守招标投标法律的规定。发包单位应当按照合同的约定，及时拨付工程款项。”

《最高人民法院建设工程司法解释一》第 19 条第 1 款规定：“当事人对建设工程的计价标准或者计价方法有约定的，按照约定结算工程价款。”

发承包双方可以在工程总承包合同中约定工程价款的计价方式，在工程总承包合同中约定“固定总价”的计价方式是发包人与总承包人的就工程价款达成的合意，对双方具有约束力，其应当依照诚实信用原则予以遵守，故双方当事人约定工程总承包合同的计价方式为“固定总价”的，应当按照约定结算工程价款。

三、“据实结算”“按照定额结算”与当事人的内心意思不符，应不予支持

《建设工程定额管理办法》第 2 条规定：“国务院住房城乡建设行政主管部门、各省级住房城乡建设行政主管部门和行业主管部门（以下简称各主管部门）发布的各类定额，适用本办法。”第 3 条规定：“本办法所称定额是指在正常施工条件下完成规定计量单位的合格建筑安装工程所消耗的人工、材料、施工机具台班、工期天数及相关费率等的数量基准。定额是国有资金投资工程编制投资估算、设计概算和最高投标限价的依据，对其他工程仅供参考。”

定额计价，是指按照国家或各省级建设行政主管部门和行业主管部门发布的定额项目和工程量计算规则，计算出人工费、材料费、施工机具使用费、企业管理费、利润和税金等数额，进而汇总确定建设工程造价的方式。定额计价体现了编制时间点的常规建筑物在合理的劳动组织、材料消耗和机械使用量的前提下分部分项工程直接费以及人工、材料、机械的社会平均水平消耗量，但未体现市场供求

关系变化及企业竞争环境变化等因素，据此，定额计价也是社会平均成本价。①

根据《建设工程定额管理办法》第 3 条的规定，定额计价是参考价格，不是强制适用价格，只有发承包双方将定额计价模式约定进工程总承包合同的价格条款中，定额计价模式才纳入双方当事人的意思自治范畴进而对双方当事人具有约束效力。若发承包双方仅约定合同的价格形式为固定总价，未约定以定额计价，则以定额结算工程价款不属于发承包双方的内心意思，对双方不具有约束力，总承包人要求以定额作为工程款结算依据的，不予支持；但是，若发承包双方对工程价款没有约定或约定不明的，则根据《最高人民法院建设工程司法解释一》第 19 条第 2 款②的规定，法院可以适用工程总承包建设项目所在地建设部门发布的定额作为认定工程价款的依据。

同理，在发承包双方约定固定总价计价方式的前提下，一方当事人要求按照实际支出的施工费用据实结算的，没有法律依据，法院应不予支持。

【裁判观点】

1.（2017）最高法民终 576 号③

第一，关于宏润新能源公司主张国电光伏公司未施工部分的工程款项 1068 万元应否扣除的问题。

宏润新能源公司认为，建筑工程部分由其自行施工完成，国电光伏公司并未施工，《总承包合同》约定的建筑工程部分价款为 2868 万元，扣除《总承包合同补充协议》中约定的工程款 1800 万元后，差额 1068 万元亦应从工程款中予以扣除。

经查，案涉《总承包合同》第 4.1.3 条约定，建筑工程费价格为人民币 2868 万元；2013 年 9 月双方又签订《总承包合同补充协议》，该协议第 3 条"建筑工程部分"约定，案涉合同内所有建筑工程，总价为 1800 万元，为固定总价，任何情况下不予调增，均由宏润新能源公司负责实施，宏润新能源公司在支付国电光伏公司的总价款时直接扣减 1800 万元建筑工程费用。由此可见，虽然双方在原合同中约定建筑工程费用为 2868 万元，但在之后的补充协议中已达成一致意见，建筑工程部分全

---

① 常设中国建设工程法律论坛第八工作组：《中国建设工程施工合同法律全书——词条释义与实务指引》，法律出版社 2019 年版，第 260 - 261 页。

② 《最高人民法院建设工程司法解释一》第 19 条第 2 款规定："因设计变更导致建设工程的工程量或者质量标准发生变化，当事人对该部分工程价款不能协商一致的，可以参照签订建设工程施工合同时当地建设行政主管部门发布的计价方法或者计价标准结算工程价款。"

③ 青海宏润新能源投资有限公司、宏润建设集团股份有限公司建设工程施工合同纠纷案，最高人民法院（2017）最高法民终 576 号民事判决书。

部由发包方宏润新能源公司自行完成,费用为固定总价 1800 万元,不因任何情况而调增,结算时在应付国电光伏公司总工程款中予以扣除。双方约定的原工程总价为25,500万元,依照该补充协议的约定扣减 1800 万元后,合同总价款变更为 23,700 万元。

由于在签订《总承包合同补充协议》时,宏润新能源公司对建筑工程部分的工程量及费用已经明确,其自愿以 1800 万元包干价扣减建筑工程部分的费用,属于对自己权利的处分;现宏润新能源公司主张扣减差额部分 1068 万元,违反协议约定,其主张不能成立,一审判决对该部分款项未予扣除并无不妥,法院予以维持。

第二,关于设计费差额 44 万元是否应予扣除的问题。

根据《总承包合同》的约定,设计总费用为 140 万元。《总承包合同补充协议》第 1 条约定,宏润新能源公司已委托十一院进行全部设计内容;国电光伏公司作为 EPC 总承包方,另行与十一院签订设计合同,合同签订后,国电光伏公司负责设计费用的支付。2013 年 9 月 21 日,国电光伏公司与十一院签订《建设工程设计合同》,该合同第 9 条约定国电光伏公司总计应付设计费用为 96 万元。宏润新能源公司认为,虽然双方总合同约定设计费用为 140 万元,但该约定仅为暂定价,最终价格应据实结算,国电光伏公司最终仅支付 96 万元,故应以 96 万元确定决算价格,差额 44 万元不应予以支付,故应从工程款中扣除 44 万元。

法院认为,本案双方之间系固定总价合同,约定设计费用为 140 万元。后根据《总承包合同补充协议》约定,国电光伏公司与十一院签订设计合同,经协商双方约定设计费用为 96 万元,国电光伏公司已全额支付该款。《总承包合同》约定的设计费 140 万元与国电光伏公司实际向设计方支付的 96 万元的差额 44 万元,应属国电光伏公司的正常商业利润部分,宏润新能源公司主张扣减该款缺乏依据。再者,本案工程经竣工验收交付使用后,国电光伏公司制作工程决算书送达宏润新能源公司,在该决算书中载明:设计费 140 万元。2014 年 11 月 10 日宏润新能源公司针对决算书中有异议的项目向国电光伏公司出具意见时,对于设计费 140 万元并无异议。由此可见,在合同的履行过程中,宏润新能源公司对设计费 140 万并无异议,现其要求扣减设计费差额 44 万元依据不足。因此,一审判决未支持宏润新能源公司关于扣减设计费差额 44 万元的主张,并无不妥,法院予以维持。

2.(2019)最高法民终 346 号①

关于鉴定内容,中江公司认为鉴定机构未按照定额计算的实际工程价款进行

---

① 中国江苏国际经济技术合作集团有限公司、新疆中泰矿冶有限公司建设工程施工合同纠纷案,最高人民法院(2019)最高法民终 346 号民事判决书。

鉴定,而直接引用合同总价,存在错误。电建三公司与中江公司所签订的《分包合同》第6项约定:“本工程总价包干,除合同另有规定外不作调整。”合同专用条件第2条第8项约定:因中江公司不能满足电建三公司里程碑节点计划及施工作业计划,电建三公司有权调减中江公司的施工范围并另行安排其他单位进行施工,发生费用从合同价款中扣除。因此,鉴定机构对中江公司退场后由电建三公司完成的遗留工程的工程量进行鉴定,符合《分包合同》及合同专用条件第2条第8项的约定,具有合同依据。合同专用条件第5条第10项约定了合同价款调整范围,其中包括重大设计变更造成的建筑工程费及另委工程,鉴定机构基于上述约定对中江公司所施工完成的另委工程、重大设计变更工程进行造价鉴定亦符合合同约定。电建三公司与中江公司所签订的《分包合同》合法有效,中江公司关于鉴定机构拒绝对合同无效情况下的工程造价进行鉴定的上诉理由没有事实依据。

关于工程款的计算方法,中江公司上诉认为一审判决采用固定合同总价而未按照定额计算实际工程价款错误。如前文所述,中江公司主张以实际工程造价计算工程款无合同依据,法院不予支持。

3.(2014)黔高民初字第16号[①]

关于本案工程是否竣工验收合格的问题。法院认为,本案工程竣工验收合格。《合同法》第279条规定,建设工程未经验收或者验收不合格的,不得交付使用。最高人民法院《关于审理建设工程施工合同纠纷案件适用法律问题的解释》第14条第3项规定,建设工程未经竣工验收,发包人擅自使用的,以转移占有建设工程之日为竣工日期。本案工程已经交付使用,工程应视为竣工验收合格。

关于本案双方是否对工程价款有明确约定的问题。法院认为,本案工程总价款双方最终约定为530,023,812.27元。《总包合同》约定,本合同为固定总价合同,除下列原因外,不因政策性费用变化、市场价格变化而调整:(1)在合同履行中,因业主调整工程建设规模所引起的较大投资增减;(2)在合同履行中,因业主调整工程总承包范围及业主原因导致的重大设计变更引起的投资增减;(3)在合同附件中的另行约定。《总包合同》还约定,当事人可以协商变更合同内容,且签署在后的效力更高。本案《补充协议(三)》签订时间在2013年8月20日,该协议关于合同总价款约定是双方最后的约定,应当高于此前双方关于工程合同价款的全部约定。《补充协议(三)》及其附件明确约定:“合同总价调整为530,023,812.27

① 中冶焦耐(大连)工程技术有限公司、中冶焦耐工程技术有限公司与贵州华能焦化制气股份有限公司建设工程施工合同纠纷案,贵州省高级人民法院(2014)黔高民初字第16号民事判决书。

元。”该约定意思表示真实，不存在重大误解、显失公平的情形，应当认定为双方对合同价款的最终约定。参照最高人民法院《关于审理建设工程施工合同纠纷案件适用法律问题的解释》第16条、第22条规定精神，《补充协议（三）》应当视为双方已经完成结算的依据。需要说明的是，被告认为本案工程价款应当据实结算的说法不成立。第一，根据最高人民法院《关于审理建设工程施工合同纠纷案件适用法律问题的解释》第16条第1款“当事人对建设工程的计价标准或者计价方法有约定的，按照约定结算工程价款”之规定，对于本案工程计价标准，《补充协议（三）》有明确约定，即约定为530,023,812.27元。本案双方就应当遵守这个约定。第二，即使按照原告主张的据实结算的说法，这种据实结算通过《补充协议（三）》的约定也已经完成，双方就不必再另行据实结算。

关于被告以第三方审核才是本案工程结算依据为由拒付工程款是否成立的问题。法院认为，本案双方并未约定应当以第三方审核依据作为结算依据，被告以第三方审核依据作为结算依据为理由拒付工程款的抗辩不能成立。本案中，工程投资为企业自筹并非国家财政投资，并且当事人并未约定以第三方审核依据作为结算依据，同时对本案工程的计价标准或者计价方法，在《补充协议（三）》中已经明确有约定，已经完成结算。因此，本案结算依据应当采《补充协议（三）》的约定，不应当以第三方审核依据作为结算依据。

关于被告以本案工程存在质量问题为由拒付或减付工程款是否成立的问题。法院认为，本案工程存在质量问题没有事实依据，原告不承担质量责任，被告以该理由拒付或者减付工程款不能成立。第一，本案工程已经竣工验收合格，视为质量合格工程。第二，被告没有提供充分证据证明本案工程存在质量问题，原告依约或依法不承担质量保修责任。第三，本案双方在2013年8月20日的《补充协议（三）》及其附件中，对工程竣工验收过程中原告的质量责任问题已经全部予以解决，该解决的约定并不违法，被告不能再就此问题要求法院重复解决。

综上所述，本案工程竣工验收合格，本案工程价款有明确约定，被告没有拒付或者减付工程款的事实与法律依据，原告主张被告支付欠付工程款，法院应予支持。

4.（2019）浙民终220号①

关于塘渣价格，双方合同约定“本项目采用的是设计采购施工（EPC）总承包，

---

① 浙江省一建建设集团有限公司、清华大学建筑设计研究院有限公司建设工程施工合同纠纷案，浙江省高级人民法院（2019）浙民终220号民事判决书。

承包人以固定总价的方式进行承包，除根据合同约定的在工程实施过程中需进行增减的款项外，合同价格不作调整”，据此，塘渣的实际购入价格不影响工程造价，平阳旅投主张按塘渣实际购入价格计算工程造价，与合同约定不符，法院不予支持。省一建该项上诉请求成立，法院核增塘渣价格2,642,183元。

裁判规则四 工程总承包合同的一方当事人在进行结算时没有提出相关索赔主张或索赔保留声明，完成工程价款结算后又以对方之前存在违约行为提出索赔主张的，不予支持

【规则解析】

《建设项目工程总承包合同(示范文本)》第19.4条规定:“(1)承包人按第14.5款[竣工结算]约定接收竣工付款证书后，应被认为已无权再提出在合同工程接收证书颁发前所发生的任何索赔。(2)承包人按第14.7款[最终结清]提交的最终结清申请单中，只限于提出工程接收证书颁发后发生的索赔。提出索赔的期限均自接收最终结清证书时终止。”根据工程总承包合同的结算惯例，总承包人签收竣工付款证书后，视为总承包人已自愿接收签收竣工付款证书之前达成的竣工结算合意，其不能就签收竣工付款证书之前的索赔事件主张索赔权利；总承包人接收最终结清证书后，视为发承包双方已就合同履行过程中的权利义务的结算结果达成一致意见，总承包人不再享有索赔的权利。[①] 若总承包人超出结算合意另行提出索赔的，属于推翻原结算合意的行为，有违诚实信用原则，不利于当事人争议纠纷的解决及交易安全。

上述规定涉及的是工程价款结算的属性问题。结算是指发包人与工程总承包人就施工过程中产生的工程价款、变更调价款、补偿费用款、损害赔偿款、违约金、逾期付款利息、管理罚款、成果奖励款、惩罚滞纳金等发包人应付款项的汇总所达成的合意。结算天然具有“结清”“了结”“全面清理”的含义，[②]是发承包双方基于工程总承包合同履行过程中产生的所有价款争议进行“一揽子”“一锤子”处理的过程，其目的在于终结发承包双方就工程价款陷入没完没了、无休无止争议

---

① 朱树英、曹珊主编:《〈建设项目工程总承包合同(示范文本)〉(GF-2020-0216)适用指南》，法律出版社2021年版，第619页。

② 周利明:《解构与重塑——建设工程合同纠纷审判思维与方法》，法律出版社2019年版，第294页。

扯皮的长期状态,实现双方定分止争、节省精力的夙愿。从这个角度而言,结算具有一次性、终局性,除非有证据证明结算协议是当事人在受到欺诈、胁迫的情形下作出,否则不认可当事人反复结算反复推翻的效力。

结算协议作出后,发承包双方应当依诚实信用原则遵守并履行结算协议的权利义务内容,不得轻易反悔结算协议认定划分的利益,任何一方在结算协议中未主张的权利或提出的索赔均自动视为放弃。若发承包双方在结算协议中未主张相关索赔或明确作出保留索赔权利的声明,在结算协议生效后又超出结算协议涉及的内容主张索赔权利的,有违诚实信用原则,法院不予支持。

司法实践中,有不少法院支持该条裁判规则的核心要义。例如,北京市高级人民法院《关于审理建设工程施工合同纠纷案件若干疑难问题的解答》第 7 条第 1 款规定:"当事人在诉讼前已就工程价款的结算达成协议,一方要求重新结算的,如何处理？当事人在诉讼前已就工程价款的结算达成协议,一方在诉讼中要求重新结算的,不予支持,但结算协议被法院或仲裁机构认定为无效或撤销的除外。"再如,四川省高级人民法院《关于审理建设工程施工合同纠纷案件若干疑难问题的解答》第 22 条规定:"当事人诉前达成的结算协议如何处理？当事人在诉讼前已就工程价款的结算达成协议,一方在诉讼中要求重新结算的,不予支持,但结算协议被人民法院或仲裁机构认定为无效或撤销的除外。"

【裁判观点】

1.(2018)最高法民终 153 号①

平煤神马新疆分公司主张案涉工程存在增量,应当通过鉴定确定增量,从而调整合同价款。综合分析来看,其相关主张难以成立。

第一,平煤神马新疆分公司提交 2015 年 7 月度形象进度之后未再提交其他的形象进度表,其确认该时完成的工程量为 96.9%,即已大部分完工。而三个月前,2015 年 4 月 9 日,双方协商一致签订《补充协议》,对平煤神马新疆分公司合同内工程切除调整给中煤五建公司的工程价款 692.62 万元约定从固定总价中予以扣减。平煤神马新疆分公司在该时应当知道工程是否存在明显巨大增量,其并未对合同约定的工程固定总价提出异议,未主张增加价款,或主张额外支付切除工程的工程款,反而同意在总价中就切除的工程造价进行扣减。

---

① 平煤神马建工集团有限公司新疆分公司、大地工程开发(集团)有限公司天津分公司建设工程施工合同纠纷案,最高人民法院(2018)最高法民终 153 号民事判决书。

第二,平煤神马新疆分公司 2016 年 4 月 24 日提交的其自行计算的结算申请书载明工程合同合价为 109,150,334.8 元,若加上前述《补充协议》中切除调整给中煤五建公司的工程价款 692.62 万元,与《合同协议书》中约定的固定总价差额仅为 1,685,865.2 元,相差不大。该结算申请书是平煤神马新疆分公司提交的,应当视为对工程量的自认。该自认与其事后本案所主张的工程量变化以及合同价款相差巨大。

第三,平煤神马新疆分公司自行出具的结算申请书中,其对已施工工程量范围予以明确。一审法院以《合同协议书》载明的工程一览表即工程特征表及技术附件为依据,对结算申请书中载明的其已施工内容逐项归类、对比分析,并逐一作了说明,未发现本案存在超过合同约定的影响工程价款计算的新增工程量。

第四,增量工程通常应有变更签证,何况本案平煤神马新疆分公司主张的增量工程十分重大,但平煤神马新疆分公司未能提供签证文件证明。

综合以上事实,一审认定本案不存在超过合同约定的足以影响工程价款计算的工程增量并无不当。

2.(2017)最高法民终 612 号①

关于更换人员违约责任的问题。在本案工程施工、验收、结算过程中,机械六院对甘肃一建的项目经理、技术负责人和项目部五大员未提出过异议。现案涉工程已经验收合格,并已投入使用,有关人员更换并未给工程或是机械六院造成实际影响或者损失,故对机械六院所提更换人员违约金的上诉请求,法院不予支持。

3.(2015)黔高民终字第 152 号②

关于首黔公司的一审反诉请求能否得到支持的问题。

首黔公司一审中提出反诉,请求:(1)判决正业公司支付首黔公司该工程误期赔偿金 90 万元。(2)判决正业公司按约定履行向农民工支付所欠工资款 1494.1055 万元。首先,就第一项反诉请求,法院认为,首黔公司在对监理工作总结未作出相反处理意见,又签字盖章认可建筑(安装)工程预(结)算书监理审核金额的情况下,认为正业公司违反《煤焦料场总包合同》对于工期的约定,并承担相应违约责任无事实和法律依据,也有悖诚实信用原则,不予支持。其次,就第二项反诉请求,法院认为,该诉讼请求不属于本案建设工程施工合同所产生的权利义务,诉请

---

① 甘肃第一建设集团有限责任公司、机械工业第六设计研究院有限公司建设工程施工合同纠纷案,最高人民法院(2017)最高法民终 612 号民事判决书。

② 贵州正业工程技术投资有限公司与贵州首黔资源开发有限公司、贵州首钢产业投资有限公司等建设工程施工合同纠纷案,贵州省高级人民法院(2015)黔高民终字第 152 号民事判决书。

的权利享有者不明确,与本案无关联性,不予支持。综上所述,一审判决驳回首黔公司的反诉请求并无不当,法院予以维持。

裁判规则五 合同约定价格形式为固定总价,但工程发包时发包人未提供初步设计文件、《发包人要求》等项目必需的资料,或施工过程中物价波动超出总承包人合理预见范围,总承包人要求突破固定总价结算的,应予支持

【规则解析】

虽然工程总承包模式下总承包人应当就固定价格向发包人负责,不得轻易打破发包人的初步设计概算上限要求追加施工费用或赔偿增量损失。但是,出现以下情形,辐射的影响范围超出了总承包人的合理预见视域,导致按照原固定总价约定履行合同义务的公平基础被打破,有可能引发以伤害总承包人合法利益为代价致使发包人获取到不正当利益的不利后果时,为维护公平原则,应当允许总承包人突破固定总价进行结算。

一、发包人在开工前未提供《发包人要求》、项目基础资料,或提供的《发包人要求》、项目基础资料不完整、不充分、不及时、不准确,导致总承包人遭受费用增加及工期延误的损失

《建筑法》第40条规定:"建设单位应当向建筑施工企业提供与施工现场相关的地下管线资料,建筑施工企业应当采取措施加以保护。"

《工程总承包管理办法》第9条第1款规定:"建设单位应当根据招标项目的特点和需要编制工程总承包项目招标文件,主要包括以下内容:……(四)发包人要求,列明项目的目标、范围、设计和其他技术标准,包括对项目的内容、范围、规模、标准、功能、质量、安全、节约能源、生态环境保护、工期、验收等的明确要求;(五)建设单位提供的资料和条件,包括发包前完成的水文地质、工程地质、地形等勘察资料,以及可行性研究报告、方案设计文件或者初步设计文件……"

《建设项目工程总承包合同(示范文本)》第1.6.1项规定:"发包人应按照专用合同条件约定的期限、数量和形式向承包人免费提供前期工作相关资料、环境保护、气象水文、地质条件进行工程设计、现场施工等工程实施所需的文件。因发包人未按合同约定提供文件造成工期延误的,按照第8.7.1项[因发包人原因导

致工期延误]约定办理。"

《建设项目工程总承包合同(示范文本)》第2.3款规定:"发包人应按专用合同条件和《发包人要求》中的约定向承包人提供施工现场及工程实施所必需的毗邻区域内的供水、排水、供电、供气、供热、通信、广播电视等地上、地下管线和设施资料,气象和水文观测资料,地质勘察资料,相邻建筑物、构筑物和地下工程等有关基础资料,并根据第1.12款[《发包人要求》和基础资料中的错误]承担基础资料错误造成的责任。按照法律规定确需在开工后方能提供的基础资料,发包人应尽其努力及时地在相应工程实施前的合理期限内提供,合理期限应以不影响承包人的正常履约为限。因发包人原因未能在合理期限内提供相应基础资料的,由发包人承担由此增加的费用和延误的工期。"

《建设项目工程总承包合同(示范文本)》第1.12款第2段规定:"《发包人要求》或其提供的基础资料中的错误导致承包人增加费用和(或)工期延误的,发包人应承担由此增加的费用和(或)工期延误,并向承包人支付合理利润。"

根据上述规定,在工程总承包模式下,首先,发包人负有提供项目基础资料的义务,包括地质勘察资料、地下障碍资料、地上相邻资料及气象水文资料;其次,发包人亦负有提供《发包人要求》的义务,其应对工程总承包项目的建设规模、验收标准、产能指标、性能指标、环保要求的要素进行明确详尽的说明;最后,为了对"发包人要求"进行更详细明确的说明,在有必要的情况下,发包人还应当在完成方案设计文件或初步设计文件后才发包,即发包人负有提供初步设计文件的义务,以便于总承包人得以更清晰明了地知悉"发包人要求"并据此编制招标文件。发包人应当在开工前提供《发包人要求》、地质勘察资料、初步设计资料等项目必要资料,对项目必要资料的及时性、准确性、真实性、完整性及充分性负责。若发包人提供的《发包人要求》、地质勘察资料、初步设计资料等项目必要资料存在错误、遗漏、缺陷、不符等情形,导致总承包人遭受费用及误期损失的,发包人应予赔偿。

二、建筑材料的市场价格出现异常波动,上涨幅度超出了总承包人的合理预见范围

《工程总承包管理办法》第15条第2款规定:"建设单位承担的风险主要包括:(一)主要工程材料、设备、人工价格与招标时基期价相比,波动幅度超过合同约定幅度的部分……"

《建设项目工程总承包合同(示范文本)》第13.8.1项规定:"主要工程材料、

设备、人工价格与招标时基期价相比，波动幅度超过合同约定幅度的，双方按照合同约定的价格调整方式调整。”

实践中，发包人与总承包人会在工程总承包合同中约定人工费、材料费及机械器具使用费市场价格浮动的分界线，价格浮动界限内的风险由总承包人承担，价格浮动界限外的风险由发包人承担，该处理方式未超出总承包人的合理预见范围，且能有效倒逼总承包人制订高效的采购计划并寻求更质优价廉的供应链渠道，在不突破发包人投资预算的基础上实现利润的提升。在施工过程中，若价格波动的幅度超出发承包双方在合同中约定的风险分担界线，则逾越了总承包人可以合理预见的范畴，该超出界限之外的涨幅价格由发包人根据合同约定或双方另行达成的补充协议合理补偿总承包人。

三、发包人下达变更指令，变更所涉及的工程量变化超出《发包人要求》及总承包人投标报价的覆盖施工范围

《工程总承包管理办法》第 15 条第 2 款规定：“建设单位承担的风险主要包括：……（四）因建设单位原因产生的工程费用和工期的变化……”

《建设项目工程总承包合同（示范文本）》第 3.5.2 项规定：“承包人收到工程师作出的指示后应遵照执行。如果任何此类指示构成一项变更时，应按照第 13 条[变更与调整]的约定办理。”

《建设项目工程总承包合同（示范文本）》第 3.5.3 项规定：“由于工程师未能按合同约定发出指示、指示延误或指示错误而导致承包人费用增加和（或）工期延误的，发包人应承担由此增加的费用和（或）工期延误，并向承包人支付合理利润。”

《建设项目工程总承包合同（示范文本）》第 7.3 款规定：“承包人应按合同约定或发包人的指示，与发包人人员、发包人的其他承包人等人员就在现场或附近实施与工程有关的各项工作进行合作并提供适当条件，包括使用承包人设备、临时工程或进入现场……除专用合同条件另有约定外，如果承包人提供上述合作、条件或协调在考虑到《发包人要求》所列内容的情况下是不可预见的，则承包人有权就额外费用和合理利润从发包人处获得支付，且因此延误的工期应相应顺延。”

工程总承包合同中的固定总价是与招标阶段或直接发包阶段发包人提出的“发包人要求”所涵盖的建设规模、施工范围、验收标准、产出效率、功能要求等要素相契合适配的，即发包时的“发包人要求”是总承包人进行投标报价的前提基础，二者构成工程总承包合同中的基础对价，总承包人应当按照“发包人要求”所需求的义务范围进行施工，发包人应当按照与“发包人要求”相对应的固定总价向

总承包人支付工程款。

但是，在施工过程中，若发包人发出诸如调整设计图纸、工序路径、交付标准、验收条件、作业范围、设备选型、工艺技术等变更指令，所涉及的工程量变化超出“发包人要求”所覆盖的施工范围的，该变更指令非一个有经验的总承包人所能合理预期，直接打破了原固定总价的计价基础，此时若不允许当事人突破固定总价的桎梏追加施工费用或调整合同价格，将发生总承包人承受额外施工费用损失、发包人获得不正当利益的显失公平的后果。因此，若发包人发出总承包人在投标报价时难以合理预见的变更指令的，总承包人可以要求突破固定总价的约定结算工程价款。

综上所述，若出现上述情形，即使工程总承包合同约定的是固定总价，总承包人要求追加合同价格或额外使用费用的，亦应予支持。

在下述(2020)最高法民终115号案件中，首先，发包人在项目发包时未向总承包人提供方案设计文件或初步设计文件，仅提供一份简略的《总平面布置图》供总承包人参考，可说明发包人未尽提供必要项目资料的义务，导致总承包人无法准确预估风险并合理计算价格；其次，发包人在项目发包时提出的“发包人要求”并不明确也不具体，导致总承包人无法得知具体的施工范围及大致的工程量数据并据此投标报价，从而未体现出总承包人订立工程总承包合同的自由意思与充分意志；再次，鉴于案涉项目在发包时不存在初步设计文件，只能“边设计边施工”，实际发生的工程量随着施工图设计的深入逐渐超出总承包人在订立合同时可以合理预期的工作范围，这脱离了总承包人投标报价的基础，也导致按照原固定总价履行义务变得难以为继，而这也与发包人在发包阶段提出的建设要求不具体、不明确息息相关；最后，施工过程中材料价格出现了超出总承包人合理预见范围内的涨幅波动，属于不可预见的风险，在工程总承包模式下理应由发包人承担。据此，法院认定案涉合同的固定总价已丧失执行基础，且导致该后果的主要原因在于发包人，据此采信总承包人要求据实结算的理由，有充分的事实及法律依据。

【裁判观点】

(2020)最高法民终115号①

关于案涉《总承包合同》是否为固定总价合同；若不属于固定总价合同，一审法院采信鉴定意见确定工程价款是否正确的问题。

---

① 江西长荣建设集团有限公司、江西余干高新技术产业园区管理委员会建设工程施工合同纠纷案，最高人民法院(2020)最高法民终115号民事判决书。

案涉《总承包合同》第一部分合同协议书第 6 条约定合同价格为 36,768.26 万元,虽该合同无效,但其约定的合同价格在具有相应事实基础且公平合理的情况下可以参照结算工程价款。案涉《总承包合同》于 2017 年 11 月 10 日签订,约定竣工日期为 2017 年 12 月 31 日。对于长荣公司在《总承包合同》签订前已入场施工的事实,各方均不否认。案涉项目开始施工时仅有立项文件,无初步设计、无图纸,属于边施工边设计出图的模式,工程总价难以控制。一审法院委托江西中达造价咨询有限公司对长荣公司已完工程造价以及该项目的总工期进行了鉴定,结论是长荣公司已完工程造价为 35,040.624661 万元,案涉项目总工期为 671.9 天。

二审中,余干管委会认为长荣公司已完工程量约为总工程量的 58%。余干管委会主张案涉《总承包合同》为固定总价合同,即工程总价款为合同约定的 36,768.26万元,而如果依此固定工程价款,结合余干管委会主张的已完工程比例来计算长荣公司已完工程价款,将与鉴定结论确定的已完工程造价 35,040.624661 万元相差甚远。从合同对工期的约定来看,与鉴定结论亦有很大差距。基于此,一审判决认定如按照余干管委会主张的合同约定的工程总价结合其认可的长荣公司已完工程量占比来确定工程价款,双方权利义务将失衡,长荣公司、余干管委会对案涉工程实际施工成本高于合同价均具有过错,并无不当。

余干管委会在本案二审庭审中自认,其后续将长荣公司未施工部分的工程发包给案外人的合同总价约 24,000 万元,也能印证《总承包合同》第一部分合同协议书第 6 条约定合同价格与客观事实不相符。一审判决结合在案证据及本案实际情况,采信江西中达造价咨询有限公司出具的鉴定结论认定余干管委会应支付给长荣公司的工程价款,对案涉工程进行据实结算,并无不妥。余干管委会一审中申请对长荣公司已完工程量在其总工程量中所占比例进行鉴定,一审法院为此向相关鉴定机构进行咨询,鉴定机构认为上述比例值难以确定,故一审法院未启动此鉴定程序,不构成程序违法。

裁判规则六 总承包合同约定有设计费用,总承包人与设计单位签订的设计合同费用低于总承包合同设计费用标准,发包人主张扣减相应工程价款的,不予支持

【规则解析】

工程总承包模式作为“交钥匙”工程,实际上赋予总承包人在承担更广泛内容

合同义务前提下可能获得更高利润的可能，这也是工程总承包模式得到青睐的原因之一。由于工程总承包合同涵盖设计、采购、施工全流程，在工程总承包合同中以固定总价形式出现的工程价款，除合同特别约定外，是工程总承包人所有合同义务的对价。在实践中，工程总承包合同价款即便是固定总价，也可能存在两种约定方式：一种是明确区分费用所包含的设计费用和建安费用分别为多少；另一种则是仅规定固定价格，不做细部区分。在对工程总承包合同总承包人要求“双资质”的情况下，总承包人如同时具有设计、施工双重资质，合同单独约定设计费或者施工费用的情形并不具有特殊意义，与直接约定不区分两者的固定总价总额效果相同，通常不会产生发包人因总承包人实际支付设计单位费用较低而要求扣减工程价款的情形。但是，在总承包人是由设计单位和施工单位组成的联合体时或法律并未要求总承包人必须具备“双资质”而总承包人又不具有设计资质时，区分费用的规定才有探讨的意义。

对此，如果法律规定并未要求总承包人具有“双资质”，总承包人必须将设计工作交由设计单位完成时，总承包人与设计单位签订的设计合同是双方权利义务的依据，即便设计单位的选定实际系由发包方选定或指定，根据合同相对性原理，发包方也不能够依据总承包合同要求总承包人与设计单位之间的合同必须采用总承包合同中设计费用的数额约定。如果设计合同中约定的设计费用低于总承包合同约定的设计费用，该部分费用的差额应当视为总承包人合理的合同利润，发包人无权因此主张扣减总承包合同的工程总价款。当然，在《工程总承包管理办法》出台后，根据其第 10 条的规定，设计单位与施工单位组成联合体与发包人共同签订的总承包合同区分设计费用和施工费用的，属于当事人的意思自治，一般也不会出现实际支付设计费用低于合同中区分费用的情形。①

【裁判观点】

（2017）最高法民终 576 号②

关于设计费差额 44 万元是否应予扣除的问题。根据《总承包合同》约定，设计总费用为 140 万元。《总承包合同补充协议》第 1 条约定，宏润新能源公司已委托十一院进行全部设计内容；国电光伏公司作为 EPC 总承包方，另行与十一院签

① 即便存在这种情形，在发包人按约支付了工程价款的情况下，也属于联合体成员之间的争议。

② 青海宏润新能源投资有限公司、宏润建设集团股份有限公司建设工程施工合同纠纷案，最高人民法院（2017）最高法民终 576 号民事判决书。

订设计合同，合同签订后，国电光伏公司负责设计费用的支付。2013年9月21日，国电光伏公司与十一院签订《建设工程设计合同》，该合同第9条约定国电光伏公司总计应付设计费用为96万元。宏润新能源公司认为，虽然双方总合同约定设计费用为140万元，但该约定仅为暂定价，最终价格应据实结算，国电光伏公司最终仅支付96万元，故应以96万元确定决算价格，差额44万元不应予以支付，故应从工程款中扣除44万元。

法院认为，本案双方之间系固定总价合同，约定设计费用为140万元。后根据《总承包合同补充协议》约定，国电光伏公司与十一院签订设计合同，经协商双方约定设计费用为96万元，国电光伏公司已全额支付该款。《总承包合同》约定的设计费140万元与国电光伏公司实际向设计方支付的96万元的差额44万元，应属国电光伏公司的正常商业利润部分，宏润新能源公司主张扣减该款缺乏依据。再者，本案工程经竣工验收交付使用后，国电光伏公司制作《工程决算书》送达宏润新能源公司，在该决算书中载明：设计费140万元。2014年11月10日宏润新能源公司针对决算书中有异议的项目向国电光伏公司出具意见时，对于设计费140万元并无异议。由此可见，在合同的履行过程中，宏润新能源公司对设计费140万并无异议，现其要求扣减设计费差额44万元依据不足。综上，一审判决未支持宏润新能源公司关于扣减设计费差额44万元的主张，并无不妥，法院予以维持。

裁判规则七 发包人提供的项目基础资料存在迟延与错误的，应当承担相应的损害赔偿责任或其他不利后果

【规则解析】

《工程总承包管理办法》第9条第1款规定："建设单位应当根据招标项目的特点和需要编制工程总承包项目招标文件，主要包括以下内容：……（四）发包人要求，列明项目的目标、范围、设计和其他技术标准，包括对项目的内容、范围、规模、标准、功能、质量、安全、节约能源、生态环境保护、工期、验收等的明确要求；（五）建设单位提供的资料和条件，包括发包前完成的水文地质、工程地质、地形等勘察资料，以及可行性研究报告、方案设计文件或者初步设计文件……"

《建设项目工程总承包合同（示范文本）》第1.6.1项规定："发包人应按照专用合同条件约定的期限、数量和形式向承包人免费提供前期工作相关资料、环境

保护、气象水文、地质条件进行工程设计、现场施工等工程实施所需的文件。因发包人未按合同约定提供文件造成工期延误的,按照第 8.7.1 项[因发包人原因导致工期延误]约定办理。”

《建设项目工程总承包合同(示范文本)》第 2.3 款规定:“发包人应按专用合同条件和《发包人要求》中的约定向承包人提供施工现场及工程实施所必需的毗邻区域内的供水、排水、供电、供气、供热、通信、广播电视等地上、地下管线和设施资料,气象和水文观测资料,地质勘察资料,相邻建筑物、构筑物和地下工程等有关基础资料,并根据第 1.12 款[《发包人要求》和基础资料中的错误]承担基础资料错误造成的责任。按照法律规定确需在开工后方能提供的基础资料,发包人应尽其努力及时地在相应工程实施前的合理期限内提供,合理期限应以不影响承包人的正常履约为限。因发包人原因未能在合理期限内提供相应基础资料的,由发包人承担由此增加的费用和延误的工期。”

《建设项目工程总承包合同(示范文本)》第 1.12 款第 2 段规定:“《发包人要求》或其提供的基础资料中的错误导致承包人增加费用和(或)工期延误的,发包人应承担由此增加的费用和(或)工期延误,并向承包人支付合理利润。”

在工程总承包模式下,发包人负有提供以下文件的义务:(1)项目可行性研究报告。(2)项目建议书。(3)发包人要求,即对工程总承包项目的进度要求、建设规模、作业内容、验收标准、功能目的、产出指标、消耗指标、安全标准、环保标准等作出的说明。(4)设计文件,包括方案设计文件与初步设计文件,此为总承包人进行投标报价的明确依据之一。(5)项目基础资料,包括:①对地下溶洞、硬岩层、软土层、地下河、地形地貌等作出说明的地质勘察资料;②对采空区、地雷、地下隐蔽工程、地下管廊布线、文物墓葬等作出说明的地下障碍资料;③对可能发生的暴雨、暴雪、沙尘暴、洪水等作出说明的气象水文资料;④对相邻建筑物、构筑物、古树名木等作出说明的地上建筑资料等。发包人应当对其所提供的上述资料的及时性、有效性、可靠性、真实性、充分性以及完整性负责,若发包人提供的上述资料存在错误、遗漏、缺陷、不符等导致总承包人遭受额外的施工费用支出或建设工期延误的,发包人应当向总承包人增加支付工程款、顺延相应工期或支付停窝工损失费用。

值得注意的是，根据《建设项目工程总承包合同（示范文本）》第 4.7 款[①]的规定，总承包人对发包人提供的上述文件资料负有解释、推断及复核的义务，若总承包人未仔细研读上述文件、未亲自踏勘项目现场、未充分了解施工环境且未合理预估施工风险，导致其复核发包人的上述文件时存在解释失误或推断失实的，总承包人亦具有过错，其不得以发包人提供的上述资料文件存在错误遗漏为由要求发包人追加价款或顺延工期。

在下述（2019）最高法民终 969 号案件中，由于提供基础数据与技术资料的义务由发包人负担，故其不得以基础数据与技术资料未提供、提供不准确或提供不及时为由向承包人主张任何索赔权利。

【裁判观点】

（2019）最高法民终 969 号[②]

伊吾东方公司认为，新疆电力设计院未履行《技术咨询合同》项下的测风义务，而是在可行性报告中虚拟风速数据。

法院认为，双方未在《技术咨询合同》中明确案涉风电场的选址测风义务应当由谁负担，国家发改委会于 2005 年 5 月 9 日印发的发改办能源〔2005〕899 号文规定，风电场前期工作按照风能资源评价、风电场工程规划、预可行性研究、可行性研究四个阶段开展工作。国家能源局于 2011 年 8 月 25 日发布的《风电开发建设管理暂行办法》第 11 条规定：（风电）项目前期工作包括选址测风、风能资源评价、建设条件论证、项目开发申请、可行性研究和项目核准前的各项准备工作。根据上述规定，相关选址和测风的数据是在风能资源评价之前完成的，可行性研究阶段是根据之前的测风和风能资源评价情况等，对风能工程的土地、土建、环保、安全等多项内容进行综合评价和可行性研究，进而通过相关部门的审批核准。由于

---

① 《建设项目工程总承包合同（示范文本）》第 4.7 款规定："4.7.1　除专用合同条件另有约定外，承包人应对基于发包人提交的基础资料所做出的解释和推断负责，因基础资料存在错误、遗漏导致承包人解释或推断失实的，按照第 2.3 项［提供基础资料］的规定承担责任。承包人发现基础资料中存在明显错误或疏忽的，应及时书面通知发包人。4.7.2　承包人应对现场和工程实施条件进行查勘，并充分了解工程所在地的气象条件、交通条件、风俗习惯以及其他与完成合同工作有关的其他资料。承包人提交投标文件，视为承包人已对施工现场及周围环境进行了踏勘，并已充分了解评估施工现场及周围环境对工程可能产生的影响，自愿承担相应风险与责任。在全部合同工作中，视为承包人已充分估计了应承担的责任和风险，但属于 4.8 款［不可预见的困难］约定的情形除外。"

② 伊吾东方民生新能源有限公司、中国能源建设集团新疆电力设计院有限公司建设工程设计合同纠纷案，最高人民法院（2019）最高法民终 969 号民事判决书。

本案《技术咨询合同》所咨询的内容，属于发改办能源〔2005〕899号文规定的第四个阶段"可行性研究"的工作内容，不包括测风工作，故原审法院认定在该阶段并不包含选址测风义务，并无不当。

从本案《技术咨询合同》约定内容来看，合同明确约定由哈密东方公司负责提供该项目的技术资料，包括与该工程设计有关的书面基础资料、与本工程有关的前期各种报告和资料、设计需要的其他资料，并对提供的时间、进度和资料的可靠性、准确性负责。虽然该约定中并未对技术资料是否包含选址测风数据资料加以明确，但根据合同约定完成可研性报告的时间，可以推定测风数据是由哈密东方公司提供的。

双方签订的《技术咨询合同》的有效期为1年，根据国家关于测风标准的规定，企业开展测风要向县级以上政府主管部门提出申请，测风时间至少需1年以上。案涉合同约定新疆电力设计院应当在收到基础资料后45天内出具相应的可研性报告，按常理，在出具可研性报告时测风数据已经存在，应包含在哈密东方公司提供的基础资料中，伊吾东方公司主张新疆电力设计院虚构数据，未提供证据证明。

伊吾东方公司称，新疆电力设计院应当按照《风力发电场项目可行性研究报告编制规程》等规定进行测风，但根据前述规定，测风需要收集风场附近测站的长期测风数据，或者通过建设测风塔收集整理至少1年以上的风速、风向资料，但《技术咨询合同》中并无关于测风或建设测风塔及成本的相关约定，双方约定技术咨询的报酬仅60万元，伊吾东方公司主张《技术咨询合同》包含测风等工作与其支付的报酬不相当，其主张新疆电力设计院未尽测风义务，法院不予采信。

裁判规则八　总承包人对工程测量放线负有纠偏义务，发包人以总承包人测量放线有误为由主张索赔权利的，应予支持

【规则解析】

工程总承包模式的典型合同文本——FIDIC银皮书(2017年版)第4.7款"放线"规定："承包商应根据第2.5款[现场数据和参考项目]规定给相关工程进行放线。承包商应：在所有这些参考项目投入工程使用前，检查其准确性；纠正在工程的位置、标高、尺寸或定线中的任何差错；以及应负责对工程的所有部分正确定

位。”据此，在工程总承包模式下，总承包人负有测量放线的义务，并对测量放线、施工定位的真实性、准确性负责。

我国《建设项目工程总承包合同（示范文本）》第7.4款“测量放线”亦规定：“7.4.1　除专用合同条件另有约定外，承包人应根据国家测绘基准、测绘系统和工程测量技术规范，按基准点（线）以及合同工程精度要求，测设施工控制网，并在专用合同条件约定的期限内，将施工控制网资料报送工程师。7.4.2　承包人应负责管理施工控制网点。施工控制网点丢失或损坏的，承包人应及时修复。承包人应承担施工控制网点的管理与修复费用，并在工程竣工后将施工控制网点移交发包人。承包人负责对工程、单位/区段工程、施工部位放线，并对放线的准确性负责。7.4.3　承包人负责施工过程中的全部施工测量放线工作，并配置具有相应资质的人员、合格的仪器、设备和其他物品。承包人应矫正工程的位置、标高、尺寸或基准线中出现的任何差错，并对工程各部分的定位负责。施工过程中对施工现场内水准点等测量标志物的保护工作由承包人负责。”

据此，在我国的工程总承包模式下，总承包人亦有义务对施工部位、作业网点进行定位放线，并对上述活动的准确性负责。若总承包人测量放线出现失误与失实，导致重新放线、修复、返工的，总承包人不得以此为由要求发包人追加费用并顺延工期。

在下述（2020）最高法民申6035号案件中，虽然工程施工由发包人定位，但总承包人亦对发包人的定位错误存在提示、复核、匡正与纠偏的义务。总承包人未按约履行其对施工定位放线的匡正纠偏义务，导致建设项目未能按照约定位置施工，构成根本违约。总承包人应对由此产生的不利后果负责，发包人要求减少工程价款支付的，应予支持。

【裁判观点】

（2020）最高法民申6035号①

虽冀电公司向普阳公司出具的8.0MW低温饱和蒸汽余热发电工程可行性研究报告载明“在靠近一中板的位置建设电站一座”，但之后普阳公司与江峰公司签订的《技术协议》明确载明“将一中板、二中板、2×50t转炉、2×30t转炉蒸汽整合到一起，在靠近二中板的位置建设电站一座”。《8.0MW合同》亦约定施工范围及

① 河北普阳钢铁有限公司、北京江峰众成新技术有限公司建设工程施工合同纠纷再审审查与审判监督案，最高人民法院（2020）最高法民申6035号民事裁定书。

内容、技术要求见《技术协议》约定。因此《技术协议》约定的将 8.0MW 电厂建在二中板的位置为双方最终确定的意见。按照合同约定,8.0MW 电厂界区外的设计、施工由普阳公司负责,土建工程由普阳公司施工,包括气源点至汽轮机之间的管道施工部分;而设备的安装、调试由江峰公司、冀电公司负责。因此,普阳公司土建工程的施工位置决定了江峰公司、冀电公司电力设备的安装地点。案涉工程及设备经由建设单位、设计单位、监理单位参与验收、调试,于 2013 年 11 月 16 日办理了竣工资料交接,并已交付使用多年。从合同约定、工程实际施工情况来看,8.0MW 电厂未能按照合同约定位置施工的主要责任在普阳公司,江峰公司、冀电公司作为专业设计施工单位对管道过长所可能带来的不利影响负有向普阳公司进行提醒的义务。原审酌定江峰公司、冀电公司适当减少工程价款符合案涉工程实际情况。

裁判规则九 合同约定的变更调价情形已实际发生,总承包人据此要求变更工程价款的,应予支持

【规则解析】

工程总承包合同采用固定总价的计价模式,原则上不允许总承包人擅自突破合同约定的固定总价范围增加结算价格、追加施工费用等;但是,如若出现下列情形,根据意思自治原则与公平原则,允许总承包人据以调整合同价格。

一、合同约定的允许总承包人变更上调合同价格的情形发生,应予调整价格

《建设项目工程总承包合同(示范文本)》第 4.8 款第 2 段规定:"承包人遇到不可预见的困难时,应采取克服不可预见的困难的合理措施继续施工,并及时通知工程师并抄送发包人。通知应载明不可预见的困难的内容、承包人认为不可预见的理由以及承包人制定的处理方案。工程师应当及时发出指示,指示构成变更的,按第 13 条[变更与调整]约定执行……"

第 8.7.4 项第 2 段规定:"承包人应采取克服异常恶劣的气候条件的合理措施继续施工,并及时通知工程师。工程师应当及时发出指示,指示构成变更的,按第 13 条[变更与调整]约定办理。承包人因采取合理措施而延误的工期由发包人承担。"

第13.7.1项规定:“基准日期后,法律变化导致承包人在合同履行过程中所需要的费用发生除第13.8款[市场价格波动引起的调整]约定以外的增加时,由发包人承担由此增加的费用;减少时,应从合同价格中予以扣减。基准日期后,因法律变化造成工期延误时,工期应予以顺延。”

第13.8.1项规定:“主要工程材料、设备、人工价格与招标时基期价相比,波动幅度超过合同约定幅度的,双方按照合同约定的价格调整方式调整。”

第18.4款规定:“承包人应按照工程总承包模式所适用法律法规和专用合同条件约定投保相应保险并保持保险有效,其投保费用包含在合同价格中,但在合同执行过程中,新颁布适用的法律法规规定由承包人投保的强制保险,应根据本合同第13条[变更与调整]的约定增加合同价款。”

根据《工程总承包管理办法》第15条的规定,工程总承包合同下的发包人应承担的风险事项包括基于市场价格波动导致施工成本上升、基于法律法规变化导致施工费用增加、基于不可预见的不利施工障碍导致施工费用增加、基于发包人原因导致合同价格增加、基于不可抗力事件导致施工费用增加。上述风险配置原则考虑了风险与对价相匹配的原则,较为公平合理,有利于保障工程总承包合同的顺利履行,实现双方当事人都心满意足的履行效果。因此,发承包双方可以将发包人负责的上述风险事项吸纳进工程总承包合同条款中,成为发承包双方“意思自治”的范畴,当合同履行过程中出现上述风险事项的,总承包人当然可以根据自由意志下的风险事项约定要求发包人追加费用、调整价格或延展工期。

二、发包人与总承包人就某一事项变更调价达成合意,应予调整价格

《建设项目工程总承包合同(示范文本)》第8.8.1项规定:“发包人指示承包人提前竣工且被承包人接受的,应与承包人共同协商采取加快工程进度的措施和修订项目进度计划。发包人应承担承包人由此增加的费用,增加的费用按第13条[变更与调整]的约定执行;发包人不得以任何理由要求承包人超过合理限度压缩工期……”

第8.8.2项规定:“承包人提出提前竣工的建议且发包人接受的,应与发包人共同协商采取加快工程进度的措施和修订项目进度计划。发包人应承担承包人由此增加的费用,增加的费用按第13条[变更与调整]的约定执行,并向承包人支付专用合同条件约定的相应奖励金。”

第13.3.2项规定:“承包人收到工程师下达的变更指示后,认为不能执行,应在合理期限内提出不能执行该变更指示的理由。承包人认为可以执行变更的,应

当书面说明实施该变更指示需要采取的具体措施及对合同价格和工期的影响，且合同当事人应当按照第13.3.3项[变更估价]约定确定变更估价。”

根据《民法典》第543条的规定，当事人协商一致，可以变更合同，发承包双方当然可以就施工设计、进度计划、工序路径、工艺技术、设备选型达成变更合意并据此突破固定总价的约定结算工程价款。若发包人与总承包人针对施工范围变更、建设工期变更、质量标准变更、设备采购变更、设计图纸变更等形成变更调价合意的，发包人应当调整合同价格，向总承包人增加施工费用、补偿实际损失、延展建设工期等。通常情况下，可以从工程签证单、变更联系函、补充协议、会议纪要、工程量确认单、结算协议等书面材料中认定发承包双方就变更调价达成的合意。

三、发包人通过发出变更指令矫正发包人自身原因引发的错误，应予调整价格

《建设项目工程总承包合同（示范文本）》第1.12款第1段规定：“承包人应尽早认真阅读、复核《发包人要求》以及其提供的基础资料，发现错误的，应及时书面通知发包人补正。发包人作相应修改的，按照第13条[变更与调整]的约定处理。”

第5.2.3项第2段规定：“对于政府有关部门或第三方审查单位的审查意见，不需要修改《发包人要求》的，承包人需按该审查意见修改承包人的设计文件；需要修改《发包人要求》的，承包人应按第13.2款[承包人的合理化建议]的约定执行。上述情形还应适用第5.1款[承包人的设计义务]和第13条[变更与调整]的有关约定。”

工程总承包模式下《发包人要求》、地质勘察文件、项目基础资料、初步设计文件的提供出具义务由发包人负担，而上述文件是总承包人制作勘误校正报告、复核纠偏文件、承包人建议书、深度设计图纸并据此履行施工义务、采购指定设备的前提基础。若发包人出具的上述文件存在错误、遗漏、迟延、不符等问题，导致总承包人制作的施工依据亦存在错误，对实际施工与设备进场产生不利影响，并致使总承包人遭受施工成本增加或建设工期延误，鉴于该后果是可归责于发包人自身原因而导致的，发包人应当据此上调合同价格，方体现公平原则。

四、发包人发出的变更指令超出“发包人要求”所需的工程量范围，应予调整价格

《建设项目工程总承包合同（示范文本）》第3.5.2项规定：“承包人收到工程

师作出的指示后应遵照执行。如果任何此类指示构成一项变更时，应按照第 13 条[变更与调整]的约定办理。”

第 5.2.1 项规定：“……发包人的意见构成变更的，承包人应在 7 天内通知发包人按照第 13 条[变更与调整]中关于发包人指示变更的约定执行，双方对是否构成变更无法达成一致的，按照第 20 条[争议解决]的约定执行……”

第 6.2.1 项第 4 段第 1 句规定：“发包人需要对进场计划进行变更的，承包人不得拒绝，应根据第 13 条[变更与调整]的规定执行，并由发包人承担承包人由此增加的费用，以及引起的工期延误。”

第 8.9.5 项规定：“根据第 8.9.1 项[由发包人暂停工作]暂停工作持续超过 56 天的，承包人可向发包人发出要求复工的通知。如果发包人没有在收到书面通知后 28 天内准许已暂停工作的全部或部分继续工作，承包人有权根据第 13 条[变更与调整]的约定，要求以变更方式调减受暂停影响的部分工程……”

工程总承包合同的核心对价是建设工程的“发包人要求”以及紧密对应“发包人要求”的固定总价，合同约定的固定总价与“发包人要求”的功能目的与建设规模相适配是工程总承包合同得以顺遂履行的关键枢纽，任何人不应打破工程总承包项目发包时双方当事人设定好的对价均衡。若在施工过程中，发包人发出有关设计样图、进场计划、设备选型、工艺技术、工序路径、施工范围、暂停施工等变更指令，所涉及的工程量变化超过“发包人要求”所需的义务履行范畴，且超出总承包人在投标报价时的可预见范围的，则双方当事人在项目发包时设定好的对价均衡已被发包人的变更指令打破，按照原固定总价履行合同也丧失了客观基础，此时发包人应针对其变更指令所涉及的工程量变化向总承包人填补相对应的合同价格或追加相对应的施工费用，否则合同约定将丧失公平，合同履行则难以为继。

综上所述，工程总承包模式下允许变更调价的前提事由包括：其一，出现合同约定的调价情形；其二，发承包双方对变更调价达成合意；其三，发包人未按照约定履行资料提供义务导致总承包人履行设计、施工或采购义务出错；其四，发包人发出的变更指令超出总承包人为了实现“发包人要求”所能预见的合理预见范围。出现上述情形，总承包人有权依照工程总承包合同约定的变更调价程序要求发包人对增加的合同价格进行确认并予以支付。

【裁判观点】

(2018)最高法民终698号①

瑞溪公司主张双方签订的总承包合同对合同变更有明确约定,博特公司无权要求追加合同价款。对此,法院认为,原审业已查明,2009年9月博特技术公司与瑞溪公司签订的《工程总包合同》第10项对工程变更确有约定,但2009年11月瑞溪公司与博特技术公司签订的《补充合同(一)》对工程范围作了调整,2010年9月博特公司与瑞溪公司签订《补充合同(二)》又将生产线建设规模由1500T/d调整到1800T/d,故瑞溪公司认为博特公司无权要求追加合同价款与合同的实际履行情况不符,不能得到支持。

裁判规则十 技术咨询、前期勘察、初步设计通常是发包人在工程总承包建设项目发包前期负责的工作事项,合同约定由发包人承担相关费用的,发包人诉请由总承包人承担的,不予支持

【规则解析】

《工程总承包管理办法》第9条第1款规定:"建设单位应当根据招标项目的特点和需要编制工程总承包项目招标文件,主要包括以下内容:……(四)发包人要求,列明项目的目标、范围、设计和其他技术标准,包括对项目的内容、范围、规模、标准、功能、质量、安全、节约能源、生态环境保护、工期、验收等的明确要求;(五)建设单位提供的资料和条件,包括发包前完成的水文地质、工程地质、地形等勘察资料,以及可行性研究报告、方案设计文件或者初步设计文件……"

在工程总承包项目的招标阶段或发包阶段,发包人负有向总承包人交付提供可行性研究报告、项目建议书、地质勘察资料、项目基础资料、方案设计文件、初步设计文件等文件,该资料义务难以转嫁给总承包人,理由在于,上述资料文件是总承包人充分知悉发包人要求的施工范围、工程规模、功能目的、验收标准等建设要素并据此投标报价的核心基础,也是总承包人据以编制勘误资料、复核资料、承包人建议书、施工图设计并以"发包人要求"为中心要旨按约完成施工义务的重要前提,若缺乏发包人提供的地质勘察资料、发包人要求文件、初步设计文件等书面材

① 北京东方博特科技发展有限公司、贵州瑞溪水泥发展有限公司建设工程合同纠纷案,最高人民法院(2018)最高法民终698号民事判决书。

料，总承包人深入设计与按约施工的行为就会变成无根之木、无源之水，届时总承包人的合同履行将难以为继，发包人的合同目的也难以实现。

据此，出具前期勘察文件、初步设计文件、《发包人要求》、项目基础资料等资料文件是发包人在工程总承包合同下的核心附随义务，是发包人应当负责的事项，在总承包人未对承担基于制作上述文件资料所产生的费用作出明确承诺的情况下，发包人要求总承包人支付基于出具上述资料所支出费用的，不予支持。

【裁判观点】

（2019）最高法民终 759 号①

二审法院查明事实：合同附件六“项目文件及资料清单”所附清单第 23 项“接入电网意见”材料，明确由发包方负责。其中，注 4 条载明：“需发包方缴纳的行政规费及与第三方签订合同执行的合同价款由发包方承担，其他费用由承包方承担。”注 7 条载明：“附件六备注的‘发包方确定的方案编制单位编制并报审’，由发包方与总承包单位共同确认第三方设计单位/方案编制单位，并签订合同，相关费用包含在合同总款项中。”

关于金凯公司一审反诉主张的实际损失、垫付款及违约金能否成立的问题。法院认为，金凯公司因光伏板型号规格不符合招标文件要求而主张实际损失 2,500,000元，系其自行进行的估算，未提供相关证据予以证明，故对该主张法院不予认可。根据《EPC 总承包合同》附件六注 4 条和注 7 条约定的内容，金凯公司与第三方签订合同执行的合同价款由金凯公司自行承担；备注的“发包方确定的方案编制单位编制并报审”类合同文件，需由金凯公司与正泰公司共同确认第三方设计编制单位并签订合同，相关费用才能够包含在合同总价款之中。金凯公司举示的《技术咨询合同书》《建设工程勘察设计合同》《地质灾害性评估合同》是其单方与第三方设计编制单位签订，且其没有举证证明第三方设计编制单位的确定与前述合同的签订经与正泰公司共同确认，故金凯公司主张因前述合同产生的垫付款 940,000 元应由其自行承担。此外，金凯公司未举证证明因正泰公司原因致使并网发电日期延误，其要求正泰公司承担违约责任的主张亦不能成立。

---

① 西藏金凯新能源股份有限公司、正泰国际工程有限公司建设工程施工合同纠纷案，最高人民法院（2019）最高法民终 759 号民事判决书。

裁判规则十一 总承包人要求调增合同价或增加费用，但不能证明实际工程量超出合同约定施工范围，且不能证明合同约定价低于成本价的，不予支持

【规则解析】

一、在总承包人实际施工完成的工程量超出合同约定范围工程量的情形下，总承包人要求上调价格或追加费用的，应予支持

《建设项目工程总承包合同(示范文本)》第13.3.2项规定："承包人收到工程师下达的变更指示后，认为不能执行，应在合理期限内提出不能执行该变更指示的理由。承包人认为可以执行变更的，应当书面说明实施该变更指示需要采取的具体措施及对合同价格和工期的影响，且合同当事人应当按照第13.3.3项[变更估价]约定确定变更估价。"

招标文件载明的、发包人要求投标人负责的施工范围是总承包人据以制作投标文件并提报投标价格的前提基础，发包人要求的施工范围与总承包人响应的固定总价相互匹配、相互制约，构成工程总承包合同的核心对价义务。若在工程总承包合同的履行过程中，发包人下达变更指令，所涉及的工程量变化超出订约时发包人要求的、合同约定的施工范围，且该设计变更的作出不是基于以下两个原因而作出的：(1)总承包人完成的施工图设计有遗漏、错误而被发包人要求修正；(2)发包人提供的招标文件及《发包人要求》存在缺漏，且属于一个理性承包人凭借其承包经验、施工技术及管理能力可以察觉并修正的缺漏。则发包人要求的设计变更已超出一个有经验的总承包人在订约时针对风险事项进行预判的合理预见范围，打破了总承包人在订约时据以投标报价的客观基础，按照原固定总价结算对总承包人显失公平，据此，总承包人要求上调合同价格或追加施工费用的，应予支持。

二、总承包人不能提供证据证明实际工程量超出约定的施工范围，亦不能提供证据证明合同价格低于成本价，其要求上调价格或追加费用的，不予支持

最高人民法院《关于适用〈中华人民共和国民事诉讼法〉的解释》(2020年修正)第90条规定："当事人对自己提出的诉讼请求所依据的事实或者反驳对方诉

讼请求所依据的事实,应当提供证据加以证明,但法律另有规定的除外。在作出判决前,当事人未能提供证据或者证据不足以证明其事实主张的,由负有举证证明责任的当事人承担不利的后果。”

当事人提出实际完成的工程量超出发包人要求的、合同约定的施工范围,或合同约定的固定总价低于工程建设成本价的主张,并据以要求调整合同价格并追加施工费用的,应当提供相应证据证明实际完工量大于约定完工量或合同约定的价格不足以覆盖为完成工程建设所需的最低成本支出,否则,应承担举证不能的不利后果,即总承包人要求上调价格或增加费用的,不予支持。

【裁判观点】

(2018)最高法民申 4527 号①

关于本案工程设计变更造价如何认定的问题。一审法院依苏兴公司申请,委托鉴定机构对涉案工程是否存在设计变更及设计变更相应的造价按照《湖北省建设工程施工合同》和《薇湖水岸三期工程总承包合同》分别作出了两种结论。《薇湖水岸三期工程总承包合同》是双方实际履行的合同,应当作为双方结算工程款的依据。本案设计变更相应的造价亦应依据《薇湖水岸三期工程总承包合同》作出的鉴定结论并结合相关事实进行认定。针对鉴定机构按照《薇湖水岸三期工程总承包合同》作出的结论 2,原审判决对其中 A、B、C、D 项均予以了采信,对其中 E 项未予以采信。对于 E 项,《薇湖水岸三期工程总承包合同》明确约定了烟道、气道属于包干范围。苏兴公司提供的《代为还款协议》及付款凭证无法证实通风排烟工程属于苏兴公司合同外施工内容,预算书及其与金宏源公司签订的《通风排烟协议》亦无法证实。国新公司一审庭审中陈述“对苏兴公司证据 13 的真实性不予认可,苏兴公司并未提供与该施工有关的施工合同,同时,烟道气道合同包含在黑合同中……所以通风排烟工程不应纳入签证变更另外计算费用”,该陈述明显与苏兴公司申请再审关于国新公司自认工程不属于苏兴公司包干范围的主张不符。苏兴公司申请再审称原审判决故意回避了关于变更签证存在价差的问题及鉴定结论关于 E 项争议部分应认定为签证变更范围之内的理由不能成立。

---

① 江苏苏兴建设工程有限公司、湖北国新置业有限公司建设工程施工合同纠纷再审审查与审判监督案,最高人民法院(2018)最高法民申 4527 号民事裁定书。

裁判规则十二 符合工程总承包合同约定的计价模式、经发承包双方确认的价款文件可以作为结算依据，发包人单方制作的价款文件不能作为结算依据

【规则解析】

最高人民法院《关于民事诉讼证据的若干规定》（法释〔2001〕33 号，已被修订）第 73 条规定："双方当事人对同一事实分别举出相反的证据，但都没有足够的依据否定对方证据的，人民法院应当结合案件情况，判断一方提供证据的证明力是否明显大于另一方提供证据的证明力，并对证明力较大的证据予以确认。因证据的证明力无法判断导致争议事实难以认定的，人民法院应当依据举证责任分配的规则作出裁判。"该条款是关于"优势证据"证明力大小的说明，后由于最高人民法院认为证明力大小只能由法官根据具体情况综合判断，不应僵化适用，因此将该机械判定证据证明力的条文在最高人民法院《关于民事诉讼证据的若干规定》的修订过程中作了删除。① 虽然被删除，但是该条文内容对于理解本裁判规则起到辅助作用，故放置该条文进行解释说明。

"优势证据"规则，是指就同一事实，相互对抗的诉讼当事人分别提交相反的证据的，法院应结合案件事实，运用自由心证，综合判断哪一方提交的证据对待证事实的证明力更强，并对该份证据予以认定、对另一份相反证据予以摒弃从而作出裁判的过程。在我国审判实践中，证据运用制度已将某些"优势证据"通过一般法律条文规定确定下来，比如原始证据的证明力大于传来证据，经过公正的文书的证明力大于一般文书等。

在下述（2018）甘民终 481 号案件中，为证明工程价款这一事实，发包人提交了关于敦煌市光电产业园 3#110KV 升压站项目竣工结算的审核说明，总承包人提交了工程进度产值报审表，而两份文件对于工程价款的结论均不一致。发包人提交的关于敦煌市光电产业园 3#110KV 升压站项目竣工结算的审核说明系由发包人自主编制，未经总承包人的签章认可；而总承包人提交的工程进度产值报审表经由发包人、生产单位、设计单位、调试单位共同确认，且所得工程价款结论符合《工程总承包合同》约定的计价模式。据此，工程进度产值报审表有较强的证明力，依法可以作为认定案涉工程价款的依据；发包人主张案涉工程价款存在扣减，

---

① 潘华明编著：《民事诉讼证据规定 108 讲》，法律出版社 2020 年版，第 362 页。

但其提交的证明其主张的关于敦煌市光电产业园3#110KV升压站项目竣工结算的审核说明证明力较弱，不能对抗总承包人提交的工程进度产值报审表，故法院依法不予支持。

【裁判观点】

1.（2018）甘民终481号①

关于案涉工程款数额如何认定的问题。敦煌清洁能源公司与安徽电力二建公司签订《工程建设EPC总承包合同》第3条约定："签约合同价：人民币（大写）叁仟肆佰柒拾捌万伍仟零柒拾陆元整（￥34,785,076元）。其中工程勘察设计费￥1,300,000元，设备及备品备件费￥21,657,000元，施工费用￥11,828,076元。"专用条款第17.1条第1项约定："本工程采用固定总价合同承包，合同中规定应由承包人承担的为完成本合同工程的所有费用及维护期间的一切费用都已包含在签约合同中，且该签约合同价包括承包商为履行本合同规定的全部责任和义务而承担的风险费、保函费用、不可预见费等全部费用。除非合同中另有约定，该签约合同价在合同执行期间不会因物价变动、通货膨胀及政策性调整等因素的影响而作任何调整。固定总价为￥34,785,076元，其中工程勘察设计费￥1,300,000元，设备及备品备件费￥21,657,000元，施工费用￥11,828,076元。"合同专用条款第15.1条第1项约定："本工程采用固定总价承包，除第15.3.2项专用条款约定的调整条件外，结算时合同价格不做任何调整。"故案涉合同为固定价合同，一审法院认定并无不当。

关于敦煌清洁能源公司主张的扣减款项理由是否成立的问题。敦煌清洁能源公司认为，安徽电力二建公司未按中标文件及合同确定的范围与规定的规模标准进行设备的购置与安装，未按敦煌清洁能源公司批准的施工图组织施工，对部分施工内容擅自变更，偷工减料，未按投标文件与费用清单购置安装相应设备，对该部分款项应进行扣减，并提供酒泉市鸿瑞工程造价事务所有限责任公司关于敦煌市光电产业园3#110KV升压站项目竣工结算的审核说明进行证明。法院认为，关于敦煌市光电产业园3#110KV升压站项目竣工结算的审核说明系敦煌清洁能源公司单方委托形成的，且安徽电力二建公司并不认可。安徽电力二建公司提供的敦煌光电产业园3#110KV升压站移交生产交接书载明没有遗留和整改项

① 敦煌市清洁能源开发有限责任公司与中国能源建设集团安徽电力建设第二工程有限公司建设工程施工合同纠纷案，甘肃省高级人民法院（2018）甘民终481号民事判决书。

目,且经建设单位、生产单位、主体设计单位、主体施工单位、主体调试单位盖章确认。安徽电力二建公司提供的工程进度产值报审表载明工程量所对应的工程价款,总额为合同约定的工程总造价,且经敦煌清洁能源公司、安徽电力二建公司监理单位签字确认,证明安徽电力二建公司完成了案涉工程全部工程。敦煌清洁能源公司主张扣减款项,但未提交相应证据,故其理由不能成立,法院不予支持。

2.(2011)粤高法民一终字第1号①

关于是否存在合同内欠付工程款及其数额的问题。双方当事人均确认已付款为57,319,000元,其中包括《和解协议》约定的在《和解协议》签订前已完成土建工程款29,000,000元、因福建鑫源公司工作范围调整而由三星工程公司在土建工程造价之外追加支付的9,759,000元以及2005年1月至4月工程进度款18,560,000元。由于《和解协议》约定每完成一个相关进度后方支付该期工程进度款,而至福建土木公司撤场时工程尚未完工,因此,合同内欠付工程进度款应等于合同约定第五期(最后一期)应付工程进度款减去未完工程款。为证明涉案工程的进度情况,福建土木公司向原审法院提供了其自行编制的GEP扩建项目未完成工程价款及未完部分预期利润计算,依据是白云评字〔2006〕第F125号、安会所评报字〔2006〕第F042号广州市南沙区人民法院委托项目评估报告书及美通公司委托广东华联造价工程师事务所有限公司出具的美国通用电器塑料中国有限公司南沙GEP扩建工程造价评估鉴定报告;三星工程公司向原审法院提供了沙伯公司委托中国轻工业上海工程咨询有限公司制作的费用评估报告。鉴于白云评字〔2006〕第F125号、安会所评报字〔2006〕第F042号广州市南沙区人民法院委托项目评估报告书系广州市南沙区人民法院就涉案工程所涉及已完成的在建工程的完工比例等委托鉴定机构鉴定而形成的最终评估报告,在三星工程公司没有充足证据推翻上述评估报告的情况下,依照优势证据原则,福建土木公司根据法院委托的评估报告结论计算的合同内未完工程价款的证明力大于三星工程公司提供的单方委托制作的费用评估报告结论。因此,原审法院认定三星工程公司欠付福建土木公司的工程款为1,139,621.3元(《和解协议》约定第五期工程进度款4,640,000元减去未完工程价款3,500,378.7元)于法有据,法院予以维持。

---

① 福建省土木建设实业有限公司、福建省土木建设实业有限公司深圳分公司、SAMSUNG ENGINEERING CO.与沙伯基础创新塑料(中国)有限公司建设工程施工合同纠纷上诉案,广东省高级人民法院(2011)粤高法民一终字第1号民事判决书。

裁判规则十三　在固定总价模式的工程总承包合同中，发包人以存在未实际发生的项目为由主张扣减工程款，但合同对未发生项目的如何单独计费没有约定的，可以以双方当事人在施工过程中达成的扣减合意作为扣减依据

【规则解析】

工程总承包施工组织模式要求总承包人将建设项目的图纸设计业务、建设施工作业与设备采购工作一并承接，向外拓宽总承包人的工作范围，向前延伸总承包人介入建设项目的时间，减轻发包人项目管理责任与质量安全把控风险，因此工程总承包模式下的总承包人可以获得更高的建设费用作为对价。但是，正因为设计事务与施工作业一并由总承包人负责，为了防止总承包人以设计变更进而不断增加建设成本为手段抬高工程造价，并据以要求发包人对总承包人通过提高工程造价的方式增加利润空间的后果负责，造成对发包人极不公平的后果，工程总承包模式往往要求当事人采用固定总价的计价模式，在约定的固定价格内紧紧压制总承包人通过设计变更的手段增加利润空间的动机，鞭策总承包人通过采用先进工艺、提高管理水平、寻找更优供应商、锻炼更强的配合能力来压缩建设成本、提高利润空间，因此，工程总承包合同应当优先采用固定总价的计价模式。

实务中，在工程总承包合同约定固定总价计价模式的前提下，当事人仅对整体的工程建设费用存在一个固定总价的约定，但是对于单个项目如何取费计价往往欠缺约定，若该单个项目没有实际发生，对于该单个项目的费用如何扣除，发承包双方往往无所适从。究其原因，主要是合同约定应完成建设项目的某个单项项目，未约定该单项项目的计价，但实际上该单项项目并未发生，在性质上属于重大设计变更，根据《最高人民法院建设工程司法解释一》第 19 条第 2 款的规定，“因设计变更导致建设工程的工程量或者质量标准发生变化，当事人对该部分工程价款不能协商一致的，可以参照签订建设工程施工合同时当地建设行政主管部门发布的计价方法或者计价标准结算工程价款”，应当以建设行政主管部门发布的计价方法或者计价标准作为该单项项目的计价依据，而建设行政主管部门发布的计价方法或者计价标准往往是造价管理部门发布的工程定额。由于工程定额仅体现社会一般建设标准，迭代更新具有滞后性，对于一些采用新工艺或者安装新设备的项目，定额往往没有相应取费标准作为指导依据，这导致发承包双方对于未

事先约定计价且实际上未发生的单个项目的计价与扣除标准无法达成一致意见。下述案件提供了一个解决思路,即在约定固定总价的工程总承包合同中,建设项目中的其中一个单项项目未实际发生,且合同未约定该单个项目如何取费的情况下,可以以发承包双方在建设过程中对该单个项目的扣减合意作为依据,将相应未发生的费用从固定总价中扣除出来。

【裁判观点】

(2017)苏民申 1376 号①

法院经审查认为,众泰公司与江南环保公司签订固定总价合同,由江南环保公司以 EPC 总承包方式承建众泰公司的机组烟气脱硫工程,施工过程中,经双方协商对施工方案进行调整,取消两台增压风机及相应工程,故江南环保公司应按合同约定的相应价款返还增压风机项目工程款。由于该合同系固定总价合同,无合同价款组成明细,无法直接明确合同价款中对应的增压风机价款。江南环保公司二审中虽提供山东众泰发电有限公司 2 × 150MW 机组烟气脱硫工程总承包澄清文件及二次报价,证明增压风机价格为 125 万元/台,但该证据系江南环保公司制作,并无众泰公司签字盖章,江南环保公司也未能提供证据证明其将该文件送达给众泰公司,故该证据的真实性无法确认,亦无法作为定案依据采信。从江南环保公司提供的 2008 年 1 月 8 日双方往来函件看,先由众泰公司提出按 250 万元扣除两台增压风机款,江南环保公司回函予以确认,表明双方在合同履行过程中已协商一致扣除两台增压风机款为 250 万元。二审法院据此认定双方就增压风机扣减款项达成一致意见,并无不当。

众泰公司以双方于 2012 年 9 月 14 日签订的《补充协议书》主张双方就增压风机扣款一事达成新的合意,双方已同意不再按 250 万元予以扣减,而是寻找证据重新确定。对此,法院认为,从《补充协议书》签订背景来看,在工程款案件调解过程中,双方对于还款计划书中结算的工程款有无扣减增压风机款产生争议,众泰公司提出按往来函扣减 250 万元,江南环保公司为促成调解,同意在结算款基础上减让 125 万元。后双方未能协商成功,但均同意搁置争议,就增压风机扣款一事另行签订《补充协议书》。从该协议书约定的内容来看,首先就双方往来函件同意就增压风机减项的事实予以确认。对于减项数额,双方同意“继续寻找证据、

---

① 华能泰安众泰发电有限公司与江苏新世纪江南环保股份有限公司建设工程施工合同纠纷申诉、申请案,江苏省高级人民法院(2017)苏民申 1376 号民事裁定书。

进一步调研、论证另行确定”。结合工程款案件的调解过程，双方并未对增压风机的250万元价格提出异议。《补充协议书》系调解当日签订，该协议内容也未明确反映出双方同意以增压风机的市场询价进行扣款。考虑到涉案工程系EPC固定总价合同，江南环保公司是以总价报价，在《补充协议书》签订之后，众泰公司并未能提供证据证明增压风机项目在合同总价中对应的款项，二审法院按双方往来函确认的250万元扣减，有事实依据。众泰公司主张按照鉴定的市场价格扣除增压风机款项，二审法院未予支持，并无不当。

裁判规则十四　工程总承包合同约定以完成工程款审计作为结算款支付的前提，但建设项目竣工验收合格后发包人不启动工程款审计，又以工程款未审计为由拒绝支付工程款的，不予支持

【规则解析】

一、付款行为可以附条件，当事人约定特定条件成就后债权人才得以要求债务人履行付款义务的，约定有效

《民法典》第158条规定：“民事法律行为可以附条件，但是根据其性质不得附条件的除外。附生效条件的民事法律行为，自条件成就时生效。附解除条件的民事法律行为，自条件成就时失效。”

根据《民法典》的规定，当事人可以在合同约定某个合同义务的履行以满足一定条件作为前提。该约定为有效约定，当约定的条件满足时，享有请求权的一方才可以要求另一方履行义务；若约定的条件未满足，则履行义务的一方享有履行抗辩权，可以以履行条件未成就为由拒绝履行债务。

二、约定付款附条件后，债务人不正当阻止付款条件成就的，视为付款条件已成就

《民法典》第159条规定：“附条件的民事法律行为，当事人为自己的利益不正当地阻止条件成就的，视为条件已经成就；不正当地促成条件成就的，视为条件不成就。”

根据上述规定，当事人约定以满足一定条件作为履行付款义务的前提，条件未满足的，债务人可以拒绝履行付款义务。但是，若条件未满足的原因在于债务

人恶意阻止付款条件成就的，为了维护公平原则，苛责债务人违背信守承诺的不诚实行为，即使条件未满足，也发生付款条件已成就、债务人应当付款的拟制后果。

三、工程总承包合同约定发包人支付工程结算款的前提是发包人已完成工程款结算审计，约定有效；但工程竣工验收合格后发包人迟迟不实施审计行为，属于不正当阻止条件成就，应视为工程结算款支付条件已成就

据此，发承包双方在工程总承包合同中约定以发包人完成结算款审计活动作为发包人支付工程结算款的必要前提，根据合同约定，只有结算款审计活动完成后，总承包人才得以要求发包人支付工程结算款。若工程竣工验收合格后的较长一段时间过后，发包人仍未启动结算款审计程序，又以结算款未经审计为由拒绝支付结算款的，属于不正当阻止付款条件成就，根据《民法典》的规定，即使工程结算款审计活动尚未完成，也应发生工程结算款支付条件成就的拟制后果，发包人不积极启动结算款审计程序又以审计未完成为由拒付工程结算款的，不予支持。

下述(2015)黔高民终字第152号案件中，虽然合同约定"经结算审计完成后90天内，预留质保金5%后一次付清余款"，且发包人确实未开启结算审计活动，发包人以结算审计未完成为由拒付工程款，法院不予支持，理由在于：(1)双方当事人未明确"审计"是自主审计、第三方审计还是行政审计，发包人以案涉工程款未经第三方审计为由主张工程款支付条件未成就，没有事实与法律依据；(2)虽然支付结算款的前提是发包人完成结算款审计，但是启动审计程序是发包人的义务，发包人不积极启动结算款审计程序又以工程价款未经审计、付款条件未成就为由拒付结算款，属于不正当阻止付款条件成就，应视为付款条件已成就；(3)案涉工程竣工验收合格已逾2年，在发包人已享受工程总承包建设项目实体权益的情况下，为兼顾总承包人的合法工程款利益，应当淡化付款附条件约定的意思自治效果，直接发生付款条件已成就的拟制效果，要求发包人向总承包人付款，方体现公平原则。

【裁判观点】

(2015)黔高民终字第152号①

关于本案工程余款的支付条件是否已成就的问题，法院认为，本案工程余款

---

① 贵州正业工程技术投资有限公司与贵州首黔资源开发有限公司、贵州首钢产业投资有限公司等建设工程施工合同纠纷案，贵州省高级人民法院(2015)黔高民终字第152号民事判决书。

的支付条件已成就。

第一,根据《煤焦料场总包合同》专用条件第 13.3.3 条关于付款的规定,“工程进度款最高付至工程款的 80%;在竣工验收合格后次月内退还履约保证金;经结算审计完成后 90 天内,预留质保金 5% 后一次付清余款”,本案工程余款的支付期限是结算审计后 90 天内。

第二,根据《煤焦料场总包合同》专用条件第 13.6 条“竣工结算”关于首黔公司在收到监理工程师提出的审核意见后 60 天内对竣工结算证书予以确认的约定,首黔公司确认了承包人正业公司提交并经宝钢监理审核的竣工结算证书后,本案工程即完成竣工结算,首黔公司确认的竣工结算证书,即 2013 年 11 月 15 日由首黔公司签字盖章审核的建筑(安装)工程预(结)算书应作为工程款结算依据。虽然合同约定支付时间为结算审计后 90 天内,一方面,该审计应由首黔公司自行进行审计还是提交第三方进行审计约定不明;另一方面,即使需提交第三方进行审计,因提交审计的主要义务人在于首黔公司,但本案中首黔公司直至一审起诉时都未提交审计,明显超出一般可以提交审计的合理期限,且在一审庭审中又多次表示不对工程造价予以审计,其行为一方面系不积极促成关于付款时间的条件成就,另一方面亦可以视为首黔公司自愿放弃期限利益,故从保护债权人利益出发,首黔公司应根据上述结算书的结算结果在结算完成后 90 天内支付剩余工程款。

第三,首黔公司提出的本案工程至今未结算审计,工程余款支付条件未成就的主张缺乏法律依据和事实依据,法院不予支持。首先,根据《煤焦料场总包合同》相关条款的约定,是将审计结算作为建设单位付款的前置程序,并未约定将审计结论作为双方的结算依据,因此,在首黔公司与正业公司于《煤焦料场总包合同》专用条件第 13.6 条中明确约定竣工结算方式的情况下,双方结算应以合同为基础。其次,首黔公司认为,根据《建筑工程施工发包与承包计价管理办法》第 18 条第 1 款“工程完工后,应当按照下列规定进行竣工结算:……(二)国有资金投资建筑工程的发包方,应当委托具有相应资质的工程造价咨询企业对竣工结算文件进行审核,并在收到竣工结算文件后的约定期限内向承包方提出由工程造价咨询企业出具的竣工结算文件审核意见;逾期未答复的,按照合同约定处理,合同没有约定的,竣工结算文件视为已被认可”之规定,本案所涉工程应根据上述规定经结算审计后首黔公司才予支付剩余工程款。法院认为,按照上述规定,应当由发包方即首黔公司委托有资质的工程造价咨询企业对正业公司提交的结算文件进行审核,而本案工程竣工验收已两年有余,首黔公司未提供其委托相关机构对结算文件进行审核的证据,如委托的哪家机构、何时委托等相应证据。同时,根据上述规定,首黔公司应在收到竣工结算文件后的约定期限内向正业公司提出由工程造价咨询企业出具的竣工结算文件审核意见。根据《煤焦料场总包合同》第13.6条第3项的规定,首黔公司应在收到监理工程师提出的审核意见后60天内予以确认,也就是说,首黔公司应在60天内委托有资质的机构对结算文件进行审核并且对审核结果作出确认,但无证据证明首黔公司在上述约定期限内履行了约定的义务,故按照上述规定,竣工结算文件即视为已被首黔公司认可。综上所述,对首黔公司关于本案工程需经审计后方能结算的意见,法院不予采纳。

第四,首黔公司认为建筑(安装)工程预(结)算书仅有初审单位对工程量签署意见且并未确认工程价款,该结算书还需首黔公司投资部在复审单位处盖章、造价评估中介机构审核出具审计报告并经首黔公司终审单位盖章才能成为结算依据,因此本案工程未完成结算。法院认为,首先,宝钢监理是对结算书中的工程量进行审核后根据各个项目的综合单价得出的最终结算总价款12,744.16221万元,在首黔公司对各个项目综合单价未提出的异议的情况下,不应出现其在对宝钢监理审核的工程量予以确认的同时又对根据工程量得出的工程价款不予确认的相互矛盾的情况,即首黔公司签字盖章同意的是宝钢监理审核后工程量结合各项工程的综合单价得出的结算价款。同时,宝钢监理对建筑(安装)工程预(结)算书作出了4点"说明",其中第4点指出工程价款合计12,744.16221万元,首黔公司在标注有此点说明的页面上盖章,从而表明首黔公司对宝钢监理审核的本案工程最终价款并无异议。其次,《煤焦料场总包合同》对于复审单位、终审单位并无明确的约定和指向,案涉工程结算完成与否,应根据合同中关于竣工结算的相应内容来认定。如前文所述,根据《煤焦料场总包合同》第13.6条第3项的规定,首黔公司应在收到监理工程师提出的审核意见后60天内予以确认,若如首黔公司所认为的,结算书需要由其复审单位、终审单位盖章确认,也应在约定的60天内进行确认或其提出异议,然而,案涉工程竣工验收已远远多于60天,首黔公司的复审单位、终审单位既没有对结算书进行盖章确认,首黔公司也未提供证据证明其在此期限内委托了第三方中介机构对案涉工程进行了审计,故首黔公司提出的上述主张无事实和法律依据,法院不予支持。

第六章

工程总承包合同履行与抗辩

裁判规则一 合同约定的付款条件成就后，发包人拒不付款，并以工程未经竣工验收为由主张其无须承担违约责任的，不予支持

【规则解析】

《民法典》第119条规定："依法成立的合同，对当事人具有法律约束力。"

发承包人双方可以在合同中约定发包人付款的前置条件，该前置条件对发承包双方均具有约束力，具体表现为，若付款前置条件成就的，发包人应当按照约定付款；若付款前置条件未成就，则发包人有权拒绝付款。下述案件中，双方仅约定发包人支付"100%工程款"的前置条件为"并网发电之日起60天内"以及"项目主设备（组件全部到场）到场之日起6个月内"，并未约定发包人支付"100%工程款"的前置条件为"项目竣工验收"，且实际上总承包人也确实完成了项目主设备光伏板组件的安装调试，满足"项目主设备（组件全部到场）到场之日起6个月内"的付款条件，发包人应当按照合同约定支付工程款。在此前提下，发包人以工程未经竣工验收为由拒不付款且主张其不应承担违约责任的，与合同约定不符，不予支持。

【裁判观点】

（2019）最高法民终759号[①]

关于工程验收是否为支付款项的前提条件的问题。金凯公司与正泰公司

---

① 西藏金凯新能源股份有限公司、正泰国际工程有限公司建设工程施工合同纠纷案，最高人民法院（2019）最高法民终759号民事判决书。

2017 年 4 月 7 日签订的《EPC 总承包合同》系双方当事人的真实意思表示，不违反法律法规的强制性规定，依法成立并生效。根据该合同第 17.3.1.1 款“并网发电之日起 60 天内，或自项目主设备（组件全部到场）到场之日起 6 个月内，两者以先到者为准，总承包方向发包方提供合同总金额 5% 的为期一年的质量保函，发包方向总承包方支付至合同总价款的 100%”和第 17.3.1.2 款“项目已具备并网发电条件，非因总承包方原因致使无法并网发电的，视为本项目工程并网发电，发包方应当按照本合同约定履行付款、办理竣工、结算等手续”的内容，结合第 1.1.6.5 款与第 1.1.6.6 款对“具备并网发电条件”“并网发电”所作的术语解释，双方对工程款项应如何支付进行了明确约定。根据前述约定内容，案涉工程的验收与金凯公司支付工程款项之间并无直接利害关系。案涉项目主设备光伏板组件于 2017 年 6 月 29 日到场并已安装调试（约定条件成就），至 2018 年 7 月 20 日正泰公司提起本案诉讼之时已超期 6 个月，正泰公司亦按约向金凯公司提供了质量保函（约定条件成就），故正泰公司向金凯公司主张未付工程款 26,700,000 元符合双方约定的付款条件。

同时，正泰公司已于 2017 年 6 月 29 日向金凯公司发送工程联系单申请验收确认（承包人履行催告义务）。2018 年 4 月 18 日的会议纪要及金凯公司出具的付款计划，亦能证明金凯公司对尚欠工程款 26,700,000 元予以认可（工程欠款明确）。根据《EPC 总承包合同》附件六“项目文件及资料清单”关于接入电网意见材料由发包方金凯公司负责的明确合意，结合双方对案涉工程尚未接入电网予以确认的事实，金凯公司以案涉工程尚未验收为由主张拒付工程款 26,700,000 元，缺乏事实和法律依据。

关于金凯公司是否应承担带资利息的问题。如前文所述，正泰公司承建的电气设备已安装调试，具备《EPC 总承包合同》第 1.1.6.5 款约定的并网发电条件。根据《EPC 总承包合同》第 17.3.1.3 款对带资利息支付的约定，金凯公司应按约向正泰公司支付带资利息，一审法院认定金凯公司向正泰公司支付 2017 年 12 月 20 日至 2018 年 7 月 20 日的带资利息 1,008,016.44 元，并无不当。

裁判规则二 合同约定的付款条件未成就，设备供应商要求工程总承包人支付设备货款的，不予支持

【规则解析】

在工程总承包模式下，总承包人不仅承担施工义务与设计义务，还应当按照

合同约定采购相应设备,这是满足发包人对建设项目要求的功能目的与产出效能的基础。并且,总承包人对设备采购的管理不仅包括采购行为的完成,而且包括设备的特殊设计、过程监造、包装运输、安装调试、测试运行、修理维护等。为了减轻总承包人对于设备质量瑕疵承担的不利风险,总承包人可以在合同中约定设备进度款、设备尾款的支付条件,如"设备进场验收无误支付总设备款的10%""设备经安装调试成功后支付总设备款的10%""设备经试运行通过168小时后支付总设备款的10%",该约定为有效约定,对总承包人与设备供应商具有约束力,当支付条件成就时,总承包人才应当按约支付进度款;若支付条件不成就,总承包人有权拒绝付款。

在下述(2019)最高法民申1187号案件中,设备采购合同约定"装置联动试车和性能考核合格并通过168小时验收后10天内且卖方提供全额发票,买方收到发票后,买方支付给卖方金额为合同总价10%的进度款",然而,实际上设备装置的试车运行未达到上述约定的验收标准,故总承包人作为卖方有权拒绝支付设备进度款,买方要求总承包人支付进度款又不能提供证据证明设备装置的投料试车满足合同约定的运行验收要求的,不予支持。

【裁判观点】

(2019)最高法民申1187号①

首先,关于原审判决认定的基本事实是否缺乏证据证明的问题。《EPC总承包合同书》约定装置联动试车和性能考核合格并通过168小时验收后10天内且卖方提供全额发票,买方收到发票后,买方支付给卖方金额为合同总价10%的进度款。《技术协议》约定脱硫系统通烟气运行正常后一周内自动进行168小时连续运行考核试验。试验条件:满足设计条件和运行条件,符合卖方提供的操作方法和说明书;做性能保证实验必须满足试验条件,考核试验方案由卖方提供,经买方认可,现场考核试验由买卖双方共同进行。根据原审查明的事实,案涉设备的烟气脱硫系统存在较多遗留质量问题。

江南环保公司未提交证据证明案涉设备质量能满足上述168小时连续运行考核试验运行条件,亦未提交证据证明其向奥维乾元化工公司提供了考核试验方案。江南环保公司再审主张案涉设备已经正常投入使用,并且排放达标,奥维乾

① 江苏新世纪江南环保股份有限公司建设工程施工合同纠纷再审审查与审判监督案,最高人民法院(2019)最高法民申1187号民事裁定书。

元化工公司对案涉设备进行了改造,无法再考核测试,但未提交新证据予以证明。

江南环保公司在原审程序中提交的陕西省环境保护厅信息公开的答复与陕西省重点排污企业监测信息发布平台公示的排放数据并非针对案涉设备的排放数据检测,不能证明案涉设备的运行已经达到合同约定的要求。原审判决认定案涉装置168小时连续运行考核试验未完成的责任在于江南环保公司,未达到工程进度付款条件,具有事实依据。

《EPC总承包合同书》约定10%的合同总价作为质保金,在合同装置性能保证期截止日且环保验收合格且无质量问题10日内支付,如环保验收在质保期内由于卖方装置原因未能达到合格,质保期顺延至环保验收合格,质保金在环保验收合格后支付。合同另约定,装置正常运转168小时后,买方组织对该项目进行总体验收,系统投运一年内由买方向当地环保主管部门申请验收,卖方积极配合。环保检测验收结果以环保部门的检测报告为准。《技术协议》约定卖方提供的装置质量保证期为机械竣工后18个月或168小时运行通过后12个月,先到为准。根据原审查明的相关事实,江南环保公司与奥维乾元化工公司未对案涉设备竣工验收和环保验收,且江南环保公司未提交证据证明案涉设备已达到可以环保验收的运行条件,原审判决认定工程质保金尚不具备支付条件并无不当。

其次,本案中,江南环保公司提供奥维乾元化工公司3×280t/h锅炉烟气氨法脱硫及副产物硫铵回收装置的设计、供货、安装、调试及指导运行服务,对案涉设备质量负责是江南环保公司作为设备供货方的主要合同义务,该义务不因奥维乾元化工公司对案涉设备未竣工验收就使用的行为而免除。原审判决并不存在《民事诉讼法》第200条第6项规定的适用法律错误情形。

裁判规则三　总承包人未按照约定程序申请付款,发包人行使先履行抗辩权拒绝付款的,应予支持

【规则解析】

《民法典》第526条规定:"当事人互负债务,有先后履行顺序,应当先履行债务一方未履行的,后履行一方有权拒绝其履行请求。先履行一方履行债务不符合约定的,后履行一方有权拒绝其相应的履行请求。"

与传统施工总承包模式不同的是,工程总承包模式对总承包人的管理能力有更高的要求,其中表现为,工程进度款支付期间届至时,施工总承包模式的承包人

一般只需要提交经发包人或监理人签认的工程量确认单或进度款申报单，发包人即应当按照审核的进度款数额支付工程款；但在工程总承包模式下，当里程碑付款节点届至时，总承包人仅提交工程量确认单或进度款申报单仍不足够，很多工程总承包建设项目的业主都要总承包人在申领工程进度款时，需提交单项验收合格文件、施工技术文件、质量整改文件、增值税抵扣发票等证明材料，若总承包人未能按照业主约定的要求提交上述文件的，说明总承包人的管理存在疏漏缺陷，将构成业主拒绝付款的合理抗辩理由。

工程总承包合同约定，发包人履行付款义务之前，总承包人应按照特殊程序履行请款义务的，该约定有效，具有约束发承包双方的效力，总承包人申请义务与发包人付款义务构成先后履行顺序的关系，若总承包人未按照约定程序履行请款义务的，属于“先履行一方履行债务不符合约定”的情形，作为后履行方的发包人享有先履行抗辩权，可以拒绝总承包人的付款请求，其法律后果表现为发包人不因不付款或逾期付款而承担违约责任。据此，总承包人未按照约定程序申请发包人付款，发包人有权拒绝付款，总承包人以发包人未按约付款为由要求发包人支付逾期付款利息或违约金的，不予支持。

下述（2016）最高法民终 695 号案件也提醒总承包人，若工程总承包合同约定发包人付款的前置程序的，总承包人应当充分了解合同条款。当工程款支付条件成就时，总承包人应当对合同约定的应提交何种类型的请款文件、应按照何种格式制作请款文件、应当完成何种请款程序、应当在什么期限内实施请款行为烂熟于心、了然于胸，按照合同约定的要求将请款程序落实到位，不为发包人留下以总承包人请款行为不符合合同约定为由拒绝付款的抗辩理由，进而产生丧失要求发包人承担逾期付款违约责任的合法权利的不利后果。

【裁判观点】

（2016）最高法民终 695 号[①]

《EPC 总包合同》第二卷第 5.2 条关于“合同进度款的支付”约定：“……与付款有关的节点进度完成后，乙方按照甲方规定的格式及日期上报进度款支付申请，并按下条规定提供完整的进度款支付材料及证明文件，由甲方代表审核确认最终支付金额。乙方满足下述第 5.2.4 条规定后，甲方将在 15 个工作日内进行

① 陕西达华电力工程有限责任公司、陇川鸿宇安新能源科技有限公司建设工程施工合同纠纷案，最高人民法院（2016）最高法民终 695 号民事判决书。

支付。第5.2.3条申请付款提供的材料及证明文件:(1)进度款支付申请4份;(2)节点完工报告及验收证明;(3)与完成进度节点对应的实际完成工程量报表;(4)已完工程节点应提交的过程技术文件的交付证明;(5)根据合同规定在本次付款中增减款项的证明文件。第5.2.4条付款条件:(1)已经按第5.2.3条提交完整的证明文件,并经甲方代表审核确认;(2)乙方已经按照甲方最终确定的支付额开具了相应的发票,同时需提供相应的完税证明。"达华公司在申请第一节点进度款时,提交的材料为:工程节点质量完成情况及进度款报审表;节点工程完工/验收报告;3月工程完成情况及节点款报审书(第1期)。监理项目部审核意见为:请业主审查并核定进度款。鸿宇安公司的意见为:确定本期应付工程进度款2736万元。故可以认定双方就第一节点付款达成一致。

法院认为,该行为仅意味着达华公司与鸿宇安公司就第一节点工程进度款的支付达成了一致,但并未改变《EPC总包合同》关于节点付款所需文件和请款程序的约定。根据《EPC总包合同》第二卷第1.2条(a)项约定,包括"同意(商定)"、"已达成(取得)一致"或"协议"等词的各项约定都要求用书面记载。第1.5条约定,除非用书面形式写出、标明日期、清楚的针对合同并且有双方的授权人的签字批准,否则任何关于合同的补充和变更都是无效的。上述合同条款说明,如欲对节点付款所需文件和请款程序进行变更,必须按照合同约定的方式并以书面形式确定。就第一节点付款而言,达华公司提供的材料并不满足《EPC总包合同》第5.2.3条之约定,而鸿宇安公司同意付款行为的法律效力也仅涵摄第一节点付款,并不能延伸扩张解释为具备变更合同约定其他付款条件条款的效力,达华公司也未提交证据证明双方已就变更节点付款条件达成了新的书面一致。换言之,达华公司在申请第二节点、第三节点、第七节点工程款项时,仍需要按照《EPC总包合同》第5.2.3条约定提交材料,只有在履行该义务之后,方可请求鸿宇安公司支付。在达华公司履行该在先合同义务之前,鸿宇安公司可行使先履行抗辩权,拒绝支付节点工程款。

达华公司提交的加盖该公司印章的第二节点请款材料包括:太原锅炉集团包装分厂产品交付接收清单表;工程节点质量完成情况及进度款报审表;陇川2×15MW生物质发电厂工程付款确认单;10月工程完成情况及节点款报审书。上述材料并不满足《EPC总包合同》第5.2.3条关于支付节点款所需全部材料的约定,特别是未按节点进度提交相应的技术文件,导致建设方无法核算节点工程款数额,故鸿宇安公司拒绝付款并不违反合同约定。

达华公司在一、二审中均自认,第三节点、第七节点的付款申请未提交。作为负有先履行义务一方的达华公司未依约履行义务，此种情形下，鸿宇安公司对上述两笔款项未予支付，亦具有合同依据。

地基处理费的请求权基础在《陇川生物质发电工程 EPC 总承包合同补充合同》约定中。该补充合同第 6 条约定，根据陇川生物质发电工程 EPC 总承包合同（合同编号：LCHYABP－2013）附件 7 第二次付款节点“第一榀锅炉钢架到达现场、土建结构到运转层”的款项连同本补充合同总价一次性付清。依该约定，地基处理费应在第二节点款项支付时一并支付。因达华公司诉请支付第二节点工程款的主张未能获得支持，故其诉请地基处理费的请求亦不应得到支持。

裁判规则四　工程存在质量问题且总承包人未予修复，发包人拒绝支付工程款的，应予支持

【规则解析】

《民法典》第 526 条规定：“当事人互负债务，有先后履行顺序，应当先履行债务一方未履行的，后履行一方有权拒绝其履行请求。先履行一方履行债务不符合约定的，后履行一方有权拒绝其相应的履行请求。”

工程总承包合同的进度款支付习惯是，当总承包人通过施工活动完成的工程量达到应支付中间款项的形象进度或里程碑时，发包人对工程量进行测量确认、对工程质量进行验收通过后，总承包人才获得工程量确认单、过程验收记录文件等作为支付证明资料，提交发包人向其申领工程款，由此可见，总承包人施工完成质量合格的工程量属于“应当先履行的义务”，发包人支付工程进度款属于“可以后履行的义务”，若总承包人提交验收申请的工程量不符合法定质量标准或合同约定标准的，发包人有权行使先履行抗辩权，其后果是发包人有权拒绝总承包人支付工程进度款的请求，且不承担由此产生的逾期付款违约责任。

在下述（2017）最高法民终 476 号案件中，总承包人提交验收申请的工程量不满足发包人的质量标准，发包人要求总承包人履行返修义务，总承包人拒不返修也不承担修复费用，发包人据此拒绝总承包人的付款申请，是其行使先履行抗辩权所带来的效果，所引发的更深层次的效果是发包人对付款请求的拒绝并不导致违约责任的不利后果，故法院不支持总承包人要求发包人承担逾期付款违约责任的诉讼请求，有事实及法律依据。

【裁判观点】

(2017)最高法民终476号①

关于一审判决对工程进度款违约金及工程款利息的处理是否正确的问题。法院认为,根据一审已经查明的事实,海诚公司2012年9月的工程进度款为731万元,三利公司以海诚公司虚报工程款、工程质量存在严重问题为由未予支付,故三利公司应否支付工程进度款违约金的关键是其拒付工程款是否具有正当事由。双方《设计及施工总承包合同》第5.2条约定"工程进度款按月产值付至80%,每月5日前提报上月的产值,甲方最迟每月25日前审定拨付完毕进度款",由此约定来看,海诚公司每月需在完成相应工程量后方能向三利公司申报拨付工程进度款,双方合同义务的履行有明确的先后顺序,即先由海诚公司完成质量合格的工程,然后由三利公司支付工程进度款。而根据生效的261号判决认定,涉案工程存在质量问题,海诚公司需支付修复费用32,694,348.76元。《合同法》第67条规定,"当事人互负债务,有先后履行顺序,先履行一方未履行的,后履行一方有权拒绝其履行要求。先履行一方履行债务不符合约定的,后履行一方有权拒绝其相应的履行要求"。因此,在海诚公司施工的工程存在质量问题且未予修复的情况下,三利公司拒绝支付工程进度款,具有合同和法律依据,不应承担违约责任。海诚公司关于要求三利公司支付工程进度款违约金的诉讼请求亦不能成立。

裁判规则五 工程未经竣工验收发包人擅自使用,且使用时间较长,发包人以工程存在质量问题主张权利的,不予支持

【规则解析】

《最高人民法院建设工程司法解释一》第14条规定:"建设工程未经竣工验收,发包人擅自使用后,又以使用部分质量不符合约定为由主张权利的,人民法院不予支持;但是承包人应当在建设工程的合理使用寿命内对地基基础工程和主体结构质量承担民事责任。"

发包人认可建设工程质量合格的方式有两种:一种是履行组织竣工验收义务,即发包人在总承包人的竣工验收报告上签章同意的,视为发包人认可建设工

① 中国海诚工程科技股份有限公司、青岛三利集团有限公司建设工程施工合同纠纷案,最高人民法院(2017)最高法民终476号民事判决书。

程质量符合合同约定,此为意思表示下的质量认可;另一种是擅自实际使用工程,即虽然工程未经正常的竣工验收程序,但发包人已经对建设工程进行实际使用的,亦可视为发包人认可建设工程质量符合合同约定,此为法律拟制下的质量认可。常见的擅自使用情形包括:(1)发包人已同意将工程转移占有给他人实际使用,如消费者入住商品房;(2)发包人将工程投入实际运行经营,如将工厂设备投入生产;(3)发包人将工程另行发包给第三人承接,继续完成未完工的项目,如工程未完工,在总承包人未全部退场的情形下,发包人邀请第三方进场接管工程并开启施工任务等。

为了避免、遏制拖欠工程款的乱象扩大泛滥,保护总承包人及其身后的建设工人利益,《最高人民法院建设工程司法解释一》规定,虽然建设工程未经竣工验收,但发包人擅自使用建设工程的,则视为:(1)发包人放弃对工程质量进行验收的权利;(2)发包人承认、同意建设工程质量符合法定标准与约定要求的事实;(3)发包人放弃就工程质量问题向总承包人追究责任的权利,即不得以工程质量不合格为由要求总承包人承担违约金、损害赔偿、减少价款的责任。据此,发包人擅自使用未经竣工验收的建设工程,又以该建设工程未经竣工验收或该建设工程出现非地基基础与主体结构部位质量不合格的情形为由拒绝付款的,不予支持。

【裁判观点】

1.(2018)最高法民申 160 号①

《EPC 总承包合同》中虽然包括设计合同、采购合同、施工合同,但本案中的总承包费用由设计费加总承包服务费、建筑安装工程施工费用、材料费三部分组成,总承包费大部分及利息均是在建设工程施工合同中形成。本案涉案项目虽未进行整体竣工验收,但金玛依公司自 2011 年 11 月 18 日涉案工程竣工后未对涉案项目进行竣工验收即擅自投入使用,且已使用较长时间,现又以涉案项目存在质量问题向寰球公司主张权利,原审法院依照最高人民法院《关于审理建设工程施工合同纠纷案件适用法律问题的解释》第 13 条的相关规定审理本案,不存在适用法律错误的问题。

2.(2017)最高法民终 894 号②

法院认为,最高人民法院《关于审理建设工程施工合同纠纷案件适用法律问

① 新疆金玛依石油化工有限公司建设工程施工合同纠纷再审审查与审判监督案,最高人民法院(2018)最高法民申 160 号民事裁定书。

② 赤峰光大光伏农业发展有限公司、山东电力建设第三工程公司建设工程施工合同纠纷案,最高人民法院(2017)最高法民终 894 号民事判决书。

题的解释》第14条规定,建设工程未经竣工验收,发包人擅自使用的,以转移占有建设工程之日为竣工之日。根据一审判决查明的事实,案涉工程虽未经电力主管部门、审计部门、环保、消防、质监等行政主管部门进行综合验收,但光大公司已于2016年6月30日接收了涉案工程且实际投入使用。依据前述司法解释的规定,案涉工程应认定为已经竣工。光大公司虽主张其签署的“竣工验收签证”并非其真实意思表示并提供了一份录音证据,但即使该主张成立,在案涉工程已被光大公司实际使用的情况下,也不能否定案涉工程已经竣工的法律事实。此外,光大公司在上诉中虽提出了电建公司尚有33,717,453元的合同项下工程没有完成,但没有提供充分的证据予以证明。综上所述,光大公司关于案涉工程未竣工的上诉理由不能成立。

双方在案涉合同中约定,在项目并网发电后10日内,甲方应向乙方支付全部工程价款。在合同履行中,2016年9月1日,光大公司取得电力业务许可证。同年9月26日,光大公司与国网内蒙古东部电力有限公司签订《光大公司清泉山光伏电站购售电合同》。同年10月28日,光大公司与国网蒙东赤峰供电公司签订《光大公司10MWP清泉山光伏电站并入赤峰电网调度协议》。自此,10MWP光伏发电项目正式投入运营。依据上述合同约定及案件事实可以认定,光大公司向电建公司支付工程款的条件已经成就,一审判决依据司法解释的相关规定判决光大公司应当履行付款义务,事实依据充分,适用法律正确。

3.(2019)最高法民申4132号①

关于宏宇公司应否支付工程款的问题。原审法院查明,案涉项目已经竣工,并经宏宇公司验收。验收后,鸿盛公司已将案涉房屋交付给30户被拆迁户,30户被拆迁户已实际居住使用;因宏宇公司不同意按合同价支付工程款,故鸿盛公司未向其交付案涉房屋,但其已将部分房屋出售,部分住户已入住,上述事实表明,案涉房屋虽未交付给宏宇公司,但其已实际使用。根据上述事实,原审法院判决宏宇公司应当向鸿盛公司支付工程款具有事实和法律依据,并无不当。案涉房屋虽因鸿盛公司擅自加盖第13层,导致未能通过政府相关部门的规划、消防验收,但不影响宏宇公司应当承担支付工程款的责任。宏宇公司关于其不应支付工程款的主张没有事实和法律依据,不能成立,法院不予支持。

---

① 甘肃宏宇房地产开发有限公司、甘南鸿盛建筑安装有限公司建设工程施工合同纠纷再审审查与审判监督案,最高人民法院(2019)最高法民申4132号民事裁定书。

裁判规则六　发承包双方未就固定总价涵盖范围外的工程量达成计价计量的结算合意，总承包人要求发包人支付工程款的，不予支持

【规则解析】

虽然根据《民法典》第579条的规定，“当事人一方未支付价款、报酬、租金、利息，或者不履行其他金钱债务的，对方可以请求其支付”，总承包人按照发包人的要求施工完成合同固定总价范围外的质量合格的工程成果后，发包人应当向总承包人支付相应工程款，发包人未支付，总承包人起诉要求发包人支付相应工程款的，法院应予支持。但是，发包人付款的前提是双方当事人已就总承包人已完工程量达成计量计价的结算合意，明确发包人应付工程款数额后，发包人才可以双方结算合意作为依据支付工程款。若发承包双方未就超出合同约定施工范围的已完工程量达成结算合意，总承包人要求发包人付款又不能提供证据证明发包人应付工程款数额，法院不予支持。

【裁判观点】

（2016）最高法民终695号①

场外道路费的请求权基础在总包合同外项目委托单（编号HYA－00－C001－001）中约定。该委托单约定的承包形式为“据实结算”。鸿宇安公司明确表示认可达华公司委托完成了道路整修的工程，但对工程量和工程价款存在异议，而达华公司除提交了委托单及与宇桥公司之间的《云南陇川2×15MW生物质发电工程场外临时道路修整协议》外，并未提交相关结算文件。据此，一审法院未支持达华公司支付场外道路费的请求，亦无不当。

---

① 陕西达华电力工程有限责任公司、陇川鸿宇安新能源科技有限公司建设工程施工合同纠纷案，最高人民法院（2016）最高法民终695号民事判决书。

裁判规则七 发承包双方以实际履行行为改变合同关于以提供发票为付款前提的约定，发包人以总承包人未提供发票为由拒绝付款的，不予支持

【规则解析】

《民法典》第 543 条规定："当事人协商一致，可以变更合同。"

虽然发承包双方约定发包人支付进度款前，总承包人需满足付款前置条件，原则上，若总承包人的请款行为不符合约定的付款前置条件要求的，发包人有权拒绝付款且不承担由此产生的违约责任，但是，若在总承包人某一次付款申请中，虽然总承包人的请款行为不符合约定的付款前置条件要求，但发包人却未提出异议且依总承包人的申请予以付款的，视为发包人以其实际行为与总承包人就付款前置条件要求达成变更合意，即就"即使总承包人的付款申请不满足付款前置条件，发包人也同意付款"达成意思表示一致，改变了付款前置条件的要求，发包人在诉讼中又以总承包人不满足付款前置条件为由拒绝付款的，有违诚实信用原则原则，法院不予支持。

【裁判观点】

（2019）最高法民终 250 号①

关于涉案工程进度款二（2100 万元）的付款条件是否成就的问题。案涉《阳曲县 20MW 分布式光伏发电项目工程总承包合同》约定，项目"进度款"支付的前提条件为发包方收到承包方提供的相同金额发票；承包方任何一次不及时提供合法发票的行为，都将导致发包方有权拒绝付款而不承担相应责任，并约定全部工程竣工验收合格后的一年内，支付合同总价的 15%（2100 万元），即进度款二。但根据此后双方于 2017 年 10 月 12 日达成的山西阳曲项目工程款洽谈会会议纪要及 2017 年 10 月 18 日签订的《阳曲县 20MW 分布式光伏发电项目工程总承包合同之补充协议一》，在葛洲坝机建公司未出具发票的情况下，确认光伏农业公司已逾期支付进度款 1.05 亿元人民币 3 个月，并重新约定了支付的期限，并未再附加付款条件，可知双方在合同履行过程中改变了此前关于以提供发票为付款前提的

---

① 山西能投光伏农业发展有限公司、中国葛洲坝集团机电建设有限公司建设工程施工合同纠纷案，最高人民法院（2019）最高法民终 250 号民事判决书。

约定。截至原审判决作出前(2018 年 9 月 13 日),涉案项目电站工程已竣工验收合格并交付使用一年多,故原审判决光伏农业公司按合同约定一并支付进度款二并无不当。

裁判规则八　发包人未在约定期限内对总承包人申报进度款提出异议,又以总承包人申报进度款数额不真实为由拒绝付款的,不予支持

【规则解析】

《建设项目工程总承包合同(示范文本)》第 14.3.2 项"进度付款审核和支付"规定:"除专用合同条件另有约定外,工程师应在收到承包人进度付款申请单以及相关资料后 7 天内完成审查并报送发包人,发包人应在收到后 7 天内完成审批并向承包人签发进度款支付证书。发包人逾期(包括因工程师原因延误报送的时间)未完成审批且未提出异议的,视为已签发进度款支付证书。工程师对承包人的进度付款申请单有异议的,有权要求承包人修正和提供补充资料,承包人应提交修正后的进度付款申请单。工程师应在收到承包人修正后的进度付款申请单及相关资料后 7 天内完成审查并报送发包人,发包人应在收到工程师报送的进度付款申请单及相关资料后 7 天内,向承包人签发无异议部分的进度款支付证书。存在争议的部分,按照第 20 条[争议解决]的约定处理。除专用合同条件另有约定外,发包人应在进度款支付证书签发后 14 天内完成支付,发包人逾期支付进度款的,按照贷款市场报价利率(LPR)支付利息;逾期支付超过 56 天的,按照贷款市场报价利率(LPR)的两倍支付利息。发包人签发进度款支付证书,不表明发包人已同意、批准或接受了承包人完成的相应部分的工作。"

根据上述要求,总承包人提交进度款支付申请报告后,工程师(监理人)应当在收到报告之日起 7 日内审核并报发包人审批,发包人应当在收到报告之日起 7 日内审批并签发支付证书,在这 14 日的审批期内,工程师(监理人)及发包人应当将其对进度款支付报告的异议与不同意反馈给总承包人并要求总承包人作修正及补充处理。若在上述审批期内发包人未明示不同意支付的理由且未提出任何异议,视为发包人认可总承包人提出的进度款支付请求,在此前提下,发包人又以总承包人提交的进度款申请材料与实际不符、存在弄虚作假为由拒绝付款且拒绝承担逾期付款产生的违约责任的,有违诚实信用原则,不予支持。

在下述(2018)最高法民终 732 号案件中,发包人未在合同约定的进度款审批

核准期限内对总承包人的进度款支付申请提出异议，又在诉讼期间以总承包人的进度款支付申请不切合实际、存在弄虚作假情形、未经发包人审核批准为由要求减少付款数额、拒绝付款并主张其无须承担逾期付款的违约责任的，不予支持。

【裁判观点】

（2018）最高法民终732号①

康乃尔公司上诉主张东华科技公司提交的进度款申报表弄虚作假，工程进度款应当在一审判决认定数额基础上再核减10,743万元。

法院认为，关于工程进度款的支付问题，根据双方在《补充协议》中的约定，每月5日前，承包人向发包人提交上月的进度款申请，发包人在接到申请21天内审核结束，审核结束后10天内支付进度款。因此，康乃尔公司如认为东华科技公司提交的进度款申请存在弄虚作假，应当在审核阶段及时提出异议。实际上在合同履行过程中，康乃尔公司先后共审核确认了12笔工程进度款，故对已经过其审核的工程进度款，康乃尔公司应及时支付。案涉项目并未完工，东华科技公司主张的仅是合同约定的工程进度款，如康乃尔公司认为对方在履行合同过程中存在工程价款应予调整问题，双方可以在竣工结算时予以解决。《总承包合同》对迟延支付合同价款如何计算利息问题有明确约定，一审法院基于康乃尔公司存在迟延支付进度款的事实，判令其向东华科技公司支付延期付款利息，并无不当。康乃尔公司既未完全履行合同义务，发生诉讼后又主张对其已经审核过的工程进度款数额予以核减，对此，法院不予支持。

裁判规则九 总承包合同中约定，发包人可以指定分包人或对设计、设备或施工安装单位拥有决定权或选择权，总承包人依据指示与分包人或设计单位、施工单位等签订合同后，又以发包人为该合同的实际履行主体拒绝支付工程款的，不予支持

【规则解析】

《建筑法》第29条规定："建筑工程总承包单位可以将承包工程中的部分工程

① 内蒙古康乃尔化学工业有限公司、东华工程科技股份有限公司建设工程施工合同纠纷案，最高人民法院（2018）最高法民终732号民事判决书。

发包给具有相应资质条件的分包单位;但是,除总承包合同中约定的分包外,必须经建设单位认可。施工总承包的,建筑工程主体结构的施工必须由总承包单位自行完成。建筑工程总承包单位按照总承包合同的约定对建设单位负责;分包单位按照分包合同的约定对总承包单位负责。总承包单位和分包单位就分包工程对建设单位承担连带责任。禁止总承包单位将工程分包给不具备相应资质条件的单位。禁止分包单位将其承包的工程再分包。”

建设工程施工合同中,无论是施工总承包还是工程总承包,发包人在合同关系中一般均处于相对优势方,其拥有最终决定承包人的权利以及对施工合同内容的实质决定权。工程总承包合同是以总承包人对发包人总负责的形式出现,真正的工程总承包是由总承包人承包全部项目范围的设计、采购、施工流程工作或部分工作,总承包人按照法律规定或者约定将承包范围内的工作分包的,形成的法律关系是总承包人与分包人之间的关系。因此,在工程总承包模式下,发包人和总承包人之间的关系是基于承包合同的工程总承包法律关系;总承包人和分包人之间的关系,是基于分包合同的设计、采购或施工安装等关系;总承包人与分包人之间并无直接的合同关系。即便在指定分包的情况下,总承包人与指定分包人之间如无其他协议,所成立的也仅是分包人与总承包人间的分包合同关系。因此,在分包人按照分包合同履行合同义务后,总承包人应当依据分包合同向分包人支付合同价款,而不能主张分包人与发包人已经形成事实合同关系,由发包人履行其与分包人之间的合同义务。

【裁判观点】

(2021)最高法民终662号①

华东电力设计院公司与甘肃安装公司法律关系的问题。本案中,总承包人华东电力设计院公司因与业主方金塔万晟公司签订《总承包合同》,成为甘肃金塔万晟光电100MW光伏电站工程总承包人,承包模式为EPC总承包。基于案涉《合作协议》第2条关于“在总承包合同执行过程中,金塔万晟公司拥有所有设备与施工安装单位的选择权及定价权,华东电力设计院公司拥有从技术角度出发的建议权”的约定,金塔万晟公司作为业主方同意由甘肃安装公司施工部分工程,华东电力设计院公司以总承包商身份与甘肃安装公司签订《基础和组件支架安装施工合

---

① 中国电力工程顾问集团华东电力设计院有限公司、甘肃省安装建设集团有限公司等建设工程施工合同纠纷案,最高人民法院(2021)最高法民终662号民事判决书。

同》《土建施工合同》《电气一次、二次和系统二次安装施工合同》共三份合同。案涉合同系建设工程施工合同，总承包人华东电力设计院公司的主要义务为提供合同约定的所需设备、材料并支付工程款，甘肃安装公司的主要义务为根据合同约定完成施工。履行上述三份合同的主体系甘肃安装公司与华东电力设计院公司，并非金塔万晟公司与甘肃安装公司。从履行合同情况来看，甘肃安装公司根据合同约定施工，施工过程中所需的光伏组件、支架等设备由华东电力设计院公司采购后提供给甘肃安装公司安装，工程款由华东电力设计院公司支付给甘肃安装公司。在解决工人薪资纠纷问题时，亦由金塔万晟公司将工程款支付给华东电力设计院公司，再由华东电力设计院公司支付给甘肃安装公司。一审判决在法院认为部分不仅对案涉法律关系进行充分阐述，还明确认定本案不存在华东电力设计院公司所述的案涉合同实际由金塔万晟公司履行的事实。故一审法院不存在遗漏对事实施工合同关系认定的问题。华东电力设计院公司的该项上诉主张，法院不予采信。

裁判规则十 工程总承包模式下的分包合同约定"背靠背条款"，但因合同履行发生变更而不可能履行时，总承包人仍以"背靠背条款"为由抗辩分包人付款请求的，不予支持

【规则解析】

在建设项目工程总承包合同履行过程中，总承包人往往在分包合同中约定"背靠背"支付条款，即约定若项目业主暨发包人未向总承包人付款的，总承包人有权不予向分包人付款，以达到总承包人转嫁工程款支付风险的目的。"背靠背"条款具有以下特征：(1)"背靠背"支付条款作为一种风险转移手段，不违反任何法律的强制性规定，只要"背靠背"支付条款是合同双方真实意志的体现，均能产生有效的约束力；(2)"背靠背"支付条款实质上是对总承包人履行付款义务的附条件，所附条件即为"项目业主暨发包人按约足额支付工程款"，若条件成就，则总承包人应当向分包人履行付款义务；若条件不成就，则总承包人享有期限利益，有权拒绝分包人的付款请求。

但是，如合同履行当中发生变更，分包人已不可能按约完成全部施工，导致"背靠背"条款约定的内容根本无法实现时，总承包人不应再以分包合同中约定"背靠背"支付条款为由拒绝分包人的付款请求。《民法典》第 158 条规定："民事

法律行为可以附条件,但是根据其性质不得附条件的除外。附生效条件的民事法律行为,自条件成就时生效。附解除条件的民事法律行为,自条件成就时失效。”其中的条件,按照民法的一般理论,应当具备以下几个特征:(1)条件必须是将来发生的事实。(2)条件必须是不确定的事实。(3)条件成就必须可能。(4)条件必须是由当事人意定的而不是法定的。(5)条件必须合法。(6)条件不得与民事法律行为的主要内容相矛盾。第三个特征意味着,条件成就必须是可能的,不可能发生的事实不能够作为条件,当事人将不可能发生的事实作为条件的,应当视为未附条件。①

在下述(2021)最高法民终662号案件中,总承包人和分包人之间的合同约定付款条件为“完成100MW光伏电站工程”支付7500万元总承包款,分包人甘肃安装公司根据业主要求完成了其中57.6MW的安装,未完工程已由业主自行完成,因此所约定的支付所有总承包款7500万元的前提实际已经不可能实现。此时,总承包人仍以“背靠背”条款约定为由拒绝支付工程款,不应得到支持。

【裁判观点】

(2021)最高法民终662号②

关于“背靠背条款”的认定问题。首先,案涉金塔万晟公司与华东电力设计院公司于2012年12月签订的《总承包合同》约定华东电力设计院公司总承包甘肃金塔万晟光电100MW光伏电站工程。还约定暂定合同总价为101,000万元,其中:承包商负责的前期工作等费用按固定总价为2000万元……最终价格根据业主方和承包商共同协商后与其他分包方签署的建筑、安装、设备及材料、调试及试验的实际合同价格并签订本合同的补充协议为准。从华东电力设计院公司与甘肃安装公司签订的《基础和组件支架安装施工合同》《土建施工合同》《电气一次、二次和系统二次安装施工合同》三份合同的内容看,只有《基础和组件支架安装施工合同》有由业主方金塔万晟公司全部支付工程款后,华东电力设计院公司再向甘肃安装公司支付工程款的约定。在案涉各方均已确认甘肃安装公司完成了57.6MW安装的情形下,鉴于支付7500万元的前提条件,即完成100MW光伏电站工程的条件已经发生变化,各方当事人均未对这一变化及时达成相关付款协

① 王利明:《民法总则》,中国人民大学出版社2017年版,第342-343页。

② 中国电力工程顾问集团华东电力设计院有限公司、甘肃省安装建设集团有限公司等建设工程施工合同纠纷案,最高人民法院(2021)最高法民终662号民事判决书。

议。一审法院认定华东电力设计院公司在支付工程款时，并未列明已给付的7300万元所指向的具体款项。华东电力设计院公司应当依据《基础和组件支架安装施工合同》《土建施工合同》《电气一次、二次和系统二次安装施工合同》三份合同的约定，向甘肃安装公司支付所欠35,866,674.74元工程款并无不当。故华东电力设计院公司关于一审法院认定背靠背支付条款不再具备履行条件有误的上诉请求，法院不予支持。

裁判规则十一 发包人要求总承包人完成超出"发包人要求"的工程量，总承包人拒绝完成，发包人以总承包人未按约履行合同义务为由拒绝支付工程款的，不予支持

【规则解析】

《建设项目工程总承包合同(示范文本)》"附件一"《发包人要求》规定："《发包人要求》应尽可能清晰准确，对于可以进行定量评估的工作，《发包人要求》不仅应明确规定其产能、功能、用途、质量、环境、安全，并且要规定偏离的范围和计算方法，以及检验、试验、试运行的具体要求。对于承包人负责提供的有关设备和服务，对发包人人员进行培训和提供一些消耗品等，在《发包人要求》中应一并明确规定。"

"发包人要求"是发包人投资开发工程总承包建设项目所追求的主要目标，是发包人希冀工程总承包建设项目在建成之后所达到的状态要求与产出要求，包括性能指标、消耗功率、功能标准、产能效益等，可以说，"发包人要求"是工程总承包项目的核心中枢，工程总承包建设项目的立项、考察、设计、施工、管理、检验、运转、经营等活动均是紧扣"发包人要求"来进行的。因此，通过建设活动完成的工程满足"发包人要求"也是工程总承包合同的关键义务，亦是总承包人据以作为对价获得工程款的基础，在工程总承包建设项目的发包阶段或招标阶段，总承包人对建设项目的投标活动也是以"发包人要求"作为报价依据的，其在编制报价文件时需充分考虑为实现"发包人要求"所需支出的费用、承担的风险以及消耗的时间，并将上述考量因素纳入投标文件中，使结合各种因素所形成的合同价格匹配"发包人要求"，保证总承包人在该合意价格下能够有足够的履行能力完成建设任务并实现"发包人要求"。

但是，若在总承包人履行合同的过程中，发包人发出变更指令，或要求总承包

人完成额外的施工作业，所涉及的工程量突破为满足“发包人要求”所包含的施工范围，超出一个一般理性的总承包人凭借其技术储备、管理能力与承包经验所能合理预见的范围的，该工程增量不属于发承包双方在订约阶段合意确定的工程价款的对价，其性质应为发包人发出的增加作业量的要约，发包人应当在同意追加费用并顺延工期的前提下取得总承包人的承诺，只有这样，该工程增量指令才构成对总承包人的约束。若发包人要求总承包人施工完成超出“发包人要求”以外的工程量但未征得总承包人的同意，总承包人未实施相应建设活动的，不构成违约，发包人以总承包人未执行发包人指令为由主张总承包人构成违约进而要求其承担相应责任的，不予支持。

在下述(2020)最高法民终982号案件中，根据合同约定，发包人要求总承包人完成的“监控系统”工程仅包括“风电场建设及风力发电有关的监控系统”，并不是“防盗监控系统”，因此“风电场建设及风力发电有关的监控系统”才属于“发包人要求”的组成部分并进一步可以纳入工程总承包合同的对价范围体系，但“防盗监控系统”并非“发包人要求”的内容，不属于合同约定的固定工程款所涵盖的工程量。据此，发包人以总承包人未履行不属于内容对价内容的“防盗监控系统”为由主张总承包人不完全履行构成违约的，不予支持。

【裁判观点】

(2020)最高法民终982号①

关于视频监控系统的问题。根据《总承包合同》专用条款的附件—《总承包范围》的约定，天源公司的施工范围包含通信和控制设备及安装、消防系统、交通工程。其中，“通信和控制设备及安装”包括监控系统和控制电缆两方面内容。双方当事人对合同中约定的“监控系统”的解释产生争议。立宏公司主张天源公司未安装视频监控系统，构成违约；天源公司主张其已经完成了监控系统的安装义务。

《民法总则》第142条第1款规定：“有相对人的意思表示的解释，应当按照所使用的词句，结合相关条款、行为的性质和目的、习惯以及诚信原则，确定意思表示的含义。”根据上述法律规定，应从文义解释、体系解释和诚信原则等方面，确定案涉《总承包合同》所约定的“监控系统”的具体所指。

首先，从合同文义及当事人的缔约目的上看，案涉《总承包合同》中约定的天

---

①　黑龙江立宏风力发电有限公司、北京天源科创风电技术有限责任公司建设工程施工合同纠纷案，最高人民法院(2020)最高法民终982号民事判决书。

源公司施工内容不应包括立宏公司所称的案涉升压站为防盗而应安装的视频防盗系统。一方面,案涉《总承包合同》约定的文义为“监控系统”,该约定从字面表述上看不包含视频监控的内容;另一方面,就该监控系统与案涉工程的关系来看,应为支撑案涉工程运行的监控系统。立宏公司所主张的视频监控系统并非案涉工程风力发电所需要,而系工程之外为防止立宏公司升压站财产丢失而安装在四周围墙之上的视频防盗系统。从立宏公司于 2014 年 12 月 24 日占有使用案涉工程并网发电至 2018 年 12 月 30 日解网的情况来看,案涉工程所需要支撑案涉工程运行的监控系统已经安装,且正常运行。故就立宏公司缔约目的而言,当事人争议的监控系统不应为其所主张的为防盗而安装的视频防盗监控系统。

其次,从体系上看,该监控系统属于“通信和控制设备及安装”项下的内容;根据《总承包合同》的约定,天源公司负责案涉工程的总承包建设,“通信和控制设备及安装”系风电场内相关发电设备应施工完成的相关内容,而法院于 2020 年 10 月 20 日对案涉工程进行现场勘察的过程中,立宏公司自认案涉工程发电运行过程中的监控系统已经安装。故从体系解释来看,案涉合同所约定的监控系统是与案涉风电场建设及风力发电有关的监控系统。立宏公司主张的视频监控系统系为该场站防盗而安装在四周院墙上的系统,故从体系角度解释很难与案涉工程运行中风力发电的监控有关。就此而言,立宏公司的主张很难符合案涉合同的体系解释要求。

最后,从诚信原则上看,2014 年 6 月 12 日,立宏公司向天源公司作出表扬信,载明“目前 33 基箱变基础全部完成,场内检修道路返修施工已基本完成,升压站各配电装置基础全部完成”,据此,立宏公司对天源公司已经完成了升压站各配电装置基础工程作出了书面认可。这也说明,其对于案涉监控系统非为防盗监控系统有较为明确的认知,否则其自然在工作联系函件中会指出案涉施工所存在的漏项问题。

综合以上三个方面因素,天源公司主张其已经完成了合同约定的“监控系统”的安装义务,具有事实依据。至于立宏公司主张天源公司未安装厂区的视频防盗监控系统,故案涉《总承包合同》约定的施工义务未履行的上诉理由,理据不足,法院不予支持。

第七章

工程总承包合同效力问题

第一节　工程总承包合同效力认定

裁判规则一　工程总承包合同违反法律法规的强制性规定的，合同无效

【规则解析】

本规则是工程总承包合同中关于合同效力的一般规则，根据《民法典》第 153 条第 1 款的规定，“违反法律、行政法规的强制性规定的民事法律行为无效。但是，该强制性规定不导致该民事法律行为无效的除外”，同施工总承包合同一致，工程总承包合同违反法律法规中的效力性强制规定的，合同均为无效。在建设工程领域，这部分强制性规定突出表现在《招标投标法》《城乡规划法》《建筑法》等法律中，司法实践中反映出的违反上述法律强制性规定导致合同无效的情形主要有：

一、违反招标投标法律强制性规定导致合同无效

1. 必须进行招标的项目而不招标，将依法必须进行招标的项目化整为零或者以其他任何方式规避招标；

2. 以不合理的条件限制或者排斥潜在投标人，对潜在投标人实行歧视待遇；

3. 招标文件存在要求或者标明特定的生产供应者以及含有倾向或者排斥潜在投标人的其他内容；

4. 招标人向他人透露已获取招标文件的潜在投标人的名称、数量以及可能影响公平竞争的有关招标投标的其他情况或泄露标底，招标代理机构泄露应当保密

的与招标投标活动有关的情况和资料，或者与招标人、投标人串通损害国家利益、社会公共利益或者他人合法权益；

5. 串通投标，排挤其他投标人的公平竞争；

6. 投标人以向招标人或者评标委员会成员行贿的手段谋取中标；

7. 投标人以他人名义投标或者以其他方式弄虚作假，骗取中标；

8. 在确定中标人前，招标人与投标人就投标价格、投标方案等实质性内容进行谈判；

9. 非法干预、影响评标的过程和结果；

10. 招标人和中标人再行订立背离合同实质性内容的其他协议；

11. 中标人向他人转让中标项目，或将中标项目肢解后分别向他人转让；

12. 招标人在评标委员会依法推荐的中标候选人以外确定中标人；

13. 依法必须进行招标的项目在所有投标被评标委员会否决后自行确定中标人；

14. 违法限制或者排斥本地区、本系统以外的法人或者其他组织参加投标，非法干涉招标投标活动。

二、未办理建设工程规划许可的导致工程总承包合同无效

（一）建设工程规划许可证的申领主体是建设单位即发包人，发包人有义务办理建设项目的建设工程规划许可证

《城乡规划法》第 40 条第 1 款规定："在城市、镇规划区内进行建筑物、构筑物、道路、管线和其他工程建设的，建设单位或者个人应当向城市、县人民政府城乡规划主管部门或者省、自治区、直辖市人民政府确定的镇人民政府申请办理建设工程规划许可证。"

《建设项目工程总承包合同（示范文本）》第 2.4.1 项规定："发包人在履行合同过程中应遵守法律，并办理法律规定或合同约定由其办理的许可、批准或备案，包括但不限于建设用地规划许可证、建设工程规划许可证、建设工程施工许可证等许可和批准……"

根据上述规定，这不但是一项约定义务，而且是一项法定义务。

（二）未办理建设工程规划许可的，所签订的工程总承包合同为无效合同

《最高人民法院建设工程司法解释一》第 3 条第 1 款规定："当事人以发包人

未取得建设工程规划许可证等规划审批手续为由，请求确认建设工程施工合同无效的，人民法院应予支持，但发包人在起诉前取得建设工程规划许可证等规划审批手续的除外。”

根据法律规定，未取得建设工程规划许可证的建设项目属于违法建设项目，理应拆除，所签订的工程总承包合同亦为无效合同。

三、转包、违法分包和借用资质签订的工程总承包合同无效

《最高人民法院建设工程司法解释一》第 1 条第 2 款规定，“承包人因转包、违法分包建设工程与他人签订的建设工程施工合同，应当依据民法典第一百五十三条第一款及第七百九十一条第二款、第三款的规定，认定无效”，因此，基于违法分包签订的分包合同为无效合同。

（一）违法分包所签订的合同无效

《建筑法》第 29 条第 1 款第 1 句规定：“建筑工程总承包单位可以将承包工程中的部分工程发包给具有相应资质条件的分包单位；但是，除总承包合同中约定的分包外，必须经建设单位认可。”之所以不允许总承包人在未经发包人同意的情形下分包，是因为工程总承包合同的本质是承揽合同，根据《民法典》第 772 条的规定，“承揽人应当以自己的设备、技术和劳力，完成主要工作，但是当事人另有约定的除外。承揽人将其承揽的主要工作交由第三人完成的……未经定作人同意的，定作人也可以解除合同”，原则上法律要求承揽人应当亲自履行承揽义务，未经定作人同意不得转委托。同理，工程总承包合同的订立仰仗发包人对总承包人能力的信赖、身份的认同以及经验的信任，若总承包人未经发包人同意贸然指定分包主体，将破坏发包人对总承包人的人身信赖，有违诚实信用原则，故根据《建筑法》第 29 条的要求，总承包人的分包行为必须取得发包人的同意，未经同意，不得分包。

根据《建设工程质量管理条例》第 78 条第 2 款的规定，“本条例所称违法分包，是指下列行为：……（二）建设工程总承包合同中未有约定，又未经建设单位认可，承包单位将其承包的部分建设工程交由其他单位完成的……”总承包人未经发包人同意进行分包的，属于违法分包。

（二）转包所签订的合同无效

转包，是指总承包人从发包人处承接建设项目后，不亲自完成施工、采购、设

计的建设义务，而是将建设项目整体另行发包人给单一第三人，或将建设项目肢解后以分包的形式分别发包给多数不特定第三人，由该第三人履行施工义务的行为。根据《〈建筑工程施工转包违法分包等违法行为认定查处管理办法（试行）〉释义》第7条的规定，认定转包需考虑以下情形："（一）施工单位将其承包的全部工程转给其他单位或个人施工的；（二）施工总承包单位或专业承包单位将其承包的全部工程肢解以后，以分包的名义分别转给其他单位或个人施工的；（三）施工总承包单位或专业承包单位未在施工现场设立项目管理机构或未派驻项目负责人、技术负责人、质量管理负责人、安全管理负责人等主要管理人员，不履行管理义务，未对该工程的施工活动进行组织管理的；（四）施工总承包单位或专业承包单位不履行管理义务，只向实际施工单位收取费用，主要建筑材料、构配件及工程设备的采购由其他单位或个人实施的；（五）劳务分包单位承包的范围是施工总承包单位或专业承包单位承包的全部工程，劳务分包单位计取的是除上缴给施工总承包单位或专业承包单位'管理费'之外的全部工程价款的；（六）施工总承包单位或专业承包单位通过采取合作、联营、个人承包等形式或名义，直接或变相的将其承包的全部工程转给其他单位或个人施工的；（七）法律法规规定的其他转包行为。"

根据《民法典》第791条第2款第3句的规定，"承包人不得将其承包的全部建设工程转包给第三人或者将其承包的全部建设工程支解以后以分包的名义分别转包给第三人"，以及《建筑法》第28条的规定，"禁止承包单位将其承包的全部建筑工程转包给他人，禁止承包单位将其承包的全部建筑工程肢解以后以分包的名义分别转包给他人"，工程转包为非法行为，不利于项目管理的有效运转与质量安全的稳定保障，被现行法律所禁止。

（三）借用资质签订的合同无效

挂靠，又称借用资质，是指没有资质或低资质的主体使用有资质或高资质的施工企业的名义承接建设项目的行为，在挂靠活动中，出借资质的施工企业称为被挂靠人，借用资质的主体称为挂靠人，挂靠人往往与被挂靠人签订《挂靠协议》，约定被挂靠人同意挂靠人使用其合法资质并以其名义向发包人承接工程。根据《〈建筑工程施工转包违法分包等违法行为认定查处管理办法（试行）〉释义》第11条的规定，认定挂靠需考虑以下情形："（一）没有资质的单位或个人借用其他施工单位的资质承揽工程的；（二）有资质的施工单位相互借用资质承揽工程的，包括资质等级低的借用资质等级高的，资质等级高的借用资质等级低的，相同资质等级相互借用的；（三）专业分包的发包单位不是该工程的施工总承包或专业承包单位的，但建设单位依约作为发包单位的除外；（四）劳务分包的发包单位不是该工程的施工总承包、专业承包单位或专业分包单位的；（五）施工单位在施工现场派驻的项目负责人、技术负责人、质量管理负责人、安全管理负责人中一人以上与施工单位没有订立劳动合同，或没有建立劳动工资或社会养老保险关系的；（六）实际施工总承包单位或专业承包单位与建设单位之间没有工程款收付关系，或者工程款支付凭证上载明的单位与施工合同中载明的承包单位不一致，又不能进行合理解释并提供材料证明的；（七）合同约定由施工总承包单位或专业承包单位负责采购或租赁的主要建筑材料、构配件及工程设备或租赁的施工机械设备，由其他单位或个人采购、租赁，或者施工单位不能提供有关采购、租赁合同及发票等证明，又不能进行合理解释并提供材料证明的；（八）法律法规规定的其他挂靠行为。”

《建筑法》第 13 条规定：“从事建筑活动的建筑施工企业、勘察单位、设计单位和工程监理单位，按照其拥有的注册资本、专业技术人员、技术装备和已完成的建筑工程业绩等资质条件，划分为不同的资质等级，经资质审查合格，取得相应等级的资质证书后，方可在其资质等级许可的范围内从事建筑活动。”《最高人民法院建设工程司法解释一》第 1 条第 1 款也规定：“建设工程施工合同具有下列情形之一的，应当依据民法典第一百五十三条第一款的规定，认定无效：（一）承包人委屈的建筑业企业资质或者超越资质等级的；（二）没有资质的实际施工人借用有资质的建筑施工企业名义的……”

【裁判观点】

1.（2020）最高法民终 115 号①

关于《总承包合同》的效力问题。案涉工程属于依法应当进行招标的项目。《招标投标法》第 18 条第 2 款规定，招标人不得以不合理的条件限制或者排斥潜在投标人。《招标投标法实施条例》第 32 条第 2 款规定：“招标人有下列行为之一的，属于以不合理条件限制、排斥潜在投标人或者投标人：……（二）设定的资格、技术、商务条件与招标项目的具体特点和实际需要不相适应或者与合同履行无关……”本案中，余干管委会于 2017 年 8 月 10 日、23 日通过余干县公共资源交易中心网站发布的关于余干城西创新创业产业园设计施工一体化（EPC）项目的两次招标公告在第三部分“资格条件”第 14 项均要求投标人如中标本项目，则需出

---

① 江西长荣建设集团有限公司、江西余干高新技术产业园区管理委员会建设工程施工合同纠纷案，最高人民法院（2020）最高法民终 115 号民事判决书。

具承诺函，承诺同期在该县投资兴建装配式建筑生产项目，并明确表述若未充分兑现承诺则自愿无条件退出项目、签订的本项目及其他相关合同无效、赔偿招标人的各项损失、无须补偿投标人的所有投入。上述资格条件的设置与案涉项目的实际需要不相适应，且与本案合同履行无关，属于以不合理条件限制、排斥潜在投标人的行为。招标公告设置上述不合理资格条件，对潜在投标人的投标意愿造成影响，与案涉工程连续两次招标均流标具有一定的因果关系。案涉工程最终未通过招投标程序确定中标人，即由余干管委会与长荣公司签订施工合同。结合一审法院查明和认定的余干管委会违反《招标投标法》第 24 条关于"……依法必须进行招标的项目，自招标文件开始发出之日起至投标人提交投标文件截止之日止，最短不得少于二十日"的规定，在 13 天内进行两次招标、两次招标公告均未规定获取招标文件或者资格预审文件的地点和时间、长荣公司一审自认的提前进场施工日期 2017 年 9 月 15 日早于《总承包合同》签订日期 2017 年 11 月 10 日等事实，一审判决认定余干管委会与长荣公司在案涉工程招投标程序中违反招标投标法的强制性规定，对中标结果造成实质影响，且不能采取补救措施予以纠正，案涉《总承包合同》无效，有事实和法律依据，并无不当。长荣公司关于案涉《总承包合同》有效的主张，法院不予支持。

2. (2019)最高法民终 1356 号①

法院认为，投标是以投标书形式表现的投标人希望与招标人订立合同的意思表示，属于要约。投标书按照招标文件的要求到达招标人，即产生要约的法律效力。《招标投标法》第 39 条规定："评标委员会可以要求投标人对投标文件中含义不明确的内容作必要的澄清或者说明，但是澄清或者说明不得超出投标文件的范围或者改变投标文件的实质性内容。"《招标投标法实施条例》第 52 条第 1 款规定："投标文件中有含义不明确的内容、明显文字或者计算错误，评标委员会认为需要投标人作出必要澄清、说明的，应当书面通知该投标人。投标人的澄清、说明应当采用书面形式，并不得超出投标文件的范围或者改变投标文件的实质性内容。"在评标阶段，法律允许投标人依法对投标文件的特定要求作出必要澄清或者说明，但不得违反《招标投标法》第 43 条的规定，即"在确定中标人前，招标人不得与投标人就投标价格、投标方案等实质性内容进行谈判"。本案投标澄清文件中澄清的费用并非在确定中标人之前招标人与投标人对投标文件实质性内容进行

---

① 中国电建集团新能源电力有限公司(原贵州电力建设第二工程公司)、贵州赤天化桐梓化工有限公司建设工程施工合同纠纷案，最高人民法院(2019)最高法民终 1356 号民事判决书。

的谈判，也不是在中标通知书发出之后，当事人双方对中标合同标的金额所作的变更。根据《合同协议书》第1条第1款的约定，投标澄清文件是合同文件的组成部分，构成中标合同的内容。原审判决依案涉合同附件19“投标澄清文件”第14、92、129条，认定电建公司的投标报价本身并非完全按照其工程施工所必需的成本加上合理利润后得出的准确数字，进而得出“最终的合同价与投标价之间存在差异并不能据此得出双方在招投标过程中就被告的投标价格、投标方案等实质性内容进行谈判”的结论，属认定事实错误，适用法律不当，所作推论亦不符合逻辑要求。

同时，《合同协议书》的订立，不具备最高人民法院《关于审理建设工程施工合同纠纷案件适用法律问题的解释(二)》①第9条但书条款规定的情形。该但书条款规定：“发包人与承包人因客观情况发生了在招标投标时难以预见的变化而另行订立建设工程施工合同的除外。”本案中，该例外情形的主张责任及举证责任在于赤天化公司。赤天化公司没有提出此项抗辩，也未举示相关证据。

《招标投标法》第46条第1款规定是贯彻合同法关于合同订立一般规定的特别规定，无论必须招标项目或非必须招标项目，均应一体适用，以维护招投标订约程序的严肃性、有效性及招投标市场的信用和秩序。当事人一经选择适用招投标程序订立合同，即使非必招项目，除符合最高人民法院《关于审理建设工程施工合同纠纷案件适用法律问题的解释(二)》第9条但书条款外，“不得再行订立背离合同实质性内容的其他协议”。最高人民法院《关于审理建设工程施工合同纠纷案件适用法律问题的解释(二)》第1、9、10条均体现了这一立法意旨，进一步强化了中标合同的严肃性和权威性。案涉《合同协议书》第3条，以及与之相关的工程价款条款不具备最高人民法院《关于审理建设工程施工合同纠纷案件适用法律问题的解释(二)》第9条规定的排除情形，严重背离投标文件及澄清文件所确定的工程固定价款总额，违背了《招标投标法》第46条第1款第2句的规定。原审判决对电建公司的此项主张未经审理，即认定案涉合同有效，构成漏审漏判，应予纠正。

《招标投标法》第55条规定的是就“依法必须进行招标的项目”，招标人违反该法第43条的规定，应当受到的行政处罚，进而，该法第55条第2款规定，前款所列行为影响中标结果的，中标无效；但是，这并不意味着本条规定排除了非必须招标项目违反该法第43条所导致的中标无效的法律后果。该法第43条是规范招投标程序的基本条款，无论是否属于必须招标项目，都应当一体适用。非必须招

① 该司法解释现已失效。——编者注

标项目违反该规定，亦可构成因违反《合同法》第 52 条第 5 项规定而使中标无效的法律后果。原审判决对《招标投标法》第 43 条与第 55 条的规范对象及规范功能未加仔细区分，而以案涉项目不属于"依法必须进行招标的项目"为由直接适用该法第 55 条的规定，认定当事人"双方在案涉工程招投标过程中是否就合同价格进行了实质性谈判，都不影响案涉 EPC 总承包合同的效力"，适用法律确有错误。

综上所述，EPC 总承包合同之《合同协议书》第 3 条对工程价款的约定，是发包人赤天化公司将依法不属于必须招标的建设工程进行招标后，与承包人电建公司另行订立的背离中标合同实质性内容的条款，且不存在最高人民法院《关于审理建设工程施工合同纠纷案件适用法律问题的解释（二）》第 9 条但书规定的情形，该等约定违反《招标投标法》第 46 条第 1 款第 2 句及其实施条例第 57 条的规定，构成《合同法》第 52 条第 5 项规定的情形，应当确认无效。依照最高人民法院《关于审理建设工程施工合同纠纷案件适用法律问题的解释（二）》第 9 条的规定，当事人请求以中标合同作为结算建设工程价款依据的，人民法院应予支持。电建公司此项上诉理由成立，其以投标文件价款为结算依据的请求，应予支持，但应当扣除澄清文件所列明金额。因此，本案工程价款应为 511,875,031 元。

3.（2019）新民初 15 号①

关于双方签订的《首钢伊犁钢铁有限公司钢铁技改项目棒材、高速线材工程总承包合同》的效力及是否应予解除的问题。建设单位取得建设工程规划许可证是进行合法建设的前提，未取得建设工程规划许可证即进行建设或者未按照建设工程规划许可证的规定进行建设是法律明确禁止的行为，该行为属于违反了《合同法》规定的违反法律、法规效力性强制规定的行为。最高人民法院《关于审理建设工程施工合同纠纷案件适用法律问题的解释（二）》第 2 条规定："当事人以发包人未取得建设工程规划许可证等规划审批手续为由，请求确认建设工程施工合同无效的，人民法院应予支持，但发包人在起诉前取得建设工程规划许可证等规划审批手续的除外。发包人能够办理审批手续而未办理，并以未办理审批手续为由请求确认建设工程施工合同无效的，人民法院不予支持。"本案中，案涉建设工程至今未办理建设工程规划许可证等相关手续，现有证据不能证实首钢伊犁公司能够办理而未办理，因案涉《总承包合同》违反法律、法规效力性强制规定，首钢伊犁公司主张合同无效法院予以支持，法院确认《总承包合同》属无效合同。

---

① 北京京诚瑞信长材工程技术有限公司、中冶京诚工程技术有限公司与首钢伊犁钢铁有限公司建设工程施工合同纠纷案，新疆维吾尔自治区高级人民法院（2019）新民初 15 号民事判决书。

裁判规则二 国有资金投资项目总承包人分包工程的，不属于使用国有资金的情形，不属于必须公开招标项目

【规则解析】

《招标投标法实施条例》第29条规定："招标人可以依法对工程以及与工程建设有关的货物、服务全部或者部分实行总承包招标。以暂估价形式包括在总承包范围内的工程、货物、服务属于依法必须进行招标的项目范围且达到国家规定规模标准的，应当依法进行招标。前款所称暂估价，是指总承包招标时不能确定价格而由招标人在招标文件中暂时估定的工程、货物、服务的金额。"

《工程总承包管理办法》第21条规定："工程总承包单位可以采用直接发包的方式进行分包。但以暂估价形式包括在总承包范围内的工程、货物、服务分包时，属于依法必须进行招标的项目范围且达到国家规定规模标准的，应当依法招标。"

虽然法律规定，若专业分包、材料设备采购、委托服务等暂估价项目属于"必须招标的项目范围"且已达到"必须招标的规模标准"的，总承包人应当公开招标确定分包承接人、采购供应商与服务供应商，且"必须招标的项目范围"包括使用国有资金及国家融资的建设项目，因此，使用国有资金且工程价款达到400万元的施工分包项目属于必须招标的工程项目。但是，有法院认为，资金源头属性不得无限延伸，虽然发包人向总承包人支付的工程款来源于国有资金，但是总承包人是私营企业的，工程款交付到总承包人实际控制后，该工程款国有资金的属性就转变为私人资本。总承包人使用私人资本支付分包工程款的，该施工分包项目不属于"使用国有资金"的项目进而不属于"必须招标的项目范围"之列，因此，即使总承包人未以公开招标的方式遴选施工分包承接人，也不导致分包合同因违反《招标投标法》的强制性规定而无效。

在下述(2018)最高法民终153号案件中，法院认为，煤厂项目由发包人国投哈密公司以工程总承包的形式发包给总承包人大地公司，以国有资金支付工程款，但资金的源头属性不得无限延伸，该国有资金由大地公司实际控制后就转变为大地公司的私人资本；后总承包人大地公司将施工部分分包给神马分公司，大地公司是以其自有私人资本而非国有资金向神马分公司支付工程款，故施工分包不属于使用国有资金项目，进而不在法定招标项目之列，大地公司以邀请招标的方式选择施工分包人，并未违反《招标投标法》的强制性规定。

【裁判观点】

(2018)最高法民终 153 号[①]

关于需要公开招标的项目经公开招标确定总包人后,总包人依法或依约确定分包人是否仍需要进行公开招标的问题。

平煤神马新疆分公司认为,项目使用的资金源头系国有资金,总包人依约确定分包人时仍需要采取公开招标方式。《招标投标法实施条例》第 8 条规定,国有资金占控股或者主导地位的依法必须进行招标的项目,应当公开招标。根据一审查明,国投哈密公司的资金系国有企业自有资金,哈密一矿选煤厂项目系国投哈密公司建设的煤炭能源项目,属于依法必须进行公开招标的项目。国投哈密公司依照法律规定通过公开招标的方式将哈密一矿选煤厂项目以 EPC 总包的方式发包给大地公司。该招投标行为符合法律规定。双方签订的《合同协议书》约定,承包商应按照本合同文件对施工单位的资质规定,通过招标的方式选择,确定合格的分包人,并报业主审核同意,以合同形式委托其完成承包合同范围内的部分项目。该协议授权总包方可以通过招标方式确定分包人。作为总包人,大地公司并非项目投资建设主体,而是该项目的执行单位。除非有法律规定的必须公开招标的项目,否则其有权依照约定的方式确定分包人。此外,资金的源头属性,不能无限制的延伸。国投哈密公司运用国有资金建设案涉项目,相关资金支付给大地公司后,属于大地公司的资产,并非仍是国有资金。

因此,大地公司对外分包,不具有法定必须公开招标的情形。其通过邀请招标的方式确定平煤神马新疆分公司为案涉项目标段 B 的中标单位,符合《合同协议书》的约定,国投哈密公司对平煤神马新疆分公司施工亦未提出异议,表明其认可大地公司的分包行为。故上述分包行为未违反法律、行政法规的强制性规定,平煤神马新疆分公司有关理由不成立。

裁判规则三 总承包人将工程施工分包给施工总承包人,施工总承包人再进行专业分包的,不属于违法分包行为

【规则解析】

虽然《工程总承包管理办法》第 10 条第 1 款规定:“工程总承包单位应当同时

① 平煤神马建工集团有限公司新疆分公司、大地工程开发(集团)有限公司天津分公司建设工程施工合同纠纷案,最高人民法院(2018)最高法民终 153 号民事判决书。

具有与工程规模相适应的工程设计资质和施工资质，或者由具有相应资质的设计单位和施工单位组成联合体。工程总承包单位应当具有相应的项目管理体系和项目管理能力、财务和风险承担能力，以及与发包工程相类似的设计、施工或者工程总承包业绩。”但是，为了满足工程总承包模式下“设计改善施工，施工优化设计”的设计与施工合理衔接、相互促进以实现“降低建设成本，提高利润空间”目的的要求，承接工程总承包项目的主体即总承包人必须兼具施工资质与设计资质，因此法律规定，总承包人要么是具备“双资质”的单一民事主体，要么是具有设计资质的设计单位与具有施工资质的施工单位组成的联合体。

《工程总承包管理办法》在2020年3月1日才生效，在此之前，先行规范性文件并未要求工程总承包人必须兼具施工资质与设计资质，具有施工资质或设计资质的单一主体亦可以“设计+施工”总承包的模式承接工程总承包项目，但是工程总承包人必须将其不具备相应资质的工作范围分包，如工程总承包人是没有设计资质的施工企业的，其必须将设计部分向下分包给有设计资质的主体；如工程总承包人是没有施工资质的设计单位的，其必须将施工部分向下分包给有施工资质的主体，此时，若工程总承包人的直接下手施工总承包人再将施工作业中的专业工程向下分包给专业工程承包人的，将会出现“发包人—工程总承包人—施工总承包人—专业工程承包人”的施工分包组织模式，此时施工总承包人与专业工程承包人签订的《专业工程分包合同》在理论上有可能构成《建设工程质量管理条例》第78条第2款规定的“再分包”的情形进而符合《最高人民法院建设工程司法解释一》第1条的规定而被认定无效。

然而，为促进工程总承包现实的发展并适应工程总承包实务的需要，在不具备“双资质”的工程总承包人不得不将不具备资质的工作范围向下分包的前提下，承认施工分包承接人与劳务分包承接人签订的《劳务分包合同》的有效性，并不违反法律禁止“再分包”的规范目的，有其合理性，理由在于：第一，法律禁止“再分包”的规范目的是禁止专业分包工程的“整体转包”，而“工程总承包人—施工总承包人”关系下的施工内容与“施工总承包人—专业工程承包人”的施工内容并不一致，后者被前者包含，不属于“整体转包”的情形。第二，在工程总承包人还仅具备单资质的期间，若工程总承包人不将其无相应资质的工作范围分包给有资质的主体，则符合“无资质承接工程”进而构成合同无效的事由；若在允许“工程总承包人—施工总承包人”的分包结构存在的前提下，又否定“施工总承包人—专业工程承包人”的分包结构的效力，此时无法期待当事人作出合法行为，会给当事人造成骑虎难下、进退两难的局面，打破“法不强人所难”的规则，不利于保障当事人利益,也不利于工程总承包的专业化发展。据此,在工程总承包模式下,施工总承包将专业工程或劳务作业向下分包的,并不构成“再分包”,一方当事人以分包合同构成违法分包请求法院确认合同无效的,不予支持。

在下述(2019)最高法民终346号案件中,中泰公司为发包人,中南公司为工程总承包人,电建三公司为施工总承包人,中江公司为专业工程承包人,整个项目的分包结构为“中泰公司—中南公司—电建三公司—中江公司”。由于项目性质为工程总承包项目,中江公司具有相应的承接专业工程资质,且发包人同意专业分包的行为,故电建三公司与中江公司签订的《专业工程分包合同》不属于“再分包”,不构成违法分包合同。

【裁判观点】

(2019)最高法民终346号①

本案中,中南公司(工程总承包人)因与中泰公司(发包人)签订《总承包合同》,成为案涉中泰化学阜康100万吨/年电石项目动力站工程的总承包人,承包模式为EPC总承包。因中南公司仅负责工程设计而不具备施工资质,其与中泰公司作为联合招标人,共同对案涉A标段1#、4#机组主体及部分辅助工程土建和安装工程进行招标,后两公司共同与工程中标方电建三公司(施工总承包人)签订《施工合同》,将案涉A标段工程交由电建三公司施工。案涉工程的招标人及《施工合同》的主体均包括中泰公司,电建三公司系于发包人中泰公司处取得施工承包权利,为案涉A标段工程的施工总承包方,不属于《建设工程质量管理条例》第78条第2款第4项规定的“分包单位将其承包的建设工程再分包的”情形。《施工合同》合同通用条件第3条中三方对案涉工程分包约定:经中泰公司与中南公司同意,电建三公司可以分包部分工程。电建三公司作为施工总承包方与中江公司(专业工程承包人)签订《分包合同》,将案涉A标段工程中机组及部分附属项目建设工程分包给中江公司,系经业主中泰公司及工程总承包方中南公司同意,不属于《建设工程质量管理条例》第78条第2款第2项规定的“……未经建设单位认可,承包单位将其承包的部分建设工程交由其他单位完成的”情形。本案案涉工程为电石项目动力站工程,工程的主体为机组设备的采购与安装,中江公司承接的工程范围为A标段工程项目中的土建工程,并非主体工程,中江公司亦具

---

① 中国江苏国际经济技术合作集团有限公司、新疆中泰矿冶有限公司建设工程施工合同纠纷案,最高人民法院(2019)最高法民终346号民事判决书。

备相应的施工资质，不属于《建设工程质量管理条例》第 78 条第 2 款第 1、2 项规定的情形。综上所述，电建三公司与中江公司所签订的《分包合同》，并未构成《建设工程质量管理条例》第 78 条第 2 款规定的“违法分包”的情形，亦无证据证明其存在《合同法》第 52 条规定的情形，合法有效。

裁判规则四　在工程总承包模式下，主体结构的承接主体可以是工程总承包人或施工总承包人，工程总承包人将施工业务分包给施工总承包人的，不属于违法分包，一方当事人主张分包合同无效的，不予支持

【规则解析】

虽然《工程总承包管理办法》第 10 条第 1 款规定“工程总承包单位应当同时具有与工程规模相适应的工程设计资质和施工资质，或者由具有相应资质的设计单位和施工单位组成联合体。工程总承包单位应当具有相应的项目管理体系和项目管理能力、财务和风险承担能力，以及与发包工程相类似的设计、施工或者工程总承包业绩”，要求工程总承包建设项目的承接人兼具施工资质与设计资质。但是《工程总承包管理办法》的出台时间是 2019 年，在此之前承接工程总承包建设项目的承接人大多没有能力获得双资质，尤其是设计单位，在接受工程总承包建设业务的委托后，为了避免自身无施工资质承建土建施工引发质量安全问题的风险，不得不将施工业务分包给具有相应资质的施工企业。如果此时不承认施工分包的合法性，会使身为工程总承包人的设计单位陷入进退维谷的境地：若将全部施工对外分包，身为工程总承包人的设计单位将因构成主体结构分包、属于违法分包而被指责；若不将全部施工对外分包，身为工程总承包人的设计单位将因不具备施工资质而落入无资质承接施工业务的非难。虽然上述两种行为都是《建设工程质量管理条例》明令禁止的违法分包行为，但是考虑到工程总承包建设项目的特殊性带来的现实问题，必须承认上述其中一种行为的合法性，否则工程总承包业务根本无法开展。未尽到亲自完成委托业务的义务仅关系到工程总承包人忠实义务的违反，而没有施工资质却承接施工业务却涉及工程质量把控及不特定公共群众的人身财产安全，前者体现的债权管理利益，后者维护基本生存利益，后者的价值利益明显高于前者，后者的严重程度也明显高于前者，因此承认不具备施工资质的工程总承包人将施工业务对外分包的合法性更具有迫切性与必要性。

据此，在工程总承包模式下，不具备相应施工资质的工程总承包人将施工业务全部分包给具有资质的施工分包企业承接的，即使分包的是施工主体结构，为鼓励工程总承包人树立“质量为先”的根本意识，也应赋予其合法性，认可《分包合同》为合法有效的合同。在此前提下，一方当事人以施工分包构成主体结构分包属于违法分包为由主张《分包合同》无效的，不予支持。

值得注意的是，关于工程总承包模式下将工程主体结构、关键性工作再行分包合同的效力问题，最高人民法院(2020)最高法民申6978号①似判定合同无效(法院裁定显示：根据已查明的有关事实，国电中兴公司与海润光伏公司就案涉通辽国电中兴30MWP光伏电站项目签订的《EPC总承包合同》。后海润光伏公司与南京东送公司签订《PC工程承包合同》，将其与国电中兴公司签订的EPC合同中的主体结构、关键性工作的范围包括组件、支架的安装、工程整体竣工验收调试分包给南京东送公司。因案涉工程为必须招标的项目，且海润光伏公司缺乏总承包资质，国电中兴公司未经招投标程序与海润光伏公司签订的《EPC总承包合同》以及海润光伏公司与南京东送公司就案涉工程的主体结构、关键性工作的范围进行分包所签订的《PC工程承包合同》违反了法律的规定，依法应为无效。二审法院认定《EPC总承包合同》《PC工程承包合同》无效并无不当)。但由于该案为申请再审案例，法院在驳回再审申请的裁定中述理十分有限，且原案内蒙古自治区高级人民法院(2020)内民终358号民事判决无法获取，不能够确定该案是否属于本案当中的类似情形。

【裁判观点】

(2019)豫民申5894号②

关于中机公司和郑建工公司分包合同的性质和效力，法院经审查认为，确定该合同性质和效力的基础是中机公司和中益公司之间《EPC总承包合同》的性质和效力。根据该《EPC总承包合同》第1条工程概况中关于工程范围的约定，该合同为建造总承包工程(EPC)，包括设计、制造、采购、建设与施工、安装等所有工作；另根据第10条约定，总承包人在本工程的建筑及安装施工主要分包要经过发

---

① 科左中旗国电中兴光伏科技有限公司、南京东送电力科技有限公司建设工程施工合同纠纷再审审查与审判监督案，最高人民法院(2020)最高法民申6978号民事裁定书。

② 中机新能源开发有限公司、郑州建工集团有限责任公司(原郑州建工集团有限公司)建设工程施工合同纠纷再审审查与审判监督案，河南省高级人民法院(2019)豫民申5894号民事裁定书。

包方认可。根据上述约定内容显示,该《EPC 总承包合同》的性质应为工程总承包,而非施工总承包。二审法院认为,中机公司将建筑工程主体结构和土建工程分包给郑建工公司,违反了《合同法》第 272 条第 3 款和《建筑法》第 29 条第 1 款的规定,属于违法分包。

法院认为,从前述两个法律条款的内容来看,对总承包人和承包人、建筑工程总承包和施工总承包均进行了明确区分,对于建设工程主体结构的分包限制仅及于施工总承包人和承包人,截至目前,并没有对建筑工程总承包人分包建设工程主体结构的禁止性规定。郑建工公司在其提交的答辩状中,未对中机公司主张合同有效进行否认。在询问和代理意见中,郑建工公司主张合同无效的主要理由:一是中机公司作为建设工程总承包方,将设计、土建、安装全部分包,明显有违 EPC 总承包的制度原则;二是依据 1997 年《国家基本建设大中型项目实行招标投标的暂行规定》第 28 条的规定,中标合同不得转让和合同分包量不得超过中标合同价的 30%;三是《分包合同》违反《招标投标法》等强制性规定情形。对于中机公司是否将设计、土建、安装全部分包,原审中并未涉及该问题,郑建工公司申请再审主张中机公司全部分包的证据并不充分。《国家基本建设大中型项目实行招标投标的暂行规定》已于 2004 年被《国家发展和改革委员会决定废止的招标投标规章和规范性文件目录》废止;《分包合同》采取的是工程量清单报价招标方式,招投标过程不违反强制性规定,且该 EPC 工程已经竣工验收履行完毕,并被评定为国家级优质工程奖鲁班奖,因此,中机公司作为工程总承包方,经发包方中益公司对郑建工公司单位资质审查报审同意后,将土建工程进行分包,涉案的总包和分包合同均应合法有效。原审法院关于涉案合同效力的认定错误,中机公司的该申请再审理由有法律依据和事实依据,法院予以采信。中机公司申请再审主张违约金和赔偿金的请求与合同效力问题密切相关,可在再审时一并审查确定。

裁判规则五 工程总承包人未经发包人事先同意将工程分包,但发包人明知总承包人对外分包且未提出任何异议的,不认为分包合同为无效合同

【规则解析】

虽然根据《建设工程质量管理条例》第 78 条第 2 款的规定,“本条例所称违法分包,是指下列行为:……(二)建设工程总承包合同中未有约定,又未经建设单位

认可，承包单位将其承包的部分建设工程交由其他单位完成的……”以及根据《最高人民法院建设工程司法解释一》第1条第2款的规定，“承包人因转包、违法分包建设工程与他人签订的建设工程施工合同，应当依据民法典第一百五十三条第一款及第七百九十一条第二款、第三款的规定，认定无效”，未经发包人同意且施工合同未约定的分包属于违法分包，所签订的合同应当认定为无效合同，但是该规则仅约束传统施工总承包模式，对于工程总承包模式并不同等适用。在工程总承包模式中，总承包人将建设项目的施工作业、图纸设计与采购事务一并承接，其业务范围拓宽，所担责任亦加重，因此发包人应给予总承包人较大程度的决策自由，才能保证工程总承包合同的顺利履行。在实践中，有法院认为，虽然工程总承包对外分包未得到《工程总承包合同》的授权，亦未经得发包人同意，但是工程总承包模式下总承包人应享有较高的自由度，在发包人明知总承包人对外分包却未提出任何反对意见或异议的情况下，不应认定总承包人的分包行为为违法分包，进而判定分包合同为无效合同。

【裁判观点】

(2018)黑民终28号①

根据当事人上诉、答辩及二审庭审中陈述的意见，本案需解决争议为各份合同的签订主体及合同的效力问题。国电双电公司作为争议工程的发包方与哈锅公司作为争议工程的总承包方之间通过招标签订的《国电双电公司2×600MW机组技改项目烟气脱硝装置(液氨法)EPC总承包工程合同》及随后签订的补充协议，均系双方当事人的真实意思表示，不违反法律、行政法规的效力性强制性规定，亦不存在导致合同无效的其他情形，法院依法确认其有效。该合同及补充协议在国电双电公司及哈锅公司之间发生法律效力。对于哈锅公司与吉林飞特公司签订的分包合同，哈锅公司与国电双电公司在投标书中约定，投标人的分包商(若有)必须与其分包相适应的营业范围和资质如下:具有独立法人资格，分别具有电力工程施工总承包壹级资质等级和环境工程甲级设计资质;具有机电安装工程施工总承包壹级资质或与建筑施工总承包壹级资质的投标联合体;具有类似于SCR调试试验考核的相应资质证书。不允许再分包或转让他人，需要再分包或转让的项目需在投标阶段声明并经买方批准。哈锅公司与吉林飞特公司之间的分

① 哈尔滨锅炉厂有限责任公司、黑龙江龙唐电力工程有限公司建设工程施工合同纠纷案，黑龙江省高级人民法院(2018)黑民终28号民事判决书。

包合同虽未在签订合同前经国电双电公司认可，但国电双电公司与哈锅公司之间的合同性质为EPC，即发包人给予总承包人在建设工程项目建设中较大的工作自由，在合同履行过程中，国电双电公司亦知晓吉林飞特公司为分包单位且签订了《国电双鸭山发电有限公司三期脱硝改造工程建安税代扣代缴协议》，对哈锅公司的分包行为并未提出异议。且违反该投标文件的约定并不必然导致该合同无效，据此，哈锅公司与吉林飞特公司间的分包合同依法有效。哈锅公司与吉林飞特公司间存在合同的权利义务关系，哈锅公司在吉林飞特公司履行合同后依约拨付工程款并无不当。

裁判规则六　招标文件不接受联合体投标，但在招标过程中发包人接受联合体投标并予以签约的，视为发包人接受联合体投标，发包人主张总承包合同违反招投标相关法律规定合同无效的，不予支持

【规则解析】

招标文件是招标人或招标代理机构编制并向潜在投标人发出的明确资格条件、评标方法、投标程序、合同订立条件等内容的文件，主要目的是告知投标人招标的项目、合同的条款、采购的商品或服务缴获的时间条件等。

根据《招标投标法实施条例》第37条的规定，招标人应当在资格预审公告、招标公告或者投标邀请书中载明是否接受联合体投标，以及《招标投标法》第31条的规定，"两个以上法人或者其他组织可以组成一个联合体，以一个投标人的身份共同投标。联合体各方均应当具备承担招标项目的相应能力；国家有关规定或者招标文件对投标人资格条件有规定的，联合体各方均应当具备规定的相应资格条件……"招标人在招标时可以根据自身需求确定投标人的资格条件，如总承包建设项目的发包人可以在招标文件中对投标人的资格作出规定，明确是否接受联合体的投标。一般而言，招标人在接受投标时会按照招标文件的要求对于投标主体进行资格审查，排除不符合招标文件规定资格条件的投标人的投标。

但是，在招标文件发出后，如果发包人并未根据招标文件的资格条件审查投标人的资格，甚至在了解投标人不符合资格条件的情况下继续允许投标人投标并签订工程总承包合同的，可以视为发包人以实际履行行为改变了原招标文件的规定，且以合同的形式形成了与投标人的合意。合同签订后，发包人再以总承包人不符合招标文件规定的资格条件为由主张合同违反招投标相关规定的，不应得到支持。

【裁判观点】

(2019)新民初15号①

首钢伊犁公司认为,其在招标文件中,明确载明不接受联合体投标,但项目实际由原告京诚瑞信公司、中冶京诚公司以联合体方式中标,违反招标文件的规定,且京诚瑞信公司不具备招标文件中要求的冶金行业设计乙级以上资质,故合同无效。《招标投标法实施条例》第37条规定,招标人应当在资格预审公告、招标公告或者投标邀请书中载明是否接受联合体投标。案涉工程的招标文件虽明确载明不接受联合体投标,但在后续的招投标和签约过程中,首钢伊犁公司接受了京诚瑞信公司、中冶京诚公司作为联合体投标和签约,可推定双方已就联合体投标达成合意,不违反上述规定。

第二节 工程总承包合同无效的法律后果

裁判规则七 工程总承包合同无效,其中的违约责任条款亦无效

【规则解析】

《民法典》第577条规定:"当事人一方不履行合同义务或者履行合同义务不符合约定的,应当承担继续履行、采取补救措施或者赔偿损失等违约责任。"

合同约束力的表现形式有两种:一种是合同义务的履行,另一种是违约责任的承担。违约责任,是指一方当事不履行合同义务或不按约定的时间、地点、形式、标准、要求等履行义务,依法产生的法律责任,其产生的前提是合同成立且有效。若合同无效的,违约责任的约定也随之无效,只能依照《民法典》第157条的规定产生返还财产、折价补偿与损害赔偿法律后果。据此,在合同无效的情形下,一方当事人要求另一方当事人承担违约责任的,不予支持。

---

① 北京京诚瑞信长材工程技术有限公司、中冶京诚工程技术有限公司与首钢伊犁钢铁有限公司建设工程施工合同纠纷案,新疆维吾尔自治区高级人民法院(2019)新民初15号民事判决书。

【裁判观点】

(2015)民一终字第 144 号①

《合同法》第 58 条规定:“合同无效或者被撤销后,因该合同取得的财产,应当予以返还……”因涉案合同无效,世纪能源公司基于合同获得的中利腾晖公司 1000 万元履约保证金应予返还。虽然双方在《光伏发电项目总承包合同》第 17.2 条中约定:“发包人可根据第 2.6.2 款终止合同。在与承包方协商不成终止合同之后,发包人可自行或委托其他承包人、或者与其他承包人一起来完成本工程,并没收工程履约保证金。”但其适用的前提条件是合同有效且满足合同第 2.6.2 款的要求。本案合同无效,世纪能源公司要求按照有效合同的约定不予返还履约保证金的上诉理由不能成立,法院不予支持。

法院认为,违约赔偿的诉讼请求应当建立在合同有效的基础上,因涉案合同无效,世纪能源公司主张违约赔偿缺乏法律依据。且其主张损失的依据是案外人世能光伏公司与其他公司签订的合同及结算单据,由于世纪能源公司与世能光伏公司是两个独立的法人,其主张损失的依据与本案不具有关联性。世纪能源公司依此要求中利腾晖公司承担违约赔偿责任的上诉理由不能成立,法院不予支持。

裁判规则八 《民法典》第 793 条可以参照“合同关于工程价款的约定”折价补偿承包人的规定不包括付款时间、付款条件的约定;合同无效,总承包人以合同约定的付款时间、付款条件向发包人主张违约责任的,不予支持

【规则解析】

《民法典》第 793 条第 1 款规定:“建设工程施工合同无效,但是建设工程经验收合格的,可以参照合同关于工程价款的约定折价补偿承包人。”合同无效是合同效力状况中最消极、最负面的法律评价,故无效的合同不得依当事人的自由意思发生拘束效力。在工程总承包合同被认定无效的情形下,根据法律规定,只能产生返还财产、折价补偿与损害赔偿的法律后果。但是《民法典》却规定,即使工程

① 中利腾晖光伏科技有限公司与青海世纪能源科技发展有限公司建设工程施工合同纠纷案,最高人民法院(2015)民一终字第 144 号民事判决书。

总承包合同无效,也应当参照发承包双方约定的工程价款进行折价补偿,即强调当事人的真实意思在工程价款结算中发挥的作用,其理由在于:(1)根据《民法典》第157条的规定,合同无效的最直接后果是一方当事人应当返还基于履行义务所获得的财产,但鉴于建设工程费资巨大、耗能巨大、体量巨大,若要求发包人将建设工程成果予以拆卸返还总承包人,将导致社会资源的巨大浪费,有损于社会的整体效益维护,故出于经济节约的考虑,在工程总承包合同无效的情况下,不作返还财产的要求,仅作折价补偿的要求。(2)发承包双方对工程价款计价方法的约定体现了自由意志、真实意思以及合理信赖,即使工程总承包合同无效,也应当保护发承包双方订立工程总承包合同时的合理信赖。要求发承包双方按照约定的工程价款折价补偿,不违反发承包双方的合理信赖,能够使发承包双方更加平和地接受这样的处理结果,更有利于抚平冲突、定分止争。(3)若按照合同无效下折价补偿的一般要求,工程总承包合同无效的,应当采用市场价格作为工程价款的计价依据,而依照市场价格标准所计算出的工程价款数额比根据发承包双方约定计算得出的工程价款要高,如此做法,会产生愚弄法律之危险,[①]即不当引发合同当事人一方恶意要求法院确认合同无效并基于合同无效攫取更高的不正当利益的不利后果。建筑市场中合同无效的事由多为违反分包、非法转包与借用资质,均为违法行为,承认合同无效而按照市场价格结算工程价款的效力,等于承认当事人可以基于其违法行为获取比基于合法行为更多的利益,这不为法律的精神导向所容许。故即使工程总承包合同无效,也要求发包人应当参照发承包双方约定的工程价款折价补偿总承包人,有其现实必要性与合法合规性。

但是,对于"可以参照合同关于工程价款的约定"的具体内涵,实践中多数法院均认为应当作限缩解释,即参照合同约定折价补偿承包人的范围仅限于参照"工程款计价方法、计价标准等与工程价款数额有关的约定",而付款条件、付款时间、付款节点等条款的约定不属于参照适用的范围,承包人以发包人的付款行为违反合同有关付款条件、付款时间或付款节点的约定为由主张合同权利或追究违约责任的,不予支持。除下述案例外,类似的判决还有(2021)最高法民申2539

---

① 杨劭禹:《工程合同无效中实际施工人的工程价款请求权——基于对贵州省高级人民法院近三年裁判文书的考察》,载于健龙、王红松等主编:《中国建设工程法律评论》第11辑,法律出版社2020年版。

号[①]、(2020)最高法民申 4624 号[②]、(2019)最高法民终 1852 号[③]、(2019)最高法民申 4893 号[④]、(2019)最高法民申 5692 号[⑤]、(2019)最高法民申 1218 号[⑥]、(2018)最高法民申 2278 号[⑦]等。

【裁判观点】

(2020)新民终 106 号[⑧]

最高人民法院《关于审理建设工程施工合同纠纷案件适用法律问题的解释》第 2 条规定,建设工程施工合同无效,但建设工程经竣工验收合格,承包人请求参照合同约定支付工程价款的,应予支持。该条规定的原意是参照合同约定确定工程价款数额,主要是指工程款计价方法、计价标准等与工程价款数额有关的约定,双方关于付款节点约定的条款,不属于可以参照适用的合同约定。一审法院已查明,2014 年 12 月 31 日昂立公司 20 兆瓦光伏电站并网发电;经正信公司与昂立公司核对,涉案项目组件款 99,167,625 元,昂立公司已付 90,352,725 元,剩余 8,814,900元未支付;《补充合同》约定的总价款 97,732,375 元,昂立公司已付 58,647,275元,剩余 39,085,100 元未支付。昂立公司应向正信公司支付的案涉项目欠付工程款数额为以上两项未支付的款项合计 4790 万元。关于是否应扣除税金 31.90877 万元的问题,案涉合同及补充合同中并未约定从合同固定总价中扣除税金,一审中昂立公司提交的补充协议系复印件,未提交其他证据加以佐证,且该补充协议约定的内容为股权转让交割过程中应缴纳的印花税、企业所得税、个

---

① 四川亚东房地产开发有限公司、重庆一建建设集团有限公司建设工程施工合同纠纷案,最高人民法院(2021)最高法民申 2539 号民事裁定书。

② 湖南长信建设集团有限公司、资兴市联创地产开发有限公司建设工程施工合同纠纷再审审查与审判监督案,最高人民法院(2020)最高法民申 4624 号民事裁定书。

③ 何某华、邓某刚建设工程施工合同纠纷案,最高人民法院(2019)最高法民终 1852 号民事判决书。

④ 湖南汇华置业发展有限公司、湖南长工工程建设有限公司建设工程施工合同纠纷再审审查与审判监督案,最高人民法院(2019)最高法民申 4893 号民事裁定书。

⑤ 贵州发展建设工程有限公司、兴义市威舍镇人民政府建设工程施工合同纠纷再审审查与审判监督案,最高人民法院(2019)最高法民申 5692 号民事裁定书。

⑥ 肖某佑、临泉县人民政府建设工程施工合同纠纷再审审查与审判监督案,最高人民法院(2019)最高法民申 1218 号民事裁定书。

⑦ 江苏省第一建筑安装集团股份有限公司(原江苏省第一建筑安装股份有限公司)、宜昌市皇源建筑劳务有限公司建设工程施工合同纠纷再审审查与审判监督案,最高人民法院(2018)最高法民申 2278 号民事裁定书。

⑧ 正信光电科技股份有限公司、民丰县昂立光伏科技有限公司与联合光伏(常州)投资集团有限公司建设工程施工合同纠纷案,新疆维吾尔自治区高级人民法院 (2020)新民终 106 号民事判决书。

人所得税等，与本案建设工程施工合同纠纷不是同一法律关系，昂立公司可另案主张。一审法院对税金扣除问题处理错误，予以纠正。昂立公司主张应扣减光伏项目保养、气象整改、监控装置配备、防洪坝维护施工、安装封闭围栏等费用，而上述费用均属于光伏项目的后期运行维护费用，正信公司亦不认可，昂立公司主张从工程价款中扣减上述费用证据不足，于法无据，一审法院不予支持正确。综上所述，昂立公司欠付工程款数额为4790万元，一审法院对欠付工程款数额认定错误，予以纠正。

裁判规则九 违约方过错导致工程总承包合同无效，守约方以实际支出为依据请求违约方承担赔偿责任的，应予支持

【规则解析】

《民法典》第157条规定："民事法律行为无效、被撤销或者确定不发生效力后……有过错的一方应当赔偿对方由此所受到的损失……"

《最高人民法院建设工程司法解释一》第6条规定："建设工程施工合同无效，一方当事人请求对方赔偿损失的，应当就对方过错、损失大小、过错与损失之间的因果关系承担举证责任。损失大小无法确定，一方当事人请求参照合同约定的质量标准、建设工期、工程价款支付时间等内容确定损失大小的，人民法院可以结合双方过错程度、过错与损失之间的因果关系等因素作出裁判。"

虽然工程总承包合同无效的，违约责任亦无效，但是一方当事人未按照约定履行义务，导致另一方当事人遭受严重损失的，违反约定的当事人也应当承担损害赔偿责任。

在下述(2020)最高法民申1443号案件中，虽然合同无效，但是总承包人以自身实际遭受的损失为限要求发包人支付损害赔偿金的，有事实与法律依据，应予支持。

【裁判观点】

(2020)最高法民申1443号①

关于案涉承包合同认定无效后的工程款支付及损失赔偿问题。法院认为，在

---

① 崇左华威生物质发电有限公司、北京华威投资有限公司建设工程合同纠纷再审审查与审判监督案，最高人民法院(2020)最高法民申1443号民事裁定书。

本案合同无效的情形下,对于中建电力公司投入建设所产生的费用,应秉持公平对等的原则作出适当的处理。关于双方在承包合同中约定的固定利润以及总部管理费,属于中建电力公司提供产品及服务所应获得的对价利益,其与实际支出共同构成工程价款的内容。故原审法院支持中建电力公司主张的并经核查的实际支出费用,固定利润、总部管理费并无不当。违约金不属于工程款,违约金条款因合同无效亦归于无效,崇左华威公司主张依据案涉合同的违约金条款请求中建电力公司支付违约赔偿金缺乏依据,法院不予支持。

因合同无效所造成的损失应理解为,缔约一方或双方因疏忽大意或故意违反相关法律、行政法规强制性规定导致合同无效,继而产生前期投入、机会成本等损失。本案中,中建电力公司承包案涉工程后进行实际投入建设并已完成部分工程,该完成部分属于崇左华威公司因该合同取得的财产。崇左华威公司主张该部分工程的工程款由其与中建电力公司按过错程度分担缺乏依据,法院不予支持。

裁判规则十　工程总承包合同无效,发包人主张依据合同约定没收履约保证金的,不予支持

【规则解析】

《民法典》第157条规定:"民事法律行为无效、被撤销或者确定不发生效力后,行为人因该行为取得的财产,应当予以返还;不能返还或者没有必要返还的,应当折价补偿。有过错的一方应当赔偿对方由此所受到的损失;各方都有过错的,应当各自承担相应的责任。法律另有规定的,依照其规定。"

履约保证金,是发包人为了制约、促使总承包人按约完成建设义务而向总承包人收取的一笔担保其履约行为的费用,由总承包人向发包人交付,待竣工验收合格后,若工程项目建设期间未发生扣除履约保证的事由的,由发包人无息返还总承包人或根据合同约定自动转为工程质量保修金。在合同无效的情形下,一方当事人因另一方当事人履行义务的行为而取得财产或获得利益的,应当返还给另一方当事人。据此,工程总承包合同无效的,发包人因总承包人的交付行为获取履约保证金的,应予返还,即使合同约定的履约保证金返还期限未届至,鉴于合同无效该返还期限约定亦无效,发包人以返还期限未到达为由拒绝返还履约保证金的,不予支持。

【裁判观点】

(2015)民一终字第144号[①]

《合同法》第58条规定:“合同无效或者被撤销后,因该合同取得的财产,应当予以返还……”因涉案合同无效,世纪能源公司基于合同获得的中利腾晖公司1000万元履约保证金应予返还。虽然双方在《光伏发电项目总承包合同》第17.2条中约定:“发包人可根据第2.6.2款终止合同。在与承包方协商不成终止合同之后,发包人可自行或委托其他承包人、或者与其他承包人一起来完成本工程,并没收工程履约保证金。”但其适用的前提条件是合同有效且满足合同第2.6.2款的要求。本案合同无效,世纪能源公司要求按照有效合同的约定不予返还履约保证金的上诉理由不能成立,法院不予支持。

① 中利腾晖光伏科技有限公司与青海世纪能源科技发展有限公司建设工程施工合同纠纷案,最高人民法院(2015)民一终字第144号民事判决书。

第八章

工程总承包合同解除问题

第一节 合同解除的条件

裁判规则一 不具备法定解除权或约定解除权的总承包人向发包人发出解除合同通知,发包人不予认可的,不发生合同解除效力

【规则解析】

合同的解除分为合意解除与单方解除,前者在合同双方对解除合同达成意思表示一致时发生效力,后者在一方当事人享有单方解除权并以通知或诉讼的方式行使解除权、解除通知到达对方时发生效力。根据法律规定,单方解除权包括以下三种情形:

1. 约定解除权。《民法典》第 562 条规定:"当事人协商一致,可以解除合同。当事人可以约定一方解除合同的事由。解除合同的事由发生时,解除权人可以解除合同。"合同当事人可以在合同中约定解除合同的前提事由,在合同履行过程中出现约定的解除情形的,一方当事人据以享有约定解除权。

2. 法定解除权。法定解除权包括:(1)一般法定解除权,即《民法典》第 563 条第 1 款规定"有下列情形之一的,当事人可以解除合同:(一)因不可抗力致使不能实现合同目的;(二)在履行期限届满前,当事人一方明确表示或者以自己的行为表明不履行主要债务;(三)当事人一方迟延履行主要债务,经催告后在合理期限内仍未履行;(四)当事人一方迟延履行债务或者有其他违约行为致使不能实现合同目的;(五)法律规定的其他情形"。(2)情势变更解除权,即《民法典》第 533 条

第 1 款规定:“合同成立后,合同的基础条件发生了当事人在订立合同时无法预见的、不属于商业风险的重大变化,继续履行合同对于当事人一方明显不公平的,受不利影响的当事人可以与对方重新协商;在合理期限内协商不成的,当事人可以请求人民法院或者仲裁机构变更或者解除合同。”(3)不安抗辩解除权,即《民法典》第 528 条规定:“当事人依据前条规定中止履行的,应当及时通知对方。对方提供适当担保的,应当恢复履行。中止履行后,对方在合理期限内未恢复履行能力且未提供适当担保的,视为以自己的行为表明不履行主要债务,中止履行的一方可以解除合同并可以请求对方承担违约责任。”当发生以上法定解除事由时,一方当事人据以享有法定解除权。

3. 任意解除权。《民法典》第 563 条第 2 款规定:“以持续履行的债务为内容的不定期合同,当事人可以随时解除合同,但是应当在合理期限之前通知对方。”根据法律规定,不定期租赁合同、承揽合同、委托合同、不定期合伙合同、不定期许可期限的肖像许可使用合同的当事人享有任意解除权,有权在提前通知对方的情形下随时解除合同。

在合同成立并生效的情形下,一方当事人要求解除合同,另一方不同意的,除非要求解除合同的该方当事人享有单方解除权,即约定解除权、法定解除权及任意解除权的其中一种,才产生解除合同的效果;否则,不发生合同解除的效力,一方当事人拒绝履行义务或擅自停止履行义务的,属于违约行为,法院不予支持。

【裁判观点】

(2019)最高法民申 6462 号①

原审判决关于违约问题的认定具有相应的事实依据,并不缺乏证据证明。

浙江一建以平阳旅投存在未按时支付预付款和工程进度款为由,于 2017 年 11 月 9 日通知平阳旅投解除合同,该通知并不必然发生解除合同的效力,如要发生法律效力,须以浙江一建具有法定解除权或约定解除权为前提。

关于支付工程预付款的情况。根据本案查明的事实,平阳旅投支付了预付款 5000 万元,尚有 3800 余万元未支付。对于未足额支付的原因,双方各执一词。根据双方此前两次的交易实际情况来看,确实存在浙江一建先开增值税发票,而后

---

① 浙江省一建建设集团有限公司、清华大学建筑设计研究院有限公司建设工程施工合同纠纷再审审查与审判监督案,最高人民法院(2019)最高法民申 6462 号民事裁定书。

平阳旅投再付款的情况。而且,2017 年 10 月 23 日,当浙江一建告知平阳旅投“尚有 3800 万元预付款至今尚未支付,如贵司继续拖延,省一建保留解除合同的权利”时,平阳旅投当日即回复“3800 万元预付款事宜我公司一直未收到贵司的支付票据”,浙江一建收到该回复后并未作出回应。2017 年 10 月 26 日,平阳旅投在一次商谈工程事宜的会议中又向浙江一建提及“你要打款我就打款,你们发票开来我们都没问题”,浙江一建没有要求打款,而是回答“我们不谈这个事情”。

关于支付工程进度款的情况。在案证明表明,根据双方合同约定,进度款支付需要承包人每月提交相关报表并向监理人申请,在经监理人审核、发包人确认、发包人委托的审价单位审核通过后才能进行支付,环节步骤较多,需要一定的过程。浙江一建于 2017 年 8 月 25 日第一次向监理公司报送申请进度款,平阳旅投 2017 年 9 月 13 日审核后要求浙江一建补充工程款支付依据并提供临时设施专用账号,浙江一建并未补充提交。之后,浙江一建于 9 月 25 日第二次向监理公司报送支付进度款,并对支付的款项进行了修改和补充,经监理公司审核后,浙江一建于 2017 年 10 月 30 日向平阳旅投提交,次日,平阳旅投审核了 2017 年 9 月进度款支付凭证,其委托的审价单位则于 2017 年 11 月 6 日审价完毕,并出具“第 01 期进度款工程预算书”。平阳旅投于 2017 年 11 月 7 日向浙江一建送达该审价结果。第二期进度款申请支付情况如下:浙江一建于 2017 年 10 月 25 日向监理公司报送申请支付进度款,经监理公司审核后实际向平阳旅投提交的日期为 2017 年 11 月 8 日,平阳旅投尚在审核中。2017 年 11 月 9 日,浙江一建发出了解除合同通知。

双方签订的《平阳星际科幻谷文化园主体工程设计采购施工(EPC)总承包合同》[以下简称《(EPC)总承包合同》]涵盖设计、采购、施工等多个复杂环节,合同签订后,双方约定由浙江一建在 2017 年 5 月 22 日合同签订后 10 个工作日内提交一份履约担保,合同在提供履约担保后生效。直到同年 6 月 27 日,浙江一建才向平阳旅投提交了银行履约保函,导致合同生效时间比双方约定时间晚。此后,在合同履行过程中,因设计方案调整变更等原因,设计方案迟迟不能确定,导致合同工期一再顺延,但双方总体上尚能够互相协调,继续履行合同。现有证据尚难以认定平阳旅投具有故意拖延继续支付工程预付款和进度款的行为,且即便后期平阳旅投存在逾期支付预付款和进度款的行为,根据《(EPC)总承包合同》的约定,发包人延误付款达 60 日以上,并影响到整个工程实施的,承包人有权解除合同。但本案中,前期工程施工量不大,平阳旅投已支付的 5000 万元预付款足以抵扣前期工程进度款,故平阳旅投未足额支付的预付款、进度款尚未达到“影响到整个工程实施”的程度,因此,本案不符合合同约定的解除条件。本案也不存在《合同法》

第 94 条[①]规定的情形,因此,也不符合法定解除条件。

从本案合同履行情况来看,因工程造价较高,平阳旅投还曾帮助浙江一建方协调降低工程造价,无证据表明平阳旅投存在故意不继续履行合同的情况。在合同工期一再顺延、项目建设进展不顺利的情形下,更需要发包方和承包方互相配合,加强沟通协调,才能顺利完成整个项目建设任务。在案涉合同存在继续履行的条件和可能的情况下,浙江一建于 2017 年 11 月 9 日发出解除合同通知并单方退场,综合以上情况考虑,原审法院认定其存在违约行为,并无不妥。

裁判规则二 总承包人未完成合同约定工作擅自退场的,属于"以自身行为表明不履行义务",发包人要求解除合同并要求总承包人承担违约责任的,应予支持

【规则解析】

一、合同签订后,一方当事人以自己的行为表明不履行主要义务,另一方当事人有权解除合同

《民法典》第 563 条规定:"有下列情形之一的,当事人可以解除合同:(一)因不可抗力致使不能实现合同目的;(二)在履行期限届满前,当事人一方明确表示或者以自己的行为表明不履行主要债务;(三)当事人一方迟延履行主要债务,经催告后在合理期限内仍未履行;(四)当事人一方迟延履行债务或者有其他违约行为致使不能实现合同目的;(五)法律规定的其他情形。以持续履行的债务为内容的不定期合同,当事人可以随时解除合同,但是应当在合理期限之前通知对方。"

根据法律规定,合同成立并生效后,若一方当事人以自己的行为表明不履行合同主要义务的,另一方当事人享有法定解除权的,可以解除合同并要求该方当事人承担违约责任。

① 现规定于《民法典》第 563 条。

二、工程总承包合同签订后，总承包人未完成合同范围内的承包业务即擅自退场的，属于“以自身行为表明不履行合同主要义务”的行为，发包人有权解除合同

总承包人在工程总承包合同中的核心义务是按照合同约定完成承包范围内的建设施工、设备采购及图纸设计工作并交付发包人，这是工程总承包合同目的得以实现的基础。若在施工过程中，总承包人未完成合同约定范围内的施工承包业务即出于自身原因擅自退场的，属于总承包人“以自身行为表明不履行合同主要义务”的情形，将导致发包人的根本合同目的不能实现，根据《民法典》第563条的规定，发包人有权行使法定解除权，解除工程总承包合同并要求总承包承担违约责任。

【裁判观点】

（2020）赣民终64号①

关于鞍钢工程公司是否违约，方大特钢公司是否有权解除合同的问题。本案签订的《EPC合同》第9.8.4条约定，承包方逾期30天后，发包方有权终止合同。从现有证据和鉴定意见来看，一审法院认定鞍钢工程公司已施工部分工程工期逾期85.5天依据充分，鞍钢工程公司在施工工期方面存在违约。鞍钢工程公司作为专业的施工企业，在未对原材料价格波动、施工现场状况等风险因素作出合理预判的情况下，与方大特钢公司签订《EPC合同》，约定合同固定总价款，系其自愿承担商业风险行为。在合同履行过程中，因钢材市场材料价格上涨等原因造成施工成本增加，鞍钢工程公司以此为由要求变更合同价格。在三方达成一致意见并形成会议纪要，同意增加工程款和工程延期至2017年10月底以及工程尚未完工的情况下，鞍钢工程公司于2017年9月26日退出施工现场，其行为表明不再履行合同主要义务，方大特钢公司向鞍钢工程公司发出解除合同通知，属于行使合同解除权，符合合同约定，应予支持。鞍钢工程公司的违约行为导致合同约定的工程无法交付，方大特钢公司将工程委托第三方施工，现已完工并交付使用。鞍钢工程公司提交的《工程项目工作周报》无2017年9月26日时间段的工作记录，一审法院根据解除合同通知认定鞍钢工程公司于2017年9月26日退场，并结合合

① 鞍钢集团工程技术有限公司、方大特钢科技股份有限公司建设工程施工合同纠纷案，江西省高级人民法院（2020）赣民终64号民事判决书。

同实际履行情况,以及鞍钢工程公司工期逾期、提前退场的违约行为,酌定鞍钢工程公司支付违约金600,000元并无不当,应以维持。鞍钢工程公司关于其没有违约的上诉理由不能成立,法院不予支持。

裁判规则三 法院对合同解除的审查采实质性审查方式,考察要求解除合同的一方是否具备实质性的法定解除权或约定解除权。总承包人不具备实质性的解除权利,又以发包人超出异议期间才提出异议无效为由主张合同已解除的,不予支持

【规则解析】

《民法典》第562条规定:"当事人协商一致,可以解除合同。当事人可以约定一方解除合同的事由。解除合同的事由发生时,解除权人可以解除合同。"第563条规定:"有下列情形之一的,当事人可以解除合同:(一)因不可抗力致使不能实现合同目的;(二)在履行期限届满前,当事人一方明确表示或者以自己的行为表明不履行主要债务;(三)当事人一方迟延履行主要债务,经催告后在合理期限内仍未履行;(四)当事人一方迟延履行债务或者有其他违约行为致使不能实现合同目的;(五)法律规定的其他情形。以持续履行的债务为内容的不定期合同,当事人可以随时解除合同,但是应当在合理期限之前通知对方。"

根据法律规定,能够发生合同解除效果的前提仅包含:(1)合同双方当事人协商一致解除合同;(2)享有约定解除权的一方行使解除权;(3)享有法定解除权的一方行使解除权。这意味着,除双方当事人协商一致解除合同外,一方通过解除通知的形式行使合同解除权的,必须以其享有约定解除权或法定解除权为前提,否则不发生合同解除的当然效果,无论解除通知的对方是否提出异议。

在下述(2019)浙民终220号案件中,发包人迟延付款,总承包人以发包人未足额支付工程款为由要求行使约定解除权达到解除合同的目的,法院不予支持,理由在于:(1)合同约定总承包人开具相应发票后发包人才有义务付款,否则发包人可以拒绝付款。在合同履行过程中,双方工程款支付存在由总承包人开具增值税专用发票后发包人再行支付款项的交易先例,因而在总承包人未足额开具发票时,发包人享有先履行抗辩权,发包人拒绝付款并不违约。(2)合同约定发包人迟延付款足以"影响到整个工程实施的",总承包人才有权解除合同,但是根据总承包人的建设支出费用显示,实际上发包人前期支付的预付款足以覆盖总承包人的

所有前期开销,发包人未足额付款的后果未达到足以"影响到整个工程实施的"程度。因此,发包人拒绝付款是其行使先履行抗辩权的正当行为,且未实际影响总承包人的施工活动,故发包人拒绝付款不构成总承包人行使约定解除权的正当事由,总承包人无权以发包人未足额付款为由解除合同,亦无权以发包人未在解除异议期限内提出反对解除理由导致异议无效为由要求法院认定合同已解除。

【裁判观点】

(2019)浙民终220号①

关于省一建于2017年11月9日发出的解除合同通知是否有效的问题。省一建主张,平阳旅投在收到省一建的解除合同通知后未在法律规定的3个月内提出异议并向人民法院起诉,已经丧失异议权。法院认为,合同解除权系形成权,当事人可依单方意思表示变更双方法律关系,故对其行使条件需科以严格的要求和标准,只有符合《合同法》第93条第2款、第94条的解除条件时,才可依照《合同法》第96条之规定进行通知解除;如果赋予当事人甚至违约方任意解除合同的权利,则当事人有可能通过发出"解除通知"的方式规避本应承担的合同义务,有违合同严守和诚实信用的合同法基本原则;一概要求相对方在异议期限内提起异议之诉来否定"解除通知"的效力,也会使相对方陷入诉累。对此,最高人民法院研究室《对〈关于适用《中华人民共和国合同法》若干问题的解释(二)〉第24条理解与适用的请示的答复》(法研〔2013〕79号)也明确指出:当事人根据《合同法》第96条的规定通知对方要求解除合同的,必须具备《合同法》第93条或者第94条规定的条件,才能发生解除合同的法律效力。故省一建关于合同异议期满即丧失异议权的主张与解除权的性质及行使规则不符,原审法院对省一建是否享有合法解除权进行实质性审查,并无不当。

关于省一建于2017年11月9日发出的解除合同通知是否符合法定解除或约定解除条件的问题。本案中,省一建以电子邮件的形式通知平阳旅投解除合同,称"贵司在合同履行过程中,未按合同约定按时支付预付款和工程进度款,故我司特发出《解除EPC总承包合同通知函》,内容详见附件,请查收"。据此,审查的重点在于平阳旅投在履行合同过程中是否存在延期支付预付款、工程进度款的违约行为。

---

① 浙江省一建建设集团有限公司、清华大学建筑设计研究院有限公司建设工程施工合同纠纷案,浙江省高级人民法院(2019)浙民终220号民事判决书。

关于预付款。根据合同约定,平阳旅投应当向省一建支付88,351,216.2元预付款,而平阳旅投仅支付5000万元之事实清楚。对于未足额支付的原因,平阳旅投辩称,按照工程惯例,须先由承包人开具发票,再由发包人支付预付款,省一建目前开票额仅为5000万元预付款,故平阳旅投尚未支付剩余款项。经核对双方此前交易情况,2017年6月23日,省一建向平阳旅投开具五张增值税专用发票,每张1000万元,平阳旅投收到后于2017年7月5日支付工程预付款5000万元;2017年10月22日,省一建向平阳旅投开具200万元增值税专用发票,平阳旅投收到后于2017年11月8日支付200万元安全文明施工费。故双方存在先由省一建开具增值税专用发票,再由平阳旅投支付款项的交易先例。此外,2017年10月23日,当省一建告知平阳旅投"尚有3800万元预付款至今尚未支付,如贵司继续拖延,省一建保留解除合同的权利"时,平阳旅投当日即回复"3800万元预付款事宜我公司一直未收到贵司的支付票据"。省一建收到该回复后并未作出回应。至2017年10月26日,各方当事人开会商谈工程事宜,平阳旅投在会中提及"你要打款我就打款,你们发票开来我们都没问题",此时省一建仍未要求平阳旅投改变此前先开票后付款的交易模式,而是回答"我们不谈这个事情"。上述事实也可印证平阳旅投未全面支付预付款的原因在于尚未收到省一建开具的增值税专用发票,而非故意拖欠。故省一建关于平阳旅投逾期支付预付款的解除合同事由与查明的事实不符,不能成立。

关于工程进度款。根据已查明的事实,省一建第一次报送的落款日期为2017年8月25日的工程款支付申请表载明"我方已完成:1.场地塘渣回填工程量38,000吨;2.生活区活动房、围墙及场地硬化基本完成",申报工程进度款金额为16,465,030元。对该次申报,天工监理于2017年9月13日完成审核,同日平阳旅投审核后要求省一建补充工程款支付依据并提供临时设施专用账号,省一建并未补充提交。而是于同月25日再次向天工监理报送工程进度款支付申请表,封面载明的支付期号仍为第1期,载明"我方已完成了场地塘渣回填工程量48,000吨",申报工程进度款金额为15,202,142元。结合省一建2018年3月29日在原审法院调查笔录中的陈述,"一共报了三期。第一期跟第二期略有重复,第一期报上去之后业主没有批,第二期报上去有第一期的。第一期报了1646万元",可以表明,省一建于2017年9月25日报送工程进度款的行为实系对前次报送行为的修改和补充。对该次申报,天工监理于2017年10月22日出具工程款支付证书后,省一建于2017年10月30日一并向平阳旅投提交。同日14时45分,平阳旅投向省一建发送电子邮件称"我公司今日上午才收到9月进度工程款审批单,我公司未违反合同规定,且我公司都是按时足额的支付工程款……”次日,平阳旅投即审核了2017年9月进度款支付凭证,其委托的审价单位则于2017年11月6日审价完毕,并出具“第1期进度款工程预算书”。平阳旅投于次日向省一建送达该审价结果,金某在签收表中签字确认“计量支付月报表第1期(3份)”。上述事实足以表明,省一建就第1期工程进度款最后向平阳旅投提交的时间为2017年10月30日,平阳旅投已于2017年11月7日向省一建送达最终审价结果。至于省一建第三次报送的进度款,其提交的落款日期为2017年10月25日的工程款支付申请表封面载明的支付期号为第2期,实际向平阳旅投提交的日期为2017年11月8日。由于省一建在2017年11月7日收到平阳旅投关于第1期工程进度款的审价结果后并未向平阳旅投开具相应金额的增值税专用发票,而是于2017年11月9日径行发出解除合同通知,故平阳旅投未继续支付第1期工程进度款且未对第2期工程进度款进行审核不存在违约。

退言之,即使平阳旅投存在逾期支付预付款和进度款的违约行为,根据总承包合同的通用条款第14.9.3条约定,发包人延误付款达60日以上,并影响到整个工程实施的,承包人有权根据第18.2条的约定向发包人发出解除合同的通知。本案中,省一建前期工程施工量不大,截至2017年11月9日,其申报的两期工程进度款分别为15,202,142元、6,813,976元,平阳旅投已支付的5000万元预付款足以抵扣,故平阳旅投未足额支付的预付款、进度款尚未达到“影响到整个工程实施的”的程度。本案不符合合同约定的解除条件或《合同法》第94条规定的解除条件,省一建于2017年11月9日发出的解除合同通知无效,其无正当理由提出解除合同,存在违约。

裁判规则四　发包人不履行付款义务,且在合理宽限期内仍不履行付款义务,总承包人要求解除合同的,应予支持

【规则解析】

《民法典》第563条第1款规定:“有下列情形之一的,当事人可以解除合同:……(三)当事人一方迟延履行主要债务,经催告后在合理期限内仍未履行;(四)当事人一方迟延履行债务或者有其他违约行为致使不能实现合同目的……”

根据法律规定,一方当事人迟延履行主要义务,经另一方当事人催告后仍不履行,或者一方当事人迟延履行导致合同目的不能实现,另一方当事人要求解除

合同的,应予支持。根据上述法律规定,付款期限届满,发包人不付款,总承包人催告后,在合理的宽限期内发包人仍未付款的,总承包人依法享有解除合同的权利。

在下述(2017)最高法民终57号案件中,总承包人已经履行其相应的设备安装义务,安装的设备经竣工验收及试运行验收合格,发包人已经对工程及设备投入使用并获得实际收益,双方当事人已就设备采购及安装款达成一致结算合意,且合同约定的付款时间已届满,故总承包人有权要求发包人支付工程款。发包人未付款,且在总承包人给予的合理宽限期内仍未按约付款,总承包人根据《民法典》第563条要求解除合同的,应予支持。

【裁判观点】

(2017)最高法民终57号[①]

首钢京唐公司提出应当继续履行案涉《工程总承包合同》的理由是,首钢京唐公司在工程款的支付上没有违约,一审判决以《合同法》第94条第2项规定为据,支持绿诺公司关于解除《工程总承包合同》的诉讼请求,存在认定事实错误。目前,绿诺公司在《工程总承包合同》中的义务已经履行完毕,只要合同继续履行,并不影响其收取工程款,实现合同目的。

法院认为,首钢京唐公司的上述理由不能成立。一审法院已经查明,案涉工程竣工验收后,双方当事人通过结算,确认了工程款及利息数额共计231,013,397元。首钢京唐公司前五期工程款支付情况是每期均作部分支付,共计支付5800万元,合计欠付69,155,487元。首钢京唐公司提出其不欠工程款的理由不能成立。即使是按照首钢京唐公司上诉请求中计算的工程款总额230,988,046元计算,亦不能改变首钢京唐公司迟延支付6000多万元工程款的基本事实。

首先,首钢京唐公司单方主张因为案涉工程2011年7月28日才通过国家验收,所以支付工程款的起算时间不是2012年1月而是7月29日。但此种说法既没有合同依据,也未在合同之外形成双方当事人的合意。首钢京唐公司为支持其该项主张所举的证据是双方当事人《委托运营合同》第3条的约定。由于《工程总承包合同》与《委托运营合同》是相对独立的合同,因此,《委托运营合同》的内容,不能直接作为衡量其是否全面履行《工程总承包合同》所确定义务的依据。《工程

---

① 首钢京唐钢铁联合有限责任公司、大连绿诺集团有限公司建设工程施工合同纠纷案,最高人民法院(2017)最高法民终57号民事判决书。

总承包合同》对于首钢京唐公司支付工程款义务的约定是“合同价款自投产运行满一年时开始支付”。案涉工程通过168小时试运行后形成的脱硫工程运行交接书上明确记载:“达到设计要求,具备正式投产条件。”因此,一审判决将通过168小时试运行后一年的2012年1月认定为支付工程款的起点并无不当。

其次,虽然双方当事人没有在《工程总承包合同》中就工程款支付日期作出具体的约定,但一审判决结合案涉项目完成168小时试运行的时间和首钢京唐公司每年1月支付工程款的情况,将首钢京唐公司向绿诺公司支付工程款的时间认定为每年1月,并无不当。

再次,案涉脱硫设备一经开机运转,非因事故等重大原因,一般不会停机。也就是说,在绿诺公司向首钢京唐公司移交设备后,首钢京唐公司即因该设备的运行而实际受益。从理论上说,双方当事人的权利应当按照合同中的约定,将设备移交时间后的一年作为首钢京唐公司向绿诺公司支付工程款的起算时间,在合同约定不明,双方当事人为此产生争议的情况下,人民法院在对合同进行解释时,应当考虑公平原则,尽可能平衡双方当事人的利益。因此,对于首钢京唐公司利用合同约定不明之处,在自己的合同权利已经实现的情况下,通过单方解释,拖延另一方实现合同权利的主张,不应予以支持。一审判决在首钢京唐公司已经于2011年1月从案涉脱硫设备运营中受益的情况下,不支持其有关支付工程款的起算点为2012年7月29日的主张,并无不当。

复次,首钢京唐公司以其从工程款中扣除绿诺公司施工用电费171,354.96元作为其没有逾期支付工程款的理由之一的主张不能成立。首钢京唐公司并未举出证据证明其将从第一期应给付绿诺公司的工程款中扣除施工中绿诺公司应负担的电费的情况告知绿诺公司,所扣除的电费数额亦未事先得到绿诺公司的认可。因此,法院认为其扣款行为既缺少合同依据,又欠缺合理性,对于首钢京唐公司的这一观点,法院不予采信。

最后,案涉脱硫设备于2013年4月1日至2014年6月底因事故中断运营,但至2013年1月,首钢京唐公司即应向绿诺公司支付第二期工程款,其以付款日期为7月29日为由主张未支付第二期工程款是因为付款时间未至,至2014年10月底始成就第二期运营满一年的付款条件的主张亦不能成立。首钢京唐公司在2013年1月24日曾支付工程款700万元,显然其知道每年1月是其应当履行工程款支付义务的时间,因此有履行行为,但不完全履行,已经构成违约。而且,在首钢京唐公司提出的继续付款条件成就后的2014年10月以后,其仍然没有按照合同约定按期、足额支付工程款。

因此,首钢京唐公司关于其不欠付工程款,没有违约行为的主张,不能成立。一审法院依据《合同法》第94条[①]之规定,判决解除双方当事人签订的《工程总承包合同》,认定事实清楚、适用法律正确。首钢京唐公司有关改判继续履行合同的上诉请求不能成立,法院不予支持。

裁判规则五 发包人以工程总承包合同构成BOT合同为由主张不能解除合同的,不予支持

【规则解析】

国家发改委《关于开展政府和社会资本合作的指导意见》(发改投资〔2014〕2724号)第三点"合理确定政府和社会资本合作的项目范围及模式"第(二)项"操作模式选择"规定:"1.经营性项目。对于具有明确的收费基础,并且经营收费能够完全覆盖投资成本的项目,可通过政府授予特许经营权,采用建设—运营—移交(BOT)、建设—拥有—运营—移交(BOOT)等模式推进。要依法放开相关项目的建设、运营市场,积极推动自然垄断行业逐步实行特许经营。2.准经营性项目。对于经营收费不足以覆盖投资成本、需政府补贴部分资金或资源的项目,可通过政府授予特许经营权附加部分补贴或直接投资参股等措施,采用建设—运营—移交(BOT)、建设—拥有—运营(BOO)等模式推进。要建立投资、补贴与价格的协同机制,为投资者获得合理回报积极创造条件……"

BOT合同通常指代"建设—运营—移交"的特许经营权合同,由社会资本负责项目的设计、施工、融资、试运行、经营、管理、维护,由政府通过政府付费、财政补贴、税收优惠或使用者付费等单一方式或组合方式使社会资本方收回投资回报款,是某种政府与社会资本合作开发的建设经营模式,与总承包人完成设计、采购、施工任务并由发包人向总承包人支付工程款的工程总承包合同完全不同。BOT合同与工程总承包合同最根本的区别是,前者一般由社会资本全额垫资施工,社会资本在竣工验收后的运营期间内才能陆续收到投资回款,资金融通风险较重;后者是在设计施工期间,只要总承包人完成的工程成果达到了合同约定的"里程碑"付款节点,发包人就应当向总承包人支付进度款,总承包人据以收回垫资,且一般情况下总承包人在工程通过试运行阶段后就可以取完所有的工程款,

① 现规定于《民法典》第563条。

资金融通风险较轻。因此,BOT 合同与工程总承包合同是完全不同的两种性质的合同。

在下述(2017)最高法民终 57 号案件中,合同的权利义务内容决定其性质为工程总承包合同,且合同的一方当事人并非政府,故法院认定合同并非 BOT 特许经营合同,有事实依据;并且,我国并无任何法律文件规定当事人不能解除 BOT 合同,案涉当事人也未就不能解除案涉合同作出特殊约定,即便发包人认为案涉合同的性质为 BOT 合同而非工程总承包合同,也不构成其主张案涉合同不得解除的合理抗辩理由。

【裁判观点】

(2017)最高法民终 57 号①

法院认为,针对首钢京唐公司的上诉请求及理由,判断案涉《工程总承包合同》是否应予解除,应当从以下角度分析,即案涉合同的承包方式是 BOT 还是 EPC,合同是否因承包模式是 BOT 而不能解除。

建设工程领域的所谓 EPC 承包模式,即 Engineering——工程设计、Procurement——设备采购、Construction——组织施工,通称设计采购施工总承包。BOT 承包模式,即 Build——建设、Operate——运营、Transfer——转让,通常是指政府部门就某个基础设施项目签订特许权协议,授权签约的私企来承担该项目的投资、融资、建设和维护。在特许期限内,许可其融资建设和经营特定的公共基础设施,并通过向用户收费或出售产品以清偿贷款,回收投资并赚取利润。政府对该公共基础设施有监督权、调控权,特许期满,签约的私企将该公司基础设施无偿或有偿移交给政府部门。

因此,从 BOT 承包模式的性质和本案所涉工程项目并非公共基础设施以及不存在政府部门作为合同当事人的情况来看,案涉《工程总承包合同》不属于 BOT 承包模式。同时,从《工程总承包合同》第 2 条可以看到,承包方式为“采取设计采供施工(EPC)/交钥匙的工程总承包方式”,而且根据该合同第 1.17 条的规定,“组成合同的文件即有限解释顺序”,《工程总承包合同》的解释效力高于合同所附的其他文件。因此,案涉《工程总承包合同》不是 BOT 承包方式,且并非由承包模式决定不能解除。

① 首钢京唐钢铁联合有限责任公司、大连绿诺集团有限公司建设工程施工合同纠纷案,最高人民法院(2017)最高法民终 57 号民事判决书。

裁判规则六 工程总承包建设项目因存在工艺缺陷无法满足发包人要求的功能需求，总承包人构成根本违约，发包人要求解除合同并赔偿损失的，应予支持

【规则解析】

《民法典》第563条规定："有下列情形之一的，当事人可以解除合同：……（四）当事人一方迟延履行债务或者有其他违约行为致使不能实现合同目的……"

根据法律规定，合同成立并生效后，一方当事人存在违约行为，导致另一方当事人不能实现合同目的的，该另一方当事人有权解除合同。所谓"致使不能实现合同目的"，是指守约方因违约方的违约行为导致其不能获得依照合同约定所能享受的期待利益。在工程总承包合同中，总承包人的合同目的是获取工程总承包建设费用，发包人的合同目的是获得符合国家规定的质量安全强制性标准并满足发包人要求的功能需求、性能指标、产能效益的建设项目进而发挥其使用价值与交换价值。由此可见，发包人的合同目的包括两重标准：一为建设项目符合国家质量标准；二为建设项目满足发包人要求的使用目的，若上述标准任一标准不能满足，则说明发包人的合同目的不能实现，根据《民法典》第563条的规定，总承包人交付的建设项目不符合合同约定的质量标准，构成根本违约，发包人有权解除合同。

在下述（2015）赣民一终字第165号案件中，由于总承包人在工程总承包建设项目中采用的传统UASB厌氧发酵工艺仅能处理液态污水，不能处理固态的甜叶菊废渣，且总承包人未对该缺陷进行改良处理，进而难以满足发包人利用固态的甜叶菊废渣发酵进行发电的功能需求，导致建设项目无法全功率持续发电，发电量远未及双方合同约定的标准或者技术数据，不能实现工程总承包合同约定的发电指标，因此总承包人交付的建设项目不能实现发包人使用其进行连续大功率发电的合同目的，总承包人构成根本违约，发包人要求行使法定解除权解除合同的，应予支持。

【裁判观点】

（2015）赣民一终字第165号①

关于本案诉争三份合同应否解除、应否继续履行的问题。

---

① 江西新凌能源有限公司与上海齐耀动力技术有限公司建设工程施工合同纠纷案，江西省高级人民法院（2015）赣民一终字第165号民事判决书。

双方在合同中约定,项目竣工后须经过设备调试发电与内部竣工验收两个必经程序。齐耀公司在调试发电过程中对新凌公司有关技术人员进行了一定的岗前培训,同时移交了一些发电机组件,但尚未将该项目整体移交给新凌公司。双方对该项目尚未经过内部竣工验收程序均无异议,但对于本案诉争合同目的能否实现,齐耀公司提供的技术和服务能否实现双方合同约定的竣工验收标准,是什么原因造成本案诉争项目未能竣工验收,存在争议。新凌公司认为,该项目系UASB厌氧发酵这个单元的工艺设计有致命性问题,导致产生的沼气不足以全功率持续发电,不得不断断续续发电,从而不能达到内部竣工验收的条件。齐耀公司认为,不是工艺设计有问题,而是新凌公司提供的甜叶菊废渣原料供应不足,导致未能内部竣工验收。

法院认为,本案证据能够证明新凌公司的主张。具体理由如下:

1. 新凌公司提交的专家意见比齐耀公司提交的专家意见更具有可信度。齐耀公司提交的专家意见中四名专家均与其具有一定的利害关系,且在出具意见之前未到实地现场勘察,新凌公司提供的专家意见中的专家与其没有直接利害关系,且到现场进行了现场勘察。彭某厚陈述的事实既没有相关技术性规范依据,也没有经实践验证的有关数据作为支撑。胡某成在庭审中的陈述及其起草的专家论证书,点明了该项目存在的一些问题,并认为该项目最为关键,也是最致命的一个环节,是用UASB厌氧发酵工艺来处理甜叶菊废渣这个工艺缺陷。胡某成认为:传统的UASB厌氧发酵工艺是用来处理液态污水的工艺,不能用来处理固化物,而甜叶菊废渣是固化物,稀释之后的固化浓物也很高,这种工艺缺陷是造成项目不能验收的根本原因。可行性研究报告中虽然称使用改进型UASB工艺,但从其工艺设计及有关图纸来看,并没有实质性的改良措施。而且,从齐耀公司在厌氧罐爆裂后的修复措施来看,仅是简单加装一个搅拌设施,不能解决渣在上面的情况,不能解决UASB厌氧发酵工艺的致命缺陷,故改造成功的希望是非常渺茫的。且胡某成的这些观点也得到可行性研究报告、证人陈某智的证言以及齐耀公司修复过程中原因排查的印证。

2. 齐耀公司负责技术服务,而本项目在调试过程中多次发生事故。2011年6月齐耀公司开始对该项目进行调试发电,调试过程中,1#厌氧罐相继发生多次爆裂,其他厌氧罐也有不同程度损毁,经赣县安全生产监督管理部门停止试生产进行隐患整改,并要求整改方案经专家组论证。齐耀公司在修复过程中并没有另行雇请专家对修复方案进行论证,而是由原设计者刘某及参与设计人员彭某厚阅看并签名后即付诸实施,整改之后也没有经过安全生产监督管理局验收。《项目总承包合同》第4条"质量与检验"第15.2款约定:双方对工程质量有争议,由双方同意的工程质量检测机构鉴定,所需要费用及因此造成的损失,由责任方承担;双方均有责任的,由双方根据其责任分别承担。双方当事人均以自己提供的专家鉴定意见否定对方提供的专家鉴定意见,双方均未向人民法院申请工程质量检测机构进行司法鉴定。

3. 从该发电项目调试运行过程中的发电上网供电数据来看,该项目的发电量远未及双方合同约定的标准或者技术数据。

4. 关于新凌公司是否提供充足的原料的问题。齐耀公司提交了2011年11月14日新凌公司给齐耀公司的复函,以及2012年8月10日谱赛科公司出具的情况说明,主张系由于新凌公司甜叶菊废渣原料的缺乏导致未能进行内部竣工验收。新凌公司对此予以否认。法院认为,新凌公司2011年11月14日给齐耀公司的复函中,原文为"第三,关于原料问题。新凌公司已提供了足够的原料给齐耀公司用于该项目,即使现在存在原料不足,也是由于齐耀公司的各种原因所造成的,其责任在于齐耀公司",该段文字并不构成新凌公司自认原料不足,也不能依此认定由于原料不足导致无法经过内部竣工验收。对于2012年8月10日谱赛科公司的情况说明,谱赛科公司称"由于新凌公司拖欠原料款及土地租金,谱赛科公司现已停止对新凌公司的原料供应",该情况说明系2012年8月10日出具的,可以认定情况说明中的"现"为2012年8月10日以后,再根据谱赛科公司"截至2012年6月30日,新凌公司共欠谱赛科公司费用370,728.40元(已开票)"的描述,可以认定谱赛科公司系2012年6月30日以后停止了对新凌公司的原料供应,而新凌公司于2012年2月16日以后就停止了试生产,此后也不再需要谱赛科公司供应甜叶菊废渣,谱赛科公司于此时停止供应新凌公司甜叶菊废渣,对于该项目并没有影响,更不能以此认定新凌公司未足额提供原料是导致不能进行内部竣工验收的原因。

综上,齐耀公司总承包的该项目没有完成内部竣工验收程序,且由于UASB厌氧发酵工艺处理固化物的致命性工艺缺陷,达不到合同约定的标准,也无法通过整改达到合同约定的标准,齐耀公司的行为构成根本性违约,不能实现新凌公司的合同目的,符合《合同法》第94条①规定的法定解除合同的情形。

此外,《项目总承包合同》第44.3款约定:发生本通用条款第38.2款禁止的情况,承包人将其承包的全部工程转包给他人或者肢解以后以分包的名义分别转

---

① 现规定于《民法典》第563条。

包给他人，发包人有权解除合同。本案中齐耀公司存在分包工程的情形，新凌公司请求解除合同也符合双方合同约定解除的情形。因此，对新凌公司请求解除双方就赣县（谱赛科）生物质发电项目所签订的《项目总承包合同》《产品购销合同书》《项目合作协议》三份合同之诉讼请求，予以支持。对齐耀公司主张继续履行合同的反诉请求，不予支持。

裁判规则七　工程总承包建设项目无法实现发包人要求的功能需求、性能指标与产能效益，发包人的合同目的不能实现，其有权解除合同。合同解除后，发包人要求总承包人赔偿其基于支付土建部分工程所遭受的损失，应予支持

【规则解析】

《民法典》第566条第1、2款规定："合同解除后，尚未履行的，终止履行；已经履行的，根据履行情况和合同性质，当事人可以请求恢复原状或者采取其他补救措施，并有权请求赔偿损失。合同因违约解除的，解除权人可以请求违约方承担违约责任，但是当事人另有约定的除外。"

根据法律规定，合同因违约解除后，守约方因违约方的违约行为遭受损失的，有权要求违约方赔偿损失，包括实际损失、信赖利益损失、履行利益损失以及可得利益损失。在工程总承包合同中，由于发包人的根本合同目的是建设项目的土建设施符合国家质量安全的强制性规定，且装置设备满足发包人要求的功能目的、性能指标、产能效益，若总承包人交付的工程总承包建设项目仅符合土建质量安全要求，但未能实现发包人要求的使用目的，则总承包人构成根本违约，发包人有权解除合同；并且，由于总承包人交付的建设项目不能满足发包人要求的功能目的与性能指标，因此即使建设项目的土建部分符合质量安全强制性标准，对于发包人而言也不具备使用价值与交换价值，故在此情形下，发包人对土建部分的资金投入在性质上属于因总承包人建设完成的工程不符合合同约定的质量标准而遭受的损失，其有权要求总承包人予以赔偿。

在下述（2015）赣民一终字第165号案件中，由于总承包人交付的工程总承包建设项目因处理废渣的工艺技术不匹配发包人要求运用的原料导致发电量不满足发包人在合同中约定的发电指标，发包人的合同目的不能实现，因此即使建设项目的土建部分质量合格，对于发包人而言也没有利用价值，因此发包人有权解

除案涉工程总承包合同,并有权要求总承包人赔偿发包人因支付土建部分的工程款所遭受的损失。

【裁判观点】

(2015)赣民一终字第165号①

关于齐耀公司应否赔偿新凌公司直接投入本案诉争项目中的土建工程、照明、给排水、暖通、消防监控系统、安防监控系统等工程费用共计10,863,433.35元的问题。

经鉴定,新凌公司直接投入该项目中的土建工程、照明、给排水、暖通、消防监控系统、安防监控系统等工程费用总计10,863,433.35元(已扣除新凌公司支付给齐耀公司的前期工程款及设备款合计250万元)。该费用是新凌公司已经直接支付给案外人的,合同解除后,这些费用无法获得弥补,故属于新凌公司的直接损失。根据《合同法》第97条之规定,齐耀公司应向新凌公司赔偿该损失。齐耀公司在赔偿新凌公司10,863,433.35元土建等直接投入损失以后,即相应地取得这些投资所形成资产的所有权。关于齐耀公司称原审法院认定新凌公司直接投入的土建等施工项目费用错误的问题。齐耀公司认为,该款项中土建工程费用和钢材款计算错误。关于土建工程费用,根据赣州东升会计司法鉴定所出具报告书第三部分,土建工程费用4,402,813.35元包括江西金浔有色工程技术有限公司施工费用135万元、赣州旺达建设工程有限公司施工费用108万元、浙江东阳公司赣县项目部施工费用101万元、赣州基础工程公司施工费用334,442.60元、游云祥施工厂区道路费用364,457.31元等。鉴定机构在报告书第四部分(分析、说明和建议)第3项指出"其中未附发票而仅以合同价款列账的金额有1170.09万元(包括赣州旺达建设工程有限公司施工费用108万元、江西金浔有色工程技术有限公司施工费用135万元、浙江东阳公司赣县项目部施工费用101万元、上海齐耀公司826.09万元)。新凌公司应对该部分资产予以确认,并督促施工方开具正式发票,经过庭审质证"。关于钢材款,报告书中列明"项目耗用钢材价款4,529,620元",但在报告书附件新凌公司在建工程明细表第58项有"2012.02.22购入钢材一批1,876,013.87元";第88项有"2012.12.53(明细表中即如此)购入钢材一批1,970,139.98元"。根据案件材料显示,2011年7月开始试运行及并网

① 江西新凌能源有限公司与上海齐耀动力技术有限公司建设工程施工合同纠纷案,江西省高级人民法院(2015)赣民一终字第165号民事判决书。

发电，项目建设应该在试运行之前即结束，2012 年 2 月和 12 月已不可能再需要大批“购入钢材”，该两批次“购入钢材”不可能是用于本案争议的项目，不应计算为新凌公司在项目上的直接投入。关于土建工程费用，法院认为，根据 2013 年 9 月 22 日原审庭审笔录中鉴定人的陈述，上述三笔款项没有发票，但领钱是包工头打的白条，是按照合同付的现金。因此，根据鉴定人的陈述，上述三笔款项，虽然未开具发票，不符合财务规范，但并不等同于没有实际发生。关于钢材款，根据鉴定报告书，第 58 项中的“2012.02.22”和第 88 项中的“2012.12.53”均是凭证号，无证据证明此为实际购入钢材的日期。因此，原审法院根据相关证据认定该事实并无不当。

第二节 合同解除的后果

裁判规则八 总承包合同解除后，发包人另行签订的合同价款高于发包人与总承包人间原总承包合同，发包人就该差价损失要求总承包人予以赔偿的，不予支持

【规则解析】

根据《民法典》第 566 条第 1、2 款的规定，“合同解除后，尚未履行的，终止履行；已经履行的，根据履行情况和合同性质，当事人可以请求恢复原状或者采取其他补救措施，并有权请求赔偿损失。合同因违约解除的，解除权人可以请求违约方承担违约责任，但是当事人另有约定的除外”，合同解除后的“赔偿损失”包括两种情形：

1. 因非违约行为引发的合同解除，如合意解除、情势变更解除、不安抗辩解除与不可抗力解除，此处的“赔偿损失”仅限于信赖利益损失，即一方当事人基于合理相信合同能够到达按约履行状态所支出的费用。

2. 因违约行为引发的合同解除，如因一方当事人拒不履行义务、不按约履行义务且经催告拒不改正而解除，此处的“赔偿损失”是指《民法典》第 584 条规定的“因违约所造成的损失”，该项下包括信赖利益损失与履行利益损失以及“合同履行后可以获得的利益”，即可得利益损失。

但不管是因非违约行为引发的合同解除下的“赔偿损失”还是因违约行为引发的合同解除下的“赔偿损失”，根据法律规定，损失的范围都不得超过“违约一方订立合同时预见到或者应当预见到的因违约可能造成的损失”，理由在于，“法不

强人所难”，主观上无法预见的不利后果不具备归责性，不能要求合同当事人对自己不能合理预见的损失负责。

在下述(2015)民一终字第144号案件中，发包人与总承包人签订的工程总承包合同解除后，发包人与第三人签订新的工程总承包合同，新工程总承包合同的价格高于原工程总承包合同的，该价格高出部分并非总承包人在订立工程总承包合同时可以预见到的发包人损失，且亦存在发包人与第三人恶意串通抬高新工程总承包合同价格的嫌疑，故新工程总承包合同的价格高于原工程总承包合同与原工程总承包合同的解除并不存在关联性，并非原工程总承包人可以合理预见的事项，发包人要求原工程总承包人赔偿该部分高出的合同价格损失的，不予支持。

【裁判观点】

(2015)民一终字第144号①

关于中利腾晖公司应否赔偿世纪能源公司合同造价增加所致损失问题。协合风电投资有限公司(甲方)与徐某宁、金某(乙方)、世纪能源公司(丙方)签订的《青海共和县30兆瓦并网光伏发电项目合作协议书》中，甲方承诺其关联公司总承包价格不超过3.1亿元的费用，包括了前期发生费用、土地征收费用、EPC(设计、采购、安装及调试)费用。世纪能源公司与中利腾晖公司签订的《光伏发电项目总承包合同》约定的3.03亿元的总承包价格仅是完成EPC内容的价格。合同约定的价格对应的标的范围也不相同。该两份合同虽同样涉及案涉项目工程的相关内容，但作为两份性质不同，彼此独立的合同，只能约束合同相对人。同时，案涉项目最终是由世能光伏公司发包，世纪能源公司并不依案涉项目的发承包关系而享有权益，依据该两份合同并不能证明世纪能源公司存在700万元工程造价增加的实际损失。世纪能源公司将该两份合同之间的差价作为自己的损失主张由中利腾晖公司赔偿，没有事实和法律依据，一审法院不予支持。

---

① 中利腾晖光伏科技有限公司与青海世纪能源科技发展有限公司建设工程施工合同纠纷案，最高人民法院(2015)民一终字第144号民事判决书。

裁判规则九　工程总承包合同解除后，总承包人要求发包人返还履约保证金或履约保函的，应予支持

【规则解析】

根据《民法典》第566条的规定，合同解除后，针对已履行的内容，一方当事人可以请求恢复原状。所谓“恢复原状”，属于返还性的债务关系[①]，是指“恢复到合同当事人原来的法律关系状态”[②]，恢复的内容是“全面返还因合同而取得物、权利或者利益”[③]。据此，就工程总承包合同而言，发包人因合同约束力取得总承包人交付的履约保函或履约保证金的，在工程总承包合同被解除进而丧失合同约束力后，发包人应当依照《民法典》第566条规定的“恢复原状”义务全额返还给总承包人。

【裁判观点】

(2020)最高法民终891号[④]

修水公司上诉认为，案涉担保是履约担保，与案涉1400万元工程预付款是两个不同法律关系，并不是因为修水公司支付了1400万元工程预付款，担保人才提供担保。现合同已解除，但违约赔偿尚未解决，担保人的义务并未解除。而且，履约保函的担保期间截止时间为2019年5月15日，已经经过。对修水公司该上诉主张，不予支持。第一，案涉合同已经约定履约保函担保的对象是预付款。该合同第三章“通用合同条款”第17.2.2条约定“除专用合同条款另有约定外，承包人应在收到预付款的同时向发包人提交预付款保函，预付款保函的担保金额应与预付款金额相同。保函的担保金额可根据预付款扣回的金额相应递减”。该合同附件一约定：履约担保格式履约保函约定的担保金额为1400万元，与案涉合同预付款金额一致。再结合案涉履约保函开具的时间与预付款支付的时间先后关系以及案涉合同履行中并无其他预付款保函等事实，可以认定案涉履约保函实际担保的就是预付款。第二，案涉履约保函担保有效期已经经过。根据案涉履约保函约

① 马俊驹、余延满：《民法原论》(第4版)，法律出版社2010年版，第607页。

② 韩世远：《合同法总论》(第3版)，法律出版社2011年版，第533页。

③ 韩世远：《合同法总论》(第3版)，法律出版社2011年版，第536页。

④ 修水县水库资产管理有限公司、中国电建集团西北勘测设计研究院有限公司建设工程施工合同纠纷案，最高人民法院(2020)最高法民终891号民事判决书。

定,担保截止时间为2019年5月15日。本案二审中,修水公司并未提供证据证明在担保有效期届满前,修水公司曾按履约保函约定要求,以书面形式提出担保金额内的赔偿要求。故修水公司即便现在依据该履约保函向其出具单位索赔,也不能得到赔偿,故其已无必要继续持有该履约保函。第三,案涉预付款已经返还,担保金额已不存在。根据"保函的担保金额可根据预付款扣回的金额相应递减"约定,该履约保函担保金额已经不复存在,故修水公司同样也没有必要继续持有该保函。由于该履约保函是由电建公司交付给修水公司作为担保,既然履约保函的担保功能已经丧失,那么原判决修水公司将该履约保函返还电建公司,并无不当。

裁判规则十 工程总承包合同约定总承包人负责建设项目的方案设计、初步设计以及施工图设计,总承包人提交的设计成果超出发包人的预算,致使发包人无法使用设计成果达成合同目的的,合同解除后,发包人要求不支付该部分设计费的,应予支持

【规则解析】

一、工程总承包模式的优势在于通过设计与施工的高效联动实现发包人限定投资成本的要求,故总承包人负有优化设计从而控制建设成本的义务,否则总承包人需要承担投资超出预算的费用支出风险

工程总承包模式的优点在于,发包人能够达到固定合同价格、控制投资预算的目的。为了发挥这一优势,工程总承包模式设置了以下程序:要求总承包人一并包揽建设项目的设计业务,在设计阶段就介入建设项目,其目的在于,总承包人进入设计环节后,可以利用其自身的承包经验及施工技术在早期优化设计图纸,避免后期出现设计图纸要求的规格与实际施工状况不符、施工工艺跟不上设计图纸要求的技术或设计图纸要求的工序与实际施工步骤匹配不上等因素导致设计不断更改、工序不断调整、成果不断返修、费用不断支出、工期不断拖延的窘态,更有甚者,有的总承包人还能在不降低发包人要求的情况下凭借其领先的工艺技术并通过设计优化压缩施工成本、扩展利润空间。因此,总承包人可以通过主导设计、把控设计以及优化设计满足发包人固定合同价格、控制投资支出的需求,这是工程总承包合同的关键所在,是发包人同意将设计业务一并发包给总承包人负责的前提,也是总承包人获得设计业务相应对价费用的基础。若总承包人交付的设

计成果不能实现发包人控制投资预算的目的，发包人往往会要求总承包人承担投资超出给定预算的费用支出风险。

二、总承包人未能通过设计优化控制发包人的投资预算，所交付的设计成果超出发包人给定的投资预算，将导致发包人设计发包的合同目的不能实现

承前所述，发包人将建设项目的设计工作一并交由总承包人完成就是希冀总承包人能够运用其项目管理经验与施工经验优势做好优化设计从而实现其控制投资预算的目的，这是总承包人能够承接设计业务并获得设计费用作为对价的前提基础。若总承包人提交的方案设计、初步设计以及施工图设计等设计成果没有局限在发包人给定的投资预算范围内，反而严重超出预算所预估的建设成本的，将导致发包人的控制投资预算的合同目的不能实现，发包人将设计业务发包给总承包人负责对于发包人而言就不具备任何意义。

三、发包人无法通过总承包人提交的初步设计成果与施工图设计成果实现其控制预算的合同目的，总承包人构成根本违约，无权获得初步设计与施工图设计的设计费作为对价

由于发包人将建设项目的设计业务委托给总承包人一并负责的目的在于控制投资预算，这是发包人签署工程总承包合同将设计一并发包的合同目的与目标追求，根据意思自治原则，一旦总承包人接受该设定，就必须无条件实现，因此保证设计成果匹配发包人的建设投资预算是总承包人获得对价设计费的基础前提。如果总承包人提交的设计成果不能控制投资预算反而严重超出发包人预想的建设成本，则该设计成果对于发包人不具备使用价值，发包人将设计作业发包给总承包人的合同目的不能实现，总承包人构成根本违约，根据公平对价原则，其当然没有理由获得设计费用作为对价。

【裁判观点】

(2019)浙民终220号①

关于设计费，金诚公司作出的浙金诚价鉴〔2018〕01号造价鉴定意见书认为，

---

① 浙江省一建建设集团有限公司、清华大学建筑设计研究院有限公司建设工程施工合同纠纷案，浙江省高级人民法院(2019)浙民终220号民事判决书。

方案设计已完工作量为100%，初步设计已完工作量约为90%，施工图设计已完工作量约为66.47%，依据设计费的投标报价并结合各阶段的已完成设计工作量计算得出的设计费价款为1768.82万元。平阳旅投认为设计造价远超出投标总价，且因省一建提出解除合同，该设计已无利用价值，故对该设计成果不予认可。法院认为，本工程为设计采购施工（EPC）总承包项目，招标过程中，省一建、清华建筑设计院、联合工程公司按要求提交了方案设计并经评审后中标，可以表明，该方案设计符合招标要求且平阳旅投对该方案设计也是认可的，法院对方案设计成果予以认定；而初步设计尚无修改后的最终文件，未取得行政主管部门最终审批意见，施工图设计图审尚未完成，且现有证据表明目前设计造价远超出投标总价，在省一建解除合同的情形下，若继续利用前述初步设计和施工图设计方案，则超出预算的费用将无法落实，平阳旅投的合同目的不能实现，其对该设计成果不予接受，理由正当，法院予以采信，该两部分设计费668.82万元应予扣减，认定已完成设计工作量的设计费价款为1100万元。

第九章

工程总承包优先受偿权

裁判规则一 工程价款优先受偿权的行使期间从发承包双方约定的付款期限届满之日起开始计算

【规则解析】

《民法典》第807条规定:"……发包人逾期不支付的,除根据建设工程的性质不宜折价、拍卖外,承包人可以与发包人协议将该工程折价,也可以请求人民法院将该工程依法拍卖。建设工程的价款就该工程折价或者拍卖的价款优先受偿。"

《最高人民法院建设工程司法解释一》第41条规定:"承包人应当在合理期限内行使建设工程价款优先受偿权,但最长不得超过十八个月,自发包人应当给付建设工程价款之日起算。"

根据以上法律规定,总承包人可以行使工程价款优先受偿权的前提是"发包人应当给付工程款却不支付"。若发承包双方对工程款支付时间有约定的,发包人应当在约定的付款期限内支付工程款,付款期限届满,发包人仍不付款的,根据《民法典》第807条的规定,总承包人可以行使工程价款优先受偿权。因此,在发承包双方对付款期限有约定的情形下,发包人在约定的付款期限内未付款的,总承包人的工程价款优先受偿权行使期间应当自约定的付款期限届满之日起开始计算。

【裁判观点】

(2019)最高法民终250号①

关于葛洲坝集团机建公司是否对涉案工程享有优先受偿权及享受优先受偿权的范围。光伏农业公司上诉主张根据原审判决认定的工程竣工时间2017年6月26日,至葛洲坝集团机建公司2018年3月7日起诉时,已经超过了6个月建设工程优先受偿权法定行使期间。

对此法院认为,因双方于2017年10月18日签订《阳曲县20MW分布式光伏发电项目工程总承包合同之补充协议一》对光伏农业公司的最后付款期限作了重新约定,即要求光伏农业公司于2017年11月15日前付清工程进度款一,依照最高人民法院《关于审理建设工程施工合同纠纷案件适用法律问题的解释(二)》第22条之规定,"承包人行使建设工程价款优先受偿权的期限为六个月,自发包人应当给付建设工程价款之日起算",本案优先受偿权起算时间应为2017年11月15日,故至葛洲坝机建公司2018年3月7日提起本案诉讼时,并未超过6个月的建设工程价款优先受偿权行使期限。

裁判规则二 实际施工人要求行使工程价款优先受偿权的,不予支持;但在总承包合同的实际施工人为发包人指定分包人,直接向发包人履行合同义务的情况下,可以允许实际施工人行使工程价款优先受偿权

【规则解析】

《民法典》第807条规定:"发包人未按照约定支付价款的,承包人可以催告发包人在合理期限内支付价款。发包人逾期不支付的,除根据建设工程的性质不宜折价、拍卖外,承包人可以与发包人协议将该工程折价,也可以请求人民法院将该工程依法拍卖。建设工程的价款就该工程折价或者拍卖的价款优先受偿。"

《最高人民法院建设工程司法解释一》第35条规定:"与发包人订立建设工程施工合同的承包人,依据民法典第八百零七条的规定请求其承建工程的价款就工

① 山西能投光伏农业发展有限公司、中国葛洲坝集团机电建设有限公司建设工程施工合同纠纷案,最高人民法院(2019)最高法民终250号民事判决书。

程折价或者拍卖的价款优先受偿的，人民法院应予支持。”

依据上述法律规定，总承包人在发包人逾期不支付工程价款时，可以对非不宜折价、拍卖的建设工程享有优先受偿权，但司法解释亦明确，享有优先受偿权的仅为“与发包人订立建设工程施工合同”的承包人。法律不允许与发包人无直接合同关系的实际施工人享有工程价款优先受偿权，理由在于：首先，通常情况下，发包人并不了解工程建设中是否存在实际施工人以及具体实际施工人身份地位等，即使赋予实际施工人工程价款优先受偿权，实际施工人在现实上也难以与发包人达成折价受偿的合意，且对善意的发包人不公；其次，工程价款优先受偿权制度的规范目的在于优先满足承包人的工程款债权，确保承包人受领工程款后能及时支付建筑工人工资，避免并杜绝拖欠工人工资的情形发生。然而，与承包人相比，实际施工人多为自然人，其商业信用难以与作为企业法人的承包人相提并论，为防止实际施工人将到手的工程款挪作他用而非清偿工人工资的情形发生，法律原则上不允许实际施工人享有工程价款优先受偿权。尽管不允许实际施工人享有优先受偿权，但是《最高人民法院建设工程司法解释一》第44条为实际施工人提供了实现工程款请求权的实现途径，该条规定“实际施工人依据民法典第五百三十五条规定，以转包人或者违法分包人怠于向发包人行使到期债权或者与该债权有关的从权利，影响其到期债权实现，提起代位权诉讼的，人民法院应予支持”，也就是说，法律不允许实际施工人直接主张工程价款优先受偿权，但是允许其通过行使代位权的方式主张工程价款优先受偿权。

据此，实际施工人要求行使工程价款优先受偿权的，法院一般不会支持，但是，就“与发包人订立建设工程施工合同”的规定而言，是否包含非书面的，以实际行为履行的施工合同并不明了。在下述（2020）最高法民申6978号案例中，法院在确定了实际施工人身份后，着重从发包人与实际施工人之间存在后者直接向前者履行合同义务的角度，结合合同的签订时间认定实际施工人是发包人的“指定分包人”，从而支持了实际施工人的优先受偿权。在该案中，实际施工人与发包人在《EPC总包合同》《PC工程承包合同》之外还存在的工程施工委托书，辅助法院认定了实际施工人指定分包人的身份，法院关注的是实际施工人同发包人之间的实际存在的合同关系，加之本案的实际施工人亦非自然人，对保障农民工工资支付相对更具信用的情况下，允许实际施工人享有工程价款优先受偿权。

【裁判观点】

(2020)最高法民申6978号①

本案中,海润光伏公司承包案涉光伏发电项目后,又与南京东送公司签订合同,将案涉80MWP光伏发电项目30MWP光伏电站项目工程委托给南京东送公司施工,并于2018年10月15日向南京东送公司出具工程施工委托书。合同订立后,南京东送公司依约进行了施工,且案涉工程已于2018年11月30日竣工验收合格并交付使用。因案涉《EPC总包合同》《PC工程承包合同》为无效合同,在案涉合同无效后,作为实际施工主体的南京东送公司的法律地位为实际施工人。二审判决认定南京东送公司为案涉工程实际施工人并无不妥。

根据二审另查明的事实,国电中兴公司于2018年10月15日向南京东送公司出具工程施工委托书,将国电中兴公司80MWP并网发电一期10MWP工程任务委托给南京东送公司对案涉工程进行施工。该委托书自签订之日起生效,工程完毕后,自行终止。双方落款签章时间为2015年10月15日。此外,从合同履行看,本案亦存在南京东送公司直接向国电中兴公司履行合同义务等情形。由此,国电中兴公司出具工程施工委托书实为事后对南京东送公司工程施工主体予以追认,且结合工程施工委托书与《PC工程承包合同》签订的时间分析,二审认定南京东送公司系国电中兴公司指定分包人,并支持南京东送公司有关就其施工工程折价或拍卖的价款享有优先受偿权的诉讼请求并无不当。

裁判规则三 在工程总承包建设项目中,工程总承包人怠于行使工程款债权及从权利工程价款优先受偿权,导致分包承接人的分包工程款债权不能实现,分包承接人要求确认对建设项目享有工程价款优先受偿权的,应予支持

【规则解析】

一、原则上,工程价款优先受偿权仅工程总承包人有权享有

《民法典》第807条规定:"发包人未按照约定支付价款的,承包人可以催告发

① 科左中旗国电中兴光伏科技有限公司、南京东送电力科技有限公司建设工程施工合同纠纷再审审查与审判监督案,最高人民法院(2020)最高法民申6978号民事裁定书。

包人在合理期限内支付价款。发包人逾期不支付的,除根据建设工程的性质不宜折价、拍卖外,承包人可以与发包人协议将该工程折价,也可以请求人民法院将该工程依法拍卖。建设工程的价款就该工程折价或者拍卖的价款优先受偿。”

《最高人民法院建设工程司法解释一》第35条规定:“与发包人订立建设工程施工合同的承包人,依据民法典第八百零七条的规定请求其承建工程的价款就工程折价或者拍卖的价款优先受偿的,人民法院应予支持。”

根据法律规定,只有与发包人订立《建设工程施工合同》的承包人才是实际享有工程价款优先受偿权的权利主体。在工程总承包建设项目中,与发包人即项目业主签订《工程总承包合同》的合同主体是工程总承包人,因此只有工程总承包人才享有工程价款优先受偿权。

二、在工程总承包人怠于行使其工程款债权以及工程价款优先受偿权,导致分包承接人的分包工程款债权难以实现的情况下,分包承接人可以要求行使工程价款优先受偿权

虽然在工程总承包建设项目中,只有工程总承包人有权行使工程价款优先受偿权,但在工程总承包人怠于主张工程款债权并行使工程价款优先受偿权给分包承接人的分包工程款债权造成不利影响的情形下,分包承接人亦有权行使工程价款优先受偿权,理由在于:

首先,工程价款优先受偿权规则是为了表彰、肯定工程总承包人是使建设工程得以增值、成型的直接作用人这一身份从而赋予工程总承包人得以就建设项目变现所得价款优先受偿的权利而诞生的制度,因为如果没有工程总承包人投入劳务组织、过程管理、物料支持、监造把控、融通垫资等要素物化到建设项目中,建设项目就不具备使用价值及交换价值,就不存在其他潜在权利人(如项目业主、抵押权人、物权期待权人)对建设工程行使权利的前提。分包承接人也是对工程总承包建设项目中的分包项目实际投入人工、材料、机械、资金、管理等要素使分包项目成型增值的主体,因此赋予分包承接人享有工程价款优先受偿权,与工程价款优先受偿权的制度价值并不冲突。

其次,工程价款优先受偿权规则的规范目的是通过优先受偿权的赋予使工程总承包人能够快速获得工程款,减轻工程总承包人的资金融通压力,从而避免工程总承包人拖欠建筑工人工资引发社会不和谐的现象。分包承接人施工组织管理架构亦包含大量建筑工人,分包承接人的资金不足必然影响建筑工人工资的发放,因此赋予分包承接人工程价款优先受偿权亦体现了工程价款优先受偿权的规

范目的,是必要的也是合理的。

最后,我国《民法典》规定的代位权制度也为承认分包承接人享有工程价款优先受偿权提供体系关联支持。《民法典》第535条第1款规定了债权人代位权制度,"因债务人怠于行使其债权或者与该债权有关的从权利,影响债权人的到期债权实现的,债权人可以向人民法院请求以自己的名义代位行使债务人对相对人的权利,但是该权利专属于债务人自身的除外",根据代位权制度的内容,债务人怠于行使其对次债务人的债权,给债权人对债务人的债权的实现造成不利影响的,债权人有权代位债务人行使债务人对次债务人的权利。在工程总承包建设项目中的法律关系下,若将关联主体嵌套进代位权制度中,当欠付工程款时,项目业主的身份为次债务人,工程总承包人为债务人,分包承接人为债权人,如若工程总承包人怠于行使其对项目业主的工程款债权,导致分包承接人对工程总承包人的债权无法实现的,分包承接人有权代替工程总承包人向与其没有合同关系的项目业主主张工程款债权。工程价款优先受偿权作为保障工程款债权得以实现的从权利,具有从属性,当然可以随着工程款债权的代位行使一并为分包承接人所代位行使。后我国最高人民法院2021年出台的《最高人民法院建设工程司法解释一》,亦对上述认定进行肯定,即《最高人民法院建设工程司法解释一》第44条的规定:"实际施工人依据民法典第五百三十五条规定,以转包人或者违法分包人怠于向发包人行使到期债权或者与该债权有关的从权利,影响其到期债权实现,提起代位权诉讼的,人民法院应予支持。"

据此,出现工程总承包人怠于行使其对项目业主的工程款债权,导致工程总承包人的履行能力欠缺、清偿能力不足,进而消极影响分包承接人对工程总承包人享有的工程款债权实现,分包承接人要求法院确认其对分包工程享有工程价款优先受偿权的,应予支持。

【裁判观点】

(2011)粤高法民一终字第1号①

关于福建土木公司是否享有涉案工程价款优先受偿权的问题。根据我国《合同法》第286条的规定,发包人逾期不支付工程款,承包人可申请人民法院将建设

① 福建省土木建设实业有限公司、福建省土木建设实业有限公司深圳分公司、SAMSUNG ENGINEERING CO. 与沙伯基础创新塑料(中国)有限公司建设工程施工合同纠纷上诉案,广东省高级人民法院(2011)粤高法民一终字第1号民事判决书。

工程依法拍卖,并可就该拍卖的价款优先受偿。本案中,虽然三星工程公司以2008年12月1日其与沙伯公司签订的《和解协议》及相关支付凭证主张其与沙伯公司已就包括涉案工程在内的整个南沙经济技术开发区塑料工厂扩建项目达成和解,并已结清所有款项。但根据该《和解协议》显示,三星工程公司在与沙伯公司结算项目的同时放弃了1,903,560美元及293天期限延长索赔的款项。我国法律设立建设工程价款优先受偿权制度的目的主要在于保护承包人的合法权益得到受偿,并保证实际参与施工工人的工资债权,其理论依据是承揽合同关系中的留置权。本案中,三星工程公司一方面未向福建土木公司足额支付工程款,另一方面在福建土木公司不知情的情况下放弃对沙伯公司的部分债权,可能影响福建土木公司获得足额工程款权利的实现,加之三星工程公司自始至终未曾向沙伯公司主张过工程价款优先受偿权。因此,本案应允许作为分包人的福建土木公司行使建设工程价款优先受偿权,福建土木公司在其应收工程款9,745,860.29元(1,139,621.3元+2,806,238.99元+5,800,000元)及其利息的范围内,对其施工的涉案工程享有工程价款优先受偿权。至于广东省高级人民法院《关于在审判工作中如何适用〈合同法〉第286条的指导意见》,是为了指引法官正确适用法律和司法解释的指导性文件,原审法院将其直接作为裁判依据不妥。且该指导性文件的本意是在总包人已就建设工程价款主张优先权的情况下,分包人再主张承建部分工程价款优先权的,人民法院不予支持。若总包人未行使建设工程价款优先受偿权导致分包人的工程款可能难以受偿的,分包人可依法行使建设工程价款优先受偿权。因此,原审法院不支持福建土木公司要求行使建设工程价款优先受偿权的主张,属适用法律错误,法院依法予以纠正。福建土木公司的该项上诉主张有事实和法律依据,法院予以支持。

裁判规则四 总承包人就其对发包人的借款债权的实现要求行使工程价款优先受偿权的,不予支持

【规则解析】

《民法典》第807条规定:"发包人未按照约定支付价款的,承包人可以催告发包人在合理期限内支付价款。发包人逾期不支付的,除根据建设工程的性质不宜折价、拍卖外,承包人可以与发包人协议将该工程折价,也可以请求人民法院将该工程依法拍卖。建设工程的价款就该工程折价或者拍卖的价款优先受偿。"

根据法律规定，工程价款优先受偿权是与工程款债权相生相伴的权利，总承包人就其对发包人的借款债权要求行使工程价款优先受偿权的，不予支持，理由在于：(1)工程价款优先受偿权是为了保障工程款债权实现而诞生的权利，作为工程款债权的从权利，其仅为保障工程款债权的满足而存在，借款债权有别于工程款债权，并非工程价款优先受偿权保障的权利；(2)工程价款优先受偿权制度产生的目的是使总承包人实实在在获得工程款的支付，进而保障建筑工人的工资利益，进而保障建筑工人的基本生存权利，但总承包人对发包人的借款债权与保障建筑工人利益无关；(3)由于总承包人是投入人、材、机等资源要素使建设成果得以存在的主体，没有总承包人的付出就没有建设成果，因此总承包人针对建设成果得以享有优先受偿的顺位也在情理之中，也就是说，总承包人基于其建设承包身份享有工程价款优先受偿权。然而，根据合同相对性原理，借贷关系仅赋予总承包人出借人的身份，并未赋予总承包人建设承包的身份，总承包人当然不能基于借款债权享有工程价款优先受偿权。

【裁判观点】

(2017)川民初 6 号①

关于中建安装公司是否对案涉"设备采购款"1 亿元享有建设工程价款优先受偿权的问题。第一，案涉《施工总承包合同(一期工程)》第 2.6 款约定："进口设备及国内设备均由发包人采购。发包人负责采购设备的催交、监造、检验、运输、质量。发包人采购的设备最迟在中交前 1 个月内到场，个别阀门除外。合同签订后 15 日内发包人提供初步的《采购设备清单》，若有变动双方进一步协商确定。"因此，双方约定的是案涉工程设备由同凯能源公司提供。第二，2016 年 12 月 22 日，双方盖章确认的由第三方重庆恒诺建设工程咨询有限公司根据双方合同约定审核的工程合同价款 137,516,236.07 元的建设工程结算审核定案表，也证明中建安装公司施工完成的工程造价中不包括甲供设备款，即案涉 3.5 亿元"设备采购款"。第三，该 3.5 亿元的原始组成是由一期合同的"工程质量履约保证金"1 亿元加上二期合同(未实际履行)约定的"工程质量履约保证金"2.5 亿元构成。并且双方约定该保证金由"发包人在 2014 年 12 月 20 日之前无条件退还承包人，支付的保证金按中国人民银行 1 年至 3 年期贷款基准利率加 5 个百分点(i+5%)

---

① 中建安装集团有限公司、四川华油中蓝能源有限责任公司、重庆凯锐鑫源科技发展有限公司等建设工程施工合同纠纷案，四川省高级人民法院(2017)川民初 6 号民事判决书。

的利率计算利息”。2015年3月5日，双方签订的《补充协议》约定，一期、二期合同中的“工程质量履约保证金”3.5亿元“实际为承包人支付由发包人采购设备的采购款”，并将其“变更的为：设备采购款及利息、采保费。设备采购款为人民币叁亿伍仟万元整。根据发包人的书面通知，承包人分期支付。发包人在2014年12月20日之前将承包人代付的设备采购款人民币叁亿伍仟万元整，以实际到款的时间和金额为基数按中国人民银行同期1年至3年期贷款基准利率计算的利息及以实际到款的时间和金额为基数按5个百分点计算的采保费一并支付给承包人”。该《补充协议》仅是将原“工程质量履约保证金”的名称变更为“设备采购款”，将原约定的“按中国人民银行同期1年至3年期贷款基准利率加5个百分点（i+5%）的利率计算利息”分拆为“按中国人民银行同期1年至3年期贷款基准利率”计算3.5亿元的利息，以3.5亿元的利息“实际到款的时间和金额为基数按5个百分点”计算采保费。且在2015年3月5日约定发包人在“2014年12月20日前”将所谓的“采购款及利息、采保费”支付给承包人。显然，该《补充协议》约定的内容印证了同凯能源公司主张该3.5亿元为双方企业之间的融资借款行为。第四，双方当事人一致确认该3.5亿元款项，同凯能源公司在2015年2月11日至2015年8月15日已经返还了2.5亿元，尚余1亿元。因此，无论是从双方当事人约定，还是双方实际履行行为，均能证明该3.5亿元是同凯能源公司在案涉施工总承包合同之外向中建安装公司的融资借款，双方约定同凯能源公司还本付息，双方在履行过程中也是按该约定履行，而并非中建安装公司向材料商支付的材料款，因此，不具有建设工程价款优先受偿的属性。根据最高人民法院《关于建设工程价款优先受偿权问题的批复》第3条的规定，中建安装公司主张对该1亿元“设备采购款”享有建设工程优先受偿权缺乏事实和法律依据，其理由不能成立。

第十章

工程总承包中的联合体

裁判规则一 总承包人以联合体的形式承接工程总承包建设项目，联合体成员不具备相应承接资质的，所签订的工程总承包合同无效

【规则解析】

《招标投标法》第31条规定："两个以上法人或者其他组织可以组成一个联合体，以一个投标人的身份共同投标。联合体各方均应当具备承担招标项目的相应能力；国家有关规定或者招标文件对投标人资格条件有规定的，联合体各方均应当具备规定的相应资格条件。由同一专业的单位组成的联合体，按照资质等级较低的单位确定资质等级。联合体各方应当签订共同投标协议，明确约定各方拟承担的工作和责任，并将共同投标协议连同投标文件一并提交招标人。联合体中标的，联合体各方应当共同与招标人签订合同，就中标项目向招标人承担连带责任。招标人不得强制投标人组成联合体共同投标，不得限制投标人之间的竞争。"

《工程总承包管理办法》第10条规定："工程总承包单位应当同时具有与工程规模相适应的工程设计资质和施工资质，或者由具有相应资质的设计单位和施工单位组成联合体。工程总承包单位应当具有相应的项目管理体系和项目管理能力、财务和风险承担能力，以及与发包工程相类似的设计、施工或者工程总承包业绩。设计单位和施工单位组成联合体的，应当根据项目的特点和复杂程度，合理确定牵头单位，并在联合体协议中明确联合体成员单位的责任和权利。联合体各方应当共同与建设单位签订工程总承包合同，就工程总承包项目承担连带责任。"

为了保障工程总承包建设项目的质量安全，国家对建设市场的主体有资质准入的要求，承接建设工程的施工作业、图纸设计、地质勘察、施工监理等业务必须

具备与工程规模相适应的资质，否则所签订施工合同、设计合同、勘察合同或监理合同均为无效合同。工程总承包人以联合体的形式承接工程总承包建设项目也是如此，所有组成联合体的成员必须具备与工程规模相应的资质，如专门负责图纸设计的成员必须具备设计资质，专门负责施工作业的成员必须具备施工资质等，才能保证施工过程安全与工程质量标准，否则，联合体内部其中一个成员不具备业务负责范围内的相应资质的，即使是以联合体的形式承接工程总承包项目的，所签订的工程总承包合同也均为无效合同。

下述案件中，作为联合体的牵头人负责项目总承包管理，却不具备与工程规模相应的施工资质或设计资质，因此其代表联合体其他成员与发包人签订的《工程总承包合同》为无效合同。

【裁判观点】

1.（2015）川民终字第664号①

关于“联合体”投标、中标效力问题。基于本案事实，德铁公司就案涉工程既然选择了招标投标方式，就应当严格按照《招标投标法》的规定运作。虽然《联合体协议书》有效，是华硅公司、川冶设计院、贵冶公司自愿组成“联合体”就本案工程进行联合投标的真实意思表示，但能否合法中标非“联合体”成员意志能够决定，因此，由于华硅公司不符合参与本案工程联合投标的主体资格，招标人德铁公司在审查“联合体”成员资格时应当知晓这一事实。根据德铁公司终止与川冶设计院已经签订并部分履行的案涉工程的设计合同，要求其参与“联合体”重新“投标”，以及要求华硅公司、贵冶公司组成的联合投标必须委托川冶设计院进行设计等实际运作事实，案涉工程的投标、中标均违反《招标投标法》的禁止性规定。根据《招标投标法》第31条第2款“联合体各方均应当具备承担招标项目的相应能力；国家有关规定或者招标文件对投标人资格条件有规定的，联合体各方均应当具备规定的相应资格条件。由同一专业的单位组成的联合体，按照资质等级较低的单位确定资质等级”的规定，华硅公司、贵冶公司、川冶设计院组成的联合体属于不具有案涉工程项目联合投标资格的“联合体”。从本案招投标过程来看，本案招投标行为也不符合《招标投标法》的规定，根据《招标投标法》第31条第3款的规定，“联合体各方应当签订共同投标协议，明确约定各方拟承担的工作和责任，

---

① 贵州省冶金建设公司、四川省冶金设计研究院建设工程施工合同纠纷案，四川省高级人民法院（2015）川民终字第664号民事判决书。

并将共同投标协议连同投标文件一并提交招标人。联合体中标的,联合体各方应当共同与招标人签订合同,就中标项目向招标人承担连带责任"。本案招标人德铁公司在已经与川冶设计院签订案涉工程设计合同,并已履行了部分设计义务后,要求采用联合招标方式再将设计工作纳入联合招标内容,并且要求川冶设计院加入"联合体"。同时,在德铁公司认可"联合体"主体资格的情况下,确认"联合体"中标,但仅与"联合体"的牵头人华硅公司签订《总承包合同》。华硅公司既不具有建筑施工资质,也不具有参与本案工程组成联合体的主体资格。对于华硅公司的主体资质,以及《招标投标法》对联合体投标方式的具体规定,作为招标人德铁公司应当是明知的。故贵冶公司、川冶设计院上诉主张案涉工程的投标、中标违反《招标投标法》第 31 条的规定的理由成立,本案"联合体"投标、中标均违反了《招标投标法》的规定,其投标、中标行为当属无效。

2. (2019)新民初 15 号①

《招标投标法》第 31 条规定:"两个以上法人或者其他组织可以组成一个联合体,以一个投标人的身份共同投标。联合体各方均应当具备承担招标项目的相应能力;国家有关规定或者招标文件对投标人资格条件有规定的,联合体各方均应当具备规定的相应资格条件。由同一专业的单位组成的联合体,按照资质等级较低的单位确定资质等级。联合体各方应当签订共同投标协议,明确约定各方拟承担的工作和责任,并将共同投标协议连同投标文件一并提交招标人。联合体中标的,联合体各方应当共同与招标人签订合同,就中标项目向招标人承担连带责任。招标人不得强制投标人组成联合体共同投标,不得限制投标人之间的竞争。"京诚瑞信公司作为联合投标单位之一,其未提供证据证明其具备招标文件规定的冶金行业设计乙级以上资质,故违反了上述《招标投标法》的强制性规定,案涉《总承包合同》无效。京诚瑞信公司、中冶京诚公司认为本案工程由具备招标要求相应资质的中冶京诚公司具体负责设计和施工,而京诚瑞信公司具体负责设备采购,未违反《招标投标法》,该理由缺乏事实及法律依据,法院不予支持。首钢伊犁公司认为京诚瑞信公司、中冶京诚公司之间存在违法转包导致合同无效,但首钢伊犁公司未提供充分证据证实其该主张,法院对此不予支持。

---

① 北京京诚瑞信长材工程技术有限公司、中冶京诚工程技术有限公司与首钢伊犁钢铁有限公司建设工程施工合同纠纷案,新疆维吾尔自治区高级人民法院(2019)新民初 15 号民事判决书。

裁判规则二　联合体协议书约定“牵头人有权代表联合体各成员负责本招标项目投标文件编制和合同谈判活动，并代表联合体提交和接收相关资料、信息及指示，并处理与之有关的一切事务，负责合同实施阶段的主办、组织和协调工作”的，联合体成员对联合体牵头人以联合体名义所为的行为承担连带责任

【规则解析】

工程总承包模式的最大优势是在控制发包人投资预算的同时还能扩充承包人利润空间，其根本原因在于工程总承包模式要求发包人将工程设计与施工作业一并发包给总承包人承接，通过总承包人单个主体的统筹协调，实现设计、采购与施工的有机联动、合理衔接、穿插配合、交错纠偏，从而达到优化施工方案、减少修理返工、压缩施工成本的目的。据此，要求工程总承包下的总承包人兼具设计资质与施工资质是工程总承包模式的关键所在，要想工程总承包模式发挥出“固定投资”并“增加利润”的优势，具备双资质的总承包人必不可少，其在保障工程总承包模式的顺利运转中处于举足轻重、秉轴持钧的地位。

然而，现实情况是，要求总承包人必须兼具“设计资质”与“施工资质”的《工程总承包管理办法》于2020年3月1日生效①，距今为止不过短短1年，施工企业的资质改革步伐以及资质升级活动正在如火如荼地进行，能够同时具备“设计资质”与“施工资质”的总包企业仍是凤毛麟角，但这不能成为阻碍工程总承包模式向前发展的正当理由。《工程总承包管理办法》第10条第2款规定“设计单位和施工单位组成联合体的，应当根据项目的特点和复杂程度，合理确定牵头单位，并在联合体协议中明确联合体成员单位的责任和权利……”这为仅具备单一资质的设计单位或施工企业进入工程总承包市场提供了无限可能。

现阶段，当施工企业与设计单位以组成“联合体”的形式获得总承包人的身份时，其首要考虑的是责任承担问题。鉴于《招标投标法》第31条第3款规定“联合体各方应当签订共同投标协议，明确约定各方拟承担的工作和责任，并将共同投标协议连同投标文件一并提交招标人。联合体中标的，联合体各方应当共同与招

① 《工程总承包管理办法》第10条第1款规定：“工程总承包单位应当同时具有与工程规模相适应的工程设计资质和施工资质，或者由具有相应资质的设计单位和施工单位组成联合体。工程总承包单位应当具有相应的项目管理体系和项目管理能力、财务和风险承担能力，以及与发包工程相类似的设计、施工或者工程总承包业绩。”

标人签订合同,就中标项目向招标人承担连带责任”,且《工程总承包管理办法》第10条第2款第2句规定“联合体各方应当共同与建设单位签订工程总承包合同,就工程总承包项目承担连带责任”,故联合体成员对发包人即招标人承担连带责任,自不待言。然而,联合体成员对联合体牵头人以联合体的名义对外建立的专业分包、劳务分包、设备采购、机械租赁、融资借款等交易关系承担何种性质的责任?

实务中,能成为联合体牵头人的一般是承包经验丰富、管理能力较强的施工企业,然而,施工企业以联合体的名义对外签订的分包合同、采购合同、租赁合同、借款合同等往往不构成对其他联合体成员(如设计单位或设备供应企业)的约束,理由在于:第一,虽然工程总承包模式要求设计与施工交互影响、深入配合,但现阶段我国工程总承包模式下的设计单位、设备供应企业与施工企业仍是各行其是、各自为政,因缺乏管理经验与施工能力,设计单位或设备供应企业在实践中不会干涉、也没有力量干涉施工企业根据施工组织计划实施的暂估价项目活动;第二,作为联合体牵头人的施工企业在对外订立分包合同、采购合同、租赁合同、借款合同等时往往不会征求设计单位或设备供应企业的建议或同意,因此上述合同并没有体现出设计单位或设备供应企业的真实意志;第三,设计单位可以获得的设计费往往仅占到工程总承包合同价格不到10%的比例,而基于分包合同、采购合同、租赁合同、借款合同等产生的付款责任远远超出设计单位可以获得的对价。据此,要求设计单位或设备供应企业对超出其能力范畴、未体现其意思表示并超出其可获得的利益范围而签订的分包合同、采购合同、租赁合同、借款合同所产生的付款义务负责,有违公平对价原则与意思自治原则,应不予支持。

但是,若施工企业、设计单位与设备供应企业在联合体协议中约定施工企业为联合体牵头人,且联合体牵头人有权“代表联合体各成员负责本招标项目投标文件编制和合同谈判活动,并代表联合体提交和接收相关资料、信息及指示,并处理与之有关的一切事务,负责合同实施阶段的主办、组织和协调工作”的,说明联合体其他成员作出了接受联合体牵头人以联合体名义对外交易并承诺承担相应责任的意思表示,为了保障交易安全与交易相对人的善意,其他联合体成员应当与联合体牵头方共同对交易相对人承担连带责任。据此,在联合体协议中存在类似上述约定的情况下,联合体牵头人以联合体的名义对外签订分包合同,为了保障交易安全与分包人的善意,分包人以联合体协议存在上述约定为由请求牵头人以外的联合体成员承担支付工程款的连带责任的,应予支持。

【裁判观点】

（2018）最高法民申 2076 号①

一、关于原判决认定的基本事实是否缺乏证据证明的问题

华硅公司、川冶设计院和贵冶公司于 2011 年 1 月 23 日签订的《联合体协议书》已经人民法院生效判决确认有效，根据该协议第 2 条的约定，华硅公司作为联合体牵头人“代表联合体各成员负责本招标项目投标文件编制和合同谈判活动，并代表联合体提交和接收相关资料、信息及指示，并处理与之有关的一切事务，负责合同实施阶段的主办、组织和协调工作”。在此约定的基础上，华硅公司通过招投标程序与德铁公司签订《工程总承包合同》，是代表“联合体”进行投标、缔约的行为。同时，结合德铁公司于 2011 年 1 月 24 日向“华硅公司（牵头人）、川冶设计院（成员单位）、贵冶公司（成员单位）组成的联合体”出具中标通知书的事实，表明作为合同相对方的德铁公司对华硅公司投标、缔约系代表联合体的事实也是知晓的。因此，原判决认定《工程总承包合同》的承包方是华硅公司、川冶设计院和贵冶公司，并无不当。

同时，《联合体协议书》第 4 条约定作为“联合体”牵头人的华硅公司“总体负责项目的合同签订、工程实施、工程管理及投产试生产等所有总承包工作”。结合该条对其他“联合体”成员内部职责分工的约定，川冶设计院负责“现场技术服务”，贵冶公司负责“项目的建筑、结构施工及机电设备安装调试”。由此可见，《联合体协议书》第 4 条是对“联合体”成员在工程具体实施过程中职责分工的约定，故华硅公司有权在涉案工程施工过程中代表“联合体”对外签订合同。原判认定华硅公司与唐某、王某池签订的《土建工程施工承包合同》应约束川冶设计院和贵冶公司，并无不当。

川冶设计院和贵冶公司申请再审主张《联合体协议书》并未实际履行。首先，华硅公司代表“联合体”投标、与德铁公司签订《联合体协议书》并实际实施工程，以及在工程建设过程中与唐某、王某池签订的《土建工程施工承包合同》等行为均系其履行协议的行为，也是根据协议约定代表联合体实施的行为。其次，贵冶公司在 2010 年 12 月 9 日签订《联合体协议书》后，于 2010 年 12 月 25 日与华硅公司向德铁公司提交投标函、投标保证金函，结合德铁公司于 2011 年 1 月 24 日向“华

---

① 四川省冶金设计研究院、贵州省冶金建设公司建设工程施工合同纠纷再审审查与审判监督案，最高人民法院（2018）最高法民申 2076 号民事裁定书。

硅公司(牵头人)、川冶设计院(成员单位)、贵冶公司(成员单位)组成的联合体”出具中标通知书等事实,可以认定贵冶公司也是实际参与了涉案工程的招投标程序的,其对《联合体协议书》也有实际的履行行为。最后,根据《联合体协议书》的约定,川冶设计院在“联合体”成员内部的分工是“负责项目的施工图设计及现场技术服务工作”,川冶设计院亦认可其履行了设计义务。至于川冶设计院履行设计义务的行为是基于《联合体协议书》中“联合体”成员单位的分工,还是基于其与华硅公司于2011年2月18日签订的《建设工程设计合同(二)》的合同义务,属于“联合体”内部对成员权利义务具体实现方式的安排。因此,川冶设计院和贵冶公司主张《联合体协议书》并未实际履行的理由不成立;其申请再审主张原判认定的基本事实缺乏证据证明,理由不成立。

二、关于原判决是否适用法律错误的问题

川冶设计院和贵冶公司申请再审主张华硅公司无权代表联合体对外签订合同,原判决适用法律错误。但依据《联合体协议书》第2条、第4条的约定,华硅公司有权在招投标程序以及工程具体施工过程中代表联合体对外签订合同,华硅公司的代理具备合同依据,不属于无权代理。虽然本案中联合体投标、中标的行为因违反《招标投标法》第31条的规定应属无效,华硅公司单方与德铁公司签订的《工程总承包合同》以及华硅公司与唐某、王某池签订的《土建工程施工承包合同》均属无效,但不影响川冶设计院和贵冶公司依据《联合体协议书》就联合体的对外行为承担责任。

川冶设计院和贵冶公司申请再审主张《联合体协议书》效力仅及于招投标法律关系,联合体之间的连带责任不适用于联合体与唐某、王某池之间,原审适用连带责任错误。《联合体协议书》第3条约定“联合体将严格按照招标文件的各项要求,递交投标文件,履行合同,并对外承担连带责任”,而实施工程的行为属于履行总承包合同的行为。结合《联合体协议书》第4条对联合体成员在工程具体实施过程中职责分工的约定可知,《联合体协议书》并非仅是对招投标程序的约定。川冶设计院和贵冶公司主张《联合体协议书》效力仅及于招投标法律关系,缺乏事实依据,理由不成立。

裁判规则三 联合体牵头人不是工程款支付义务主体，联合体成员要求作为联合体牵头人履行付款义务或承担逾期付款责任的，不予支持

【规则解析】

以联合体形式承接工程总承包建设项目的总承包人与发包人之间基于工程总承包合同产生的对价义务是联合体向发包人交付符合国家质量安全要求、满足发包人要求的功能需求与产能效率的建设成果，发包人按照固定总价与变更调价约定向联合体总承包人支付工程款，也就是说，在工程总承包合同的权利义务关系下，支付工程款的义务主体仅为发包人，因为发包人才是实际受领建设成果并因此收益的主体。在由施工单位、设计单位或设备供应企业组成的联合体总承包人的内部关系中，联合体各内部成员之间的权利义务仅在于不同的成员按照约定分派的建设任务完成工作成果，如设计单位负责出具施工图设计、施工单位负责投入人力、物力组织施工、设备供应企业负责供应建筑材料与特殊设备等，并根据约定分配的建设利润获取盈余收益，在联合体协议没有特别约定的情形下，联合体各内部成员之间相互不向另一方负担支付建安成本费、设计款、管理费或货款的义务，联合体内部成员一方不得向内部成员另一方主张付款请求权利。

据此，在联合体协议没有特别约定联合体牵头人负有向联合体其他成员支付工程款义务的前提下，作为联合体成员之一的施工单位要求作为联合体牵头人的设计单位履行付款义务并承担逾期付款的违约责任的，没有事实与法律依据，法院不予支持。

【裁判观点】

(2018)黔民初122号①

华西装饰公司主张奥地设计公司为案涉项目的牵头人，故请求奥地设计公司对上述工程欠款及利息承担支付责任。奥地设计公司不予认可并抗辩认为，其只是联合体承包人之一，并非工程款及利息的付款义务人，不应承担给付责任。法院认为，根据《中国农耕历史文化（凉都国学馆）博览园二期（EPC）总承包合同》《联合体协议》可知，本案的中国农耕历史文化（凉都国学馆）博览园二期工程的

① 四川华西建筑装饰工程有限公司与盘水市钟山区励砺旅游文化产业投资有限公司、四川奥地建筑设计有限公司建设工程施工合同纠纷案，贵州省高级人民法院(2018)黔民初122号民事判决书。

承包人为联合承包体,联合体成员由华西装饰公司与奥地设计公司、陕西华萃路桥工程有限责任公司组成,联合体成员之间约定奥地设计公司作为该联合体的牵头人,代表联合体各成员负责合同实施阶段的主办、组织和协调工作,具体分工为:奥地设计公司负责建筑设计,陕西华萃路桥工程有限责任公司负责市政公用工程施工、华西装饰公司负责装饰装修,各自承担相应的责任,履行相应的义务,负责相应的债权债务。上述合同及协议的内容表明,尽管奥地设计公司系联合体牵头人,但对内,其在联合体中只承担总体性事务性工作,不承担支付工程款的义务;对外,其在施工合同中的地位与华西装饰公司相同,仅为联合承包体的成员之一,亦不承担给付工程款的义务。因此,奥地设计公司虽然系承包联合体牵头人但其并非工程总承包人,华西装饰公司作为承包联合体之一亦非工程的分包人或转包人,其与奥地设计公司并不存在实体上的权利义务关系。华西装饰公司完成其施工部分内容后,励砺旅文公司接受了华西装饰公司的劳动成果,即接受了给付,故其应向华西装饰公司履行相应的支付工程款的对待给付义务。奥地设计公司不应承担工程款及利息的给付义务,华西装饰公司请求奥地设计公司承担支付工程欠款及利息的责任,无事实和法律根据,法院不予支持。

第十一章

工程总承包其他问题

裁判规则一 发包人与承包人签订多份目的相互关联的合同，能够表明发包人将项目设计、采购、施工、技术服务等项目全过程交由承包人承包的，双方构成工程总承包法律关系，应当适用有关建设工程合同的法律规定及相关司法解释

【规则解析】

合同是判断当事人之间法律关系性质的逻辑起点和依据，工程总承包法律关系性质的确定，通常反映在发包人与承包人之间的工程总承包合同中。实践中，多数发包人与总承包人之间确立总承包法律关系的书面合同采用的是综合规定当事人权利义务的一份协议，而并不会签订独立的设计、采购、施工等专项协议。此时，如果施工合同中明确承包人负责包括项目设计、设备及材料采购、建筑安装、调试运行、技术培训、质量保修等内容的工程全过程建设的，即为工程总承包合同。然而，由于法律并不禁止当事人以多份协议的形式规范其间的权利义务关系，而发包人与总承包人签订有除工程总承包协议之外的其他独立协议或仅有各独立的专项协议时，如何确定当事人之间的法律关系以及合同应当如何适用法律便需要着重考量。

一、即使有多份独立协议，但各协议目的相互关联，共同实现工程总承包施工的目的，即可认定为工程总承包法律关系

合同当事人有权选择使用一份或多份合同、补充合同来规范其间的权利义务，但判断当事人之间法律关系的性质时，应当根据当事人之间协议的性质和目

的来确定。尽管发包人与总承包人之间签订有多份独立的协议,单独规定如设计、采购、施工等内容,但若多份合同共同指向同一工程项目,完成项目施工的不同类型工作的,可以认定其属于目的相互关联的,共同服务于建设项目的合同,符合工程总承包法律关系的特点。

二、构成工程总承包法律关系的多份协议应当统一适用有关建设工程合同的法律规定及相关司法解释

表面上看,工程总承包关系当事人单独就工程项目的设计、采购、施工、技术服务等内容签订的合同相互独立,因此对于设备采购、安装调试等应适用买卖合同方面的法律,服务领域应适用技术合同方面的法律。但是,就合同的目的来讲,上述专门的协议均隶属于统一的工程总承包法律关系,是承包人为发包人提供全流程施工服务的环节,有别于独立的买卖合同或技术服务合同等;单独将这类合同适用买卖合同等法律规范,将抹杀其作为建设工程施工行为构成部分的性质,也无法反映工程总承包施工模式的要求。因此,对构成工程总承包法律关系的多份协议,应当统一适用有关建设工程合同的法律规定及相关司法解释。

【裁判观点】

1. (2021)最高法民申 2258 号①

原审判决认定远达水务公司与滨海鼎昇公司之间的法律关系系建设工程总承包合同关系,并无不当。本案中,滨海鼎昇公司与远达水务公司之间先后签订了《总承包合同》、《施工协议》、《采购协议》、《服务协议》以及《补充协议》等合同。从上述合同内容看,主要约定了远达水务公司负责案涉项目工程的全过程建设,其中包括项目设计、设备及材料采购、建筑安装、调试运行、技术培训、质量保修等内容,各个合同只是对建设工程总承包的某一方面具体内容进行约定。从以上合同目的来看,每个合同签订的具体目的不尽相同,但是该具体目的之间存在关联关系,且各个合同的最终目的皆是案涉项目工程顺利建设使用。因此,原审判决认定远达水务公司与滨海鼎昇公司之间的法律关系为建设工程总承包合同关系,并无不当。

---

① 天津滨海鼎昇环保科技工程有限公司、天津渤天化工有限责任公司建设工程施工合同纠纷案,最高人民法院(2021)最高法民申 2258 号民事裁定书。

2.(2019)最高法民终 134 号①

关于本案争议法律关系的性质。本案中,滨海鼎昇公司与远达水务公司之间先后签订了 5 份名称和内容虽不相同但合同目的相互关联的协议,双方之间法律关系的性质应如何认定,是确定本案法律适用的前提和基础。案涉渤天化工公司中水回用 BOT 特许经营项目,系由案外人重庆环保设计院经过招投标获得,滨海鼎昇公司以中标人重庆环保设计院项目公司名义与招标人渤天化工公司签订《BOT 合约》,约定滨海鼎昇公司享有案涉中水回用项目融资、建设、运营、维护等特许经营权。滨海鼎昇公司又依据《BOT 合约》将案涉工程整体发包给远达水务公司,双方签订《总承包合同》《施工协议》《采购协议》《服务协议》《补充协议》等合同,约定远达水务公司负责包括项目设计、设备及材料采购、建筑安装、调试运行、技术培训、质量保修等内容的工程全过程建设。因此,远达水务公司与滨海鼎昇公司之间形成建设工程总承包合同关系,《施工协议》《采购协议》《服务协议》等合同约定都是工程项目总承包的具体内容,本案双方争议的问题是工程款的支付及工程项目总承包合同的继续履行问题,故本案应适用有关建设工程合同的法律规定及相关司法解释,一审判决适用法律并无不当,滨海鼎昇公司关于一审判决法律适用错误的上诉主张不成立。

3.(2021)陕民终 665 号②

法院认为,《澄城昌盛 20 兆瓦光伏发电项目承包合同洽谈备忘录》确定案涉项目招标人为澄城昌盛,澄城昌盛确保合同拆分的合法性;确定青岛昌盛、澄城昌盛、华盛绿能应分别与陕西光伏签订相关合同;确定 EPC 总承包合同虽然分开签订为 4 份合同,但并不能免除陕西光伏作为 EPC 总承包单位的任何义务及责任,对合同总金额分解之目的实为方便管理。虽文本显示为陕西光伏分别与澄城昌盛授权单位澄城昌盛和华盛绿能签订合同,但由澄城昌盛授权澄城昌盛显系违背常识,而澄城昌盛授权青岛昌盛及华盛绿能更符合各方签订备忘录的真实意思和本案存在包括青岛昌盛所签订合同在内的多份合同并实际履行的事实,故陕西光伏关于合同文本存有笔误,被授权单位应为青岛昌盛及华盛绿能的主张符合实际,澄城昌盛、青岛昌盛虽对笔误不予认可,但不能提出合理解释,对其抗辩主张不予支持。该备忘录确定结算责任由澄城昌盛及授权单位共同承担,故一审结合

① 天津滨海鼎昇环保科技工程有限公司、国家电投集团远达水务有限公司建设工程施工合同纠纷案,最高人民法院(2019)最高法民终 134 号民事判决书。

② 澄城县昌盛太阳能科技有限公司与陕西光伏产业有限公司建设工程施工合同纠纷案,陕西省高级人民法院(2021)陕民终 665 号民事判决书。

约定内容及全案事实,认定澄城昌盛、青岛昌盛、华盛绿能均为发包人,应对欠付的工程款共同承担支付责任,并无不当。

裁判规则二 在存在承接工程总承包建设项目的总承包人的前提下,土建工程分包承接人要求确认其与工程总承包建设项目业主之间存在直接发包的合同关系的,不予支持

【规则解析】

《民法典》第 465 条规定:"依法成立的合同,受法律保护。依法成立的合同,仅对当事人具有法律约束力,但是法律另有规定的除外。"

根据以工程总承包模式发包的建设项目的交易习惯,通常是由项目业主作为发包人将包含设备采购、图纸设计以及施工作业的整个工程总承包业务发包给工程总承包人,工程总承包人再根据实际情况将设备监造安装部分、土建施工建设部分、专业工程分包部分或设计绘制图纸部分对外分包给分包承接人,分包承接人再根据发包人是否同意以及自身的实际需要将非主体部分的专业工程、安装工程、人工劳务等业务向下分包。因此,在庞大复杂的工程总承包施工组织体系中,工程总承包建设项目与工程总承包人才存在工程总承包合同关系,工程总承包人与分包承接人存在分包合同关系。在工程总承包建设项目业主持有"甩手掌柜"的发包心态以及工程总承包人作为整个工程总承包建设项目的"总规划师""总管理方"的前提下,分包承接人与项目业主不发生直接的法律关系,分包承接人请求法院确认其与项目业主存在合同关系的,不予支持。

在下述(2011)粤高法民一终字第 1 号案件中,工程总承包建设项目业主为"沙伯公司"(由"美通公司"变更而来),工程总承包人为"三星工程公司",分包承接人为"福建土木公司"(由"福建鑫源公司"变更而来),福建土木公司与沙伯公司不存在直接的建设工程承包关系,法院不支持福建土木公司申请确认其与沙伯公司存在合同关系的请求。

【裁判观点】

(2011)粤高法民一终字第1号[①]

关于涉案工程中沙伯公司与福建土木公司之间的法律关系问题。美通公司与三星工程公司于2003年1月8日签订的《中国国内工程采购和建筑协议》《协调协议》均是双方当事人真实意思的表示,未违反法律、行政法规的强制性规定,合法有效。根据上述协议,美通公司作为业主,将包括涉案工程在内的南沙经济技术开发区塑料工厂扩建项目发包给三星工程公司,其仅需按约定支付固定价款,并在约定交付日期接收三星工程公司提供的已完工且可正式投入运营的整个完整项目;三星工程公司作为该项目工程的总承包商,提供包括项目设计、工程设计、采购、建造、测试等在内的能使项目完工且正式投入运营所需的所有服务,并可自行独立挑选、聘用和管理项目工程分包方,对分包方的行为向美通公司负责。根据法院查明,美通公司已依法变更为沙伯公司。由此可见,沙伯公司与三星工程公司之间存在包括设计、采购、施工在内的工程总承包合同关系。

三星工程公司与福建鑫源公司以2003年6月20日签订的《排他性合作协议》,2003年12月6日、2004年1月14日形成的会议纪要,以及三星工程公司与福建鑫源公司2004年12月31日签订的、美通公司作为见证方的《和解协议》等书面协议,确立了三星工程公司作为发包方,将南沙经济技术开发区塑料工厂扩建项目中的土建工程发包给福建鑫源公司承包施工的建设工程施工合同关系。根据法院查明,福建鑫源公司及其深圳分公司已依法变更为福建土木公司及其深圳分公司。另外,在三星工程公司与福建土木公司确认的已付工程款中,除《和解协议》签订前的2004年2月12日开出的一笔金额为3,000,000元的发票注明付款人名称为美通公司外,其余均显示付款人为三星工程公司。其中,福建土木公司深圳分公司要求支付2~5月的工程进度款的函均注明抄送美通公司。由此可见,由福建土木公司实际施工的涉案工程属于沙伯公司与三星工程公司协议项下的总承包工程中的一部分,且沙伯公司以见证合同签署、参与施工协调等方式对三星工程公司将涉案工程分包给福建土木公司承建予以认可。沙伯公司、三星工程公司和福建土木公司最终实际形成的是建设工程"发包—总包—分包"的关系。沙伯公司为涉案工程的发包人,三星工程公司为工程总承包人,福建土木公司为

---

① 福建省土木建设实业有限公司、福建省土木建设实业有限公司深圳分公司、SAMSUNG ENGINEERING CO. 与沙伯基础创新塑料(中国)有限公司建设工程施工合同纠纷上诉案,广东省高级人民法院(2011)粤高法民一终字第1号民事判决书。

合法分包人,三方应依照合同约定和有关法律规定全面履行合同。

对于福建土木公司及其深圳分公司上诉认为沙伯公司与福建土木公司之间为直接的工程承发包关系,三星工程公司在涉案工程中为管理人的主张,法院认为,本案审查的是南沙经济技术开发区塑料工厂扩建项目中的土建工程涉及的各方当事人的权利义务关系,虽然美通公司、三星工程公司、福建鑫源公司三方于2003年11月18日签订的《打桩工程合同》约定美通公司将南沙经济技术开发区塑料工厂扩建项目项下的打桩工程发包给福建鑫源公司承建,三星工程公司为该项目的管理人,但在三方之后签订的共同声明中已明确该合同仅作为打桩工程的发包依据和报建之用,并明确该合同于共同声明签订之日起废止,且打桩工程的施工及付款已实际履行完毕,并不属于本案争议范围。因此,不能以《打桩工程合同》中当事人的关系推定本案当事人之间的关系。福建土木公司上诉认为其与沙伯公司存在直接的建设工程承发包合同关系没有事实和法律依据,法院不予支持。

裁判规则三 工程总承包合同的本质是“设计+采购+施工”,即总承包人将建设项目的设计业务、施工作业与设备采购安装工作一并承接负责。总承包人仅承接“施工+试运行”工作的,不属于工程总承包模式

【规则解析】

《工程总承包管理办法》第3条规定:“本办法所称工程总承包,是指承包单位按照与建设单位签订的合同,对工程设计、采购、施工或者设计、施工等阶段实行总承包,并对工程的质量、安全、工期和造价等全面负责的工程建设组织实施方式。”

工程总承包施工组织模式的最大优势是减轻发包人项目管理的压力、转嫁发包人质量安全责任负担,为了实现这一目标,建设项目的设计业务、施工作业以及设备采购安装工作必须一并由总承包人承接,才能促使总承包人为了达到压缩施工成本、增加利润空间的目的而培养更强的设计与施工的协调能力、利用承包经验完善设计图纸从而减少返工、学习适用更先进的工艺技术、采纳更合理的工序路径、寻找更优质的人材机供应链等,进而才存在使工程总承包人具备就工程造价、施工安全、工程质量与建设工期对发包人全面负责的能力的可能。因此,要求

总承包人一并承接工程总承包的工程施工、图纸设计与设备采购的全面建设流程与工程总承包模式所要实现的优势是一脉相承的，也只有约定总承包人一并负责建设项目的设计、采购以及施工才属于工程总承包合同。

在下述(2017)甘民终133号案件中，发承包双方的合同仅约定承包人承接施工作业已完工项目试运行的工作，不包括图纸设计与设备采购安装，故发承包双方的合同性质还是施工合同，而非工程总承包合同。

【裁判观点】

(2017)甘民终133号①

关于双方签订的《甘肃永昌50MW并网光伏发电项目建筑、安装工程施工合同》(以下简称《施工合同》)的效力如何认定的问题。《建筑法》第28条规定，禁止承包人将其承包的全部建筑工程转包给他人，禁止承包人将其承包的全部建筑工程肢解后以分包的名义分别转包给他人。本案中，吉林协合公司与业主永昌协合太阳能发电有限公司签订了《甘肃永昌50MW并网光伏发电项目建筑安装工程施工总承包合同》(以下简称《总包合同》)。对比《施工合同》与《总包合同》，两份合同的施工范围均为光伏发电区建筑和安装工程、升压站建筑和安装工程。同时，吉林协合公司在二审庭审中也认可讼争建设项目由安徽电建二公司全部完成，所以一审法院认定《施工合同》系转包合同，应属无效正确，予以维持。安徽电建二公司上诉提出讼争建设项目是吉林协合公司承建“施工＋试运行”的总承包EPC项目，故其有权将施工内容分包给安徽电建二公司。法院认为，EPC模式只是工程总承包的一种方式，即设计＋采购＋施工，而吉林协合公司签订《总包合同》时，并没有约定承包工程设计和采购，从合同内容来看，《总包合同》的实质就是一个施工合同。因此，安徽电建二公司的该上诉理由不成立。

---

① 上诉人中国能源建设集团安徽电力建设第二工程有限公司与被上诉人吉林协合电力工程有限公司建设工程施工合同纠纷案，甘肃省高级人民法院(2017)甘民终133号民事判决书。

裁判规则四 在工程总承包项目中,发包人要求总承包人承担工期逾期违约责任的权利应当在实际竣工之日起后的3年内行使,逾期行使的,丧失胜诉权利

【规则解析】

一、债权人行使债权受到诉讼时效制度的严格限制,其应当在诉讼时效期间内主张权利,否则一旦诉讼时效期间届满,债权人将丧失胜诉权

《民法典》第188条第1款规定:"向人民法院请求保护民事权利的诉讼时效期间为三年。法律另有规定的,依照其规定。"第192条第1款规定:"诉讼时效期间届满的,义务人可以提出不履行义务的抗辩。"

依照上述法律规定,债权人的债权受强制执行力保护的时间受到诉讼时效期间的严格约束,债权人应当在3年的诉讼时效期间内向债务人主张债权,否则诉讼时效期间届满,债务人享有不履行债务的抗辩权,债权人丧失保障债权实现的胜诉权。

二、发包人基于《工程总承包合同》的约定向总承包人主张工期逾期违约责任的相关权利的,应当自知道或应知存在工期逾期事实之日起3年内行使

《民法典》第188条第2款规定:"诉讼时效期间自权利人知道或者应当知道权利受到损害以及义务人之日起计算。法律另有规定的,依照其规定。但是,自权利受到损害之日起超过二十年的,人民法院不予保护,有特殊情况的,人民法院可以根据权利人的申请决定延长。"

根据法律规定,诉讼时效期间的起算点为"权利人知道或应当知道权利受到损害之日",结合《工程总承包合同》的合作细节,发包人若要主张基于总承包人工期逾期构成违约产生的有关权利时,应当自其知道自己有关合同约定的工期利益受到损害的事实之日起3年内主张,而发包人知道其合同约定的工期利益受到损害的事实之日即为实际竣工之日,因此发包人应当自实际竣工之日起后的3年内向总承包人行使因追究工期逾期违约责任所产生的合同权利。

三、发包人在实际竣工之日起的3年期间届满后才追究总承包人工期逾期的违约责任的，超过诉讼时效保护期间，法院不予支持

承前所述，债权人只有在诉讼时效期间内行使债权，才能保障自身债权受到诉讼公权力以及强制执行力的保护；若债权人超出诉讼时效期间才行使债权的，债务人享有履行抗辩权，债权人丧失胜诉权，法院不予支持债权人的权利主张。故发包人超出实际竣工之日起的3年期限内向总承包人追究工期逾期的违约责任的，因诉讼时效保护期间届满，法院不予支持。

在下述(2015)渝高法民初字第00005号案件中，由于发包人追究逾期竣工违约责任的事实发生在2015年前后，彼时《民法典》尚未颁布，法律规定诉讼时效保护期间为2年，发包人在实际竣工之日起后的2年期间内未向总承包人主张因追究工期逾期违约责任而产生的合同债权，现2年保护期限届满，发包人又要求总承包人承担工期逾期的违约责任，因总承包人提出诉讼时效已届满的履行抗辩，故法院不予支持。

【裁判观点】

1.(2015)渝高法民初字第00005号[①]

关于中冶赛迪公司是否应承担工期逾期违约责任的问题。法院认为，中冶赛迪公司不应承担工期逾期的违约责任，主要事实和理由如下：

根据《冶炼主体工程合同》《冶炼配套工程合同》《3×120吨转炉炼钢、连铸工程合同》《含钒材料压力加工工程合同》《转炉、焦炉煤气柜工程合同》《高炉煤气柜工程合同》的约定，其“总工期”均为“交工试验日期”。根据前述合同专用条款第8、9、10、12条约定，工程的验收顺序为：交工试验、工程接收、交工后试验、工程竣工验收。结合专用条款第9条关于工程接收时间的约定即“发包人确认工程已按合同约定和设计要求完成土建、安装，且全部单项工程交工试验合格及冷试车合格后24小时内”，以及通用条款第10条的约定“交工后试验，本合同工程包含交工后试验(热负荷试车)……”由此可见，“交工试验”时间不等于“投产”时间，“交工试验”时间早于“投产”时间。故成渝钒钛公司依据前述各项工程的《工程竣工验收报告书》载明的“投产”时间认为中冶赛迪公司存在“交工试验”时间迟

---

① 中冶赛迪工程技术股份有限公司与成渝钒钛科技有限公司、四川省川威集团有限公司建设工程施工合同纠纷案，重庆市高级人民法院(2015)渝高法民初字第00005号民事判决书。

延的理由不能成立。成渝钒钛公司要求中冶赛迪公司承担逾期赔偿责任缺乏合同和事实依据。

即使中冶赛迪公司存在交工试验日期延误的违约事实,成渝钒钛公司亦应在违约事实发生后两年内主张违约损失。按照成渝钒钛公司的诉讼主张,即将前述几项工程“投产”日期视为中冶赛迪公司完成“交工试验”的日期来看,成渝钒钛公司对第一座高炉应在2014年11月27日前主张工期违约金;对第二座高炉应在2015年2月26日前主张工期违约金;对第1、2号转炉应在2014年11月22日前主张工期违约金;对第3号转炉应在2015年2月24日前主张工期违约金;对中棒生产线应在2014年11月3日前主张工期违约金;对高线生产线应在2015年7月15日前主张工期违约金;对焦煤炉煤气柜工程应分别在2014年11月13日前主张工期违约金;对高炉煤气柜工程应在2014年11月27日前主张工期违约金。但成渝钒钛公司直到本案诉讼中,才于2015年10月27日通过邮寄方式向中冶赛迪公司提出支付工期逾期违约金的主张,超过了两年诉讼时效,即使其主张的违约事实成立,亦丧失了胜诉权。

《110KV变电站及配套供电网络工程合同》第4.4.3条和第4.5.2条约定,该工程在2012年5月31日前应当完成投运试验并投运(配套供电网络除外)。根据专用条款第8、9、10条的约定可见投运试验属于在交工试验、工程接收之后,工程竣工验收之前的程序。110KV变电站及配套供电网络工程竣工验收报告书载明铁前变电站(110KV变电站)于2012年9月16日投运成功,故该变电站的投运日期超过了合同约定的日期。中冶赛迪公司称虽然超过投运日期完工,但110KV变电站总包工程的投运时间早于炼铁、炼钢、轧钢和煤气柜项目的投产时间,并未影响相应下级单元用电,按照合同约定,应当免于考核违约责任。因《冶炼主体工程合同》等几份合同约定的工期均系交工试验日期,并非投入生产日期,故仅依据竣工验收报告书载明的前述几项工程的投产日期无法判断其工期是否受到110KV变电站工程的影响。成渝钒钛公司与中冶赛迪公司在110KV变电站及配套供电网络工程竣工验收报告书中亦未对工期逾期免于违约责任考核作出明确意思表示,故中冶赛迪公司的此项辩解理由不能成立。但成渝钒钛公司最迟应于2014年9月15日前向中冶赛迪公司主张110KV变电站工程工期逾期违约金,而该公司在本案诉讼中,于2015年10月27日通过邮寄方式向中冶赛迪公司提出支付工期逾期违约金的请求,超过了两年诉讼时效,丧失了胜诉权。

《110KV钢轧变电站及配套供电网络工程合同》第4.4.3条和第4.5.2条约

定,上级变电所于2012年5月25日前安装调试并投运,本工程应在2012年5月31日前完成投运试验并投运(配套供电网络除外)。110KV变电站及配套供电网络工程竣工验收报告书载明钢轧电站于2012年9月23日投运成功,故该变电站的投运日期超过了合同约定的日期。中冶赛迪公司认为因上级变电所未能按期投运,成渝钒钛公司决定实施临时供电方案,临时供电工程于2012年6月施工,9月完工,因而导致110KV变电站工程及110KV钢轧变电站未能按期投运,中冶赛迪公司不应承担工期逾期的违约责任。但因中冶赛迪公司举示的相关证据为扫描件、复印件和单方文件,成渝钒钛公司对此事实不予认可。故中冶赛迪公司的抗辩理由缺乏事实依据。但成渝钒钛公司最迟应于2014年9月22日前向中冶赛迪公司主张110KV钢轧变电站工程工期逾期违约金,而该公司系在本案诉讼中,于2015年10月27日通过邮寄方式向中冶赛迪公司提出支付工期逾期违约金的请求,超过了两年诉讼时效,丧失了胜诉权。

2.(2017)晋民初47号①

关于首钢国际公司是否按期完成案涉工程,文水海威公司主张的延期完工损失应否支持的问题。文水海威公司主张首钢国际公司未在约定日期开工亦未在约定工期内完工,因其延误工期给文水海威公司造成的损失应予赔偿。首钢国际公司主张逾期完工的责任在文水海威公司且文水海威公司未举证证明逾期完工给其造成的损失,工期反诉索赔早已超过诉讼时效。法院认为,首钢国际公司未在约定的暂定开工日期开工亦未在约定工期内完工,为本案双方签署盖章的开工报告和工程竣工验收交接证书所证实。文水海威公司工程进度款延迟支付的事实,亦为双方均认可的付款明细所证实。双方4份合同第27.4条均约定发包方延期付款超过30天工期顺延。故文水海威公司的现有证据不足以证明系因首钢国际公司的原因造成逾期完工。依据双方签署的工程竣工验收交接证书,4项工程分别于2012年12月和2013年1月完工,文水海威公司在本案诉讼前未提出过工程逾期索赔,其于2017年11月提出本案反诉时主张首钢国际公司逾期完工应赔偿由此造成的损失,已超过诉讼时效。

---

①　北京首钢国际工程技术有限公司与文水海威钢铁有限公司纠纷案,山西省高级人民法院(2017)晋民初47号民事判决书。

裁判规则五 工程总承包合同纠纷的性质为建设工程施工合同纠纷，适用专属管辖

【规则解析】

工程总承包合同本质上应归类为承揽合同还是建设工程施工合同存在较大争议。根据《民法典》第770条的规定，承揽合同是承揽人按照定作人的要求，承接加工、定作、复制、检验、测试、修复、美化、完善等工作，并向定作人交付成果，由定作人支付承揽费用的合同，发生纠纷时，适用一般管辖规则；根据《民法典》第788条的规定，建设工程施工合同是承包人组织人工、购买材料、租赁机械并投入人力、物力、财力使施工项目不断增值、形成建设成果，并将施工成果交付发包人满足其使用需要或流转变现需要，由发包人按照合同约定或交易习惯分批次支付工程款的合同，发生纠纷时，适用专属管辖规则。虽然建设工程施工合同与承揽合同存在共同点，内容都是受托人根据委托人的指示与需要完成一定的工作并交付给委托人，但是建设工程施工合同存在更为严格的市场主体资质准入要求、过程把控建造要求、质量安全标准要求，因此建设工程施工合同不完全等同于承揽合同，二者是特殊规范与普通规范的关系。

由于工程总承包合同的核心义务群为总承包人按照“发包人要求”完成建设项目的设计业务、施工作业与设备采购安装，兼具建设工程设计合同（设计业务）、建设工程施工合同（施工作业）以及承揽合同（设备采购安装）的性质，因此工程总承包合同应归属于建设工程施工合同范畴还是承揽合同范畴存在较大争议。有的观点认为，无论是建设工程施工合同还是工程总承包合同均针对的建筑实体建造行为，只是工作范围与风险分配的内容不一致而已，而工程质量关系不特定大多数公众主体的生命财产安全，在建筑实体中亦处于秉要执本的地位，因此工程总承包合同亦存在严格的市场主体资质准入要求与质量安全把控要求，故工程总承包合同可以归属于建设工程施工合同；还有的观点认为，在工程总承包合同中，实现发包人功能需求及生产指标的装置设备往往占到工程总承包合同内容的70%以上，是工程款数额的核心构成，而装置设备的监造、购买、运输、安装、调试是承揽合同的主要内容，因此工程总承包合同本质上属于承揽合同。

在下述（2019）陕民终1103号案件中，法院认为工程总承包合同的建设项目包含土建及安装部分，且工作范围包含设备采购本就是工程总承包合同的特点，并不会影响其“总承包”性质，因此，工程总承包合同本质上属于建设工程施工合

同，根据《民事诉讼法》(2017年修正)第33条①的规定，“下列案件，由本条规定的人民法院专属管辖：(一)因不动产纠纷提起的诉讼，由不动产所在地人民法院管辖；(二)因港口作业中发生纠纷提起的诉讼，由港口所在地人民法院管辖；(三)因继承遗产纠纷提起的诉讼，由被继承人死亡时住所地或者主要遗产所在地人民法院管辖”，应适用专属管辖。

在下述(2017)晋民初45号之二案件中，虽然工程总承包合同的当事人要求法院认定案涉《工程总承包合同》的法律性质为承揽合同，并应当适用一般管辖裁判，但法院却不予认可，理由在于：(1)案涉工程总承包合同约定总承包人的承接范围是图纸设计、工程施工以及设备采购安装，远逾承揽合同中承揽人应负责的业务范围；(2)案涉工程总承包合同的总承包人需要具备与工程规模相适应的施工资质与设计资质，难以与不需要承揽人具备承揽资质的承揽合同一概而论；(3)案涉工程总承包合同的标的物为建设工程，为不动产，与标的物多为动产的承揽合同不同；(4)案涉工程总承包合同强制适用监理制度，而承揽合同不作此要求；(5)案涉工程总承包建设项目应遵照严格的质量规定与验收标准，强制适用土建、电力、安装的强制性规定，但国家却不对承揽合同的承揽成果作此要求；(6)案涉工程总承包合同对工程价款的约定符合建设工程施工合同预决算与分期支付的特征，但承揽合同中承揽费用的支付却不符合该交易习惯。案涉工程总承包合同的权利义务内容、履行模式与商事惯例贴合建设工程施工合同的一般特征，因此法院认为，基于该工程总承包合同产生的纠纷应定性为建设工程施工合同纠纷，应适用专属管辖。

【裁判观点】

1. (2019)陕民终1103号②

法院经审查认为，依据通家公司的起诉请求及事实理由，其系依据双方之间工程总承包合同提起本案诉讼，而从工程总承包合同约定内容来看，该合同系通家公司作为发包方将其微型车建设项目一期工程发包给第四设计院，由第四设计院施工建设完成交付给通家公司并取得合同对价，故该合同性质为建设工程施工合同。本案诉讼中，第四设计院主张总承包合同中设备采购安装占合同额70%以

---

① 现规定于《民事诉讼法》(2021年修正)第34条。

② 机械工业第四设计研究院有限公司与陕西通家汽车股份有限公司建设工程施工合同纠纷案，陕西省高级人民法院(2019)陕民终1103号民事裁定书。

上，合同是EPC性质的合同，应属承揽合同。建设工程施工合同本身即为特殊的承揽合同，通常施工合同中同时会包括土建及安装部分，实践中亦有发包人将设备采购事项一并发包的情形，因此设备采购安装占合同总额比例并不影响双方的发承包关系，案涉合同名称亦载明是总承包合同，故第四设计院称总承包合同不属于建设工程施工合同的诉讼主张，不能成立。一审认定本案系建设工程施工合同纠纷，适用专属管辖，一审法院对本案具有管辖权，并无不当。

2. (2017)晋民初45号之二①

法院经审查认为，本案中作为业主的鼎能公司与作为承包商的太重公司签订了《泽库风电场项目一期工程合同》，合同中对工程建设规模、承包商的工作范围、合同价格及付款方式、工程进度、技术规范及采用标准、工程要求及验收标准等内容进行了约定。从承包范围和合同标的物的属性来看，承包商太重公司的工作范围为合同规定范围内的工程监理、工程勘测、设计、设备制造、设备及材料采购、运输、土建工程、设备安装、设备调试、设备监造、质量检测等内容。合同目的是完成泽库风电场一期工程建设并通过竣工验收和投产运行，确保按期并网发电，即合同约定的项目范围及于电力工程基础建设项目整体，属于电力基础设施建设，该电力基础设施直接建设于土地上，系土地上的建筑物及其他附着物，建设成果具于不动产的属性。从承包方式和合同价款的约定来看，承包商负责泽库风电场项目一期工程的建设，工程合同采取设计、采购、施工一体化的EPC模式，承包方式超出一般的设备承揽，更符合建设工程的总承包模式。合同中约定工程暂定总价为39,525万元，风电场建成投产后根据实际情况进行工程决算，作为最终合同价款。工程价款的约定符合建设工程合同中工程价款预决算的基本特征，而不符合加工、定作等普通承揽合同的一般特征。从工程的质量管理和验收标准及程序来看，合同中明确约定诉争工程的设计、施工、验收等必须遵循国家关于电力、土建、安装等领域的强制性规范，验收程序也必须遵守国家的强制性规定，并实行强制监理制度，而非仅依据定作人的要求即可完成工作成果的验收和交付。从涉案33台风力发电机组的履行情况来看，鼎能公司提供了33台风力发电机组的技术规范要求，太重公司作为工程总承包人认为使用TZ87－1500型风力发电机组符合鼎能公司的项目要求，因而选择该机型使用于本案工程建设，但TZ87－1500型风力发电机系按国标参数制造的通用产品，且太重公司使用和安装的部分风力发电

① 太原重工股份有限公司与山东鼎能新能源有限公司、刘某宁纠纷案，山西省高级人民法院(2017)晋民初45号之二民事裁定书。

机组的出厂日期早于合同签订日期,不符合承揽合同履行的基本特征。太重公司认为风力发电机组及配套设备的价值占整个项目价值的60%以上,用于证明该事实的证据为其单方出具的决算书,起诉前并未向鼎能公司提交,同时,听证过程中鼎能公司认为太重公司尚未完全履行合同,对该决算书确定的工程价款不予确认,故工程价款的确定需对本案审理后予以认定。《合同法》第269条[①]规定,建设工程合同是承包人进行工程建设,发包人支付价款的合同,建设工程合同包括工程勘察、设计、施工合同。涉案合同表现出建设工程合同特有的特征,相比而言,建设工程合同的特殊性明显胜于承揽合同的一般性。因此,本案当事人诉争的法律关系应认定为建设工程合同纠纷而非承揽合同纠纷,本案案由应变更为建设工程合同纠纷。本案应由不动产所在地人民法院管辖。太重公司与鼎能公司在合同中关于"双方争议可向太原市人民法院提起诉讼"的约定,因违反专属管辖的规定,太重公司与鼎能公司在合同中协议选择管辖的部分内容无效。泽库风电场项目一期工程的实际所在地为山东省威海市××区,本案诉讼标的为39,542.588698万元,根据最高人民法院《关于调整高级人民法院和中级人民法院管辖第一审民商事案件标准的通知》的规定,山东省高级人民法院对本案享有管辖权,本案依法应移送山东省高级人民法院处理。

3.(2019)陕民辖终66号[②]

法院经审查认为,《民事诉讼法》第33条第1项[③]规定,因不动产纠纷提起的诉讼,由不动产所在地人民法院管辖。最高人民法院《关于适用〈中华人民共和国民事诉讼法〉的解释》第28条第2款规定,农村土地承包经营合同纠纷、房屋租赁合同纠纷、建设工程施工合同纠纷、政策性房屋买卖合同纠纷,按照不动产纠纷确定管辖。最高人民法院《关于调整高级人民法院和中级人民法院管辖第一审民事案件标准的通知》第2条规定,高级人民法院管辖诉讼标的额50亿元(人民币)以上(包含本数)或者其他在本辖区有重大影响的第一审民事案件。经查,中国能源西北公司向原审法院起诉请求:判令上海安装一公司、榆林隆源公司连带支付其工程款及利息、违约金、税金及窝工损失等34,874,377.44元。中国能源西北公司诉称,2013年9月2日榆林隆源公司与中国能源西北公司签订《陕西榆林隆源光伏电力330KV/110KV变电站工程EPC总包合同》,2014年7月8日榆林隆源公

---

① 现规定于《民法典》第788条。

② 上海电力安装第一工程有限公司、榆林隆源光伏电力有限公司与中国能源建设集团西北电力建设工程有限公司建设工程施工合同纠纷案,陕西省高级人民法院(2019)陕民辖终66号民事裁定书。

③ 现规定于《民事诉讼法》(2021年修正)第34条第1项。

司与中国能源西北公司、上海安装一公司签订《陕西榆林隆源光伏电力330KV/110KV变电站工程三方协议》,2014年7月8日中国能源西北公司与上海安装一公司签订《陕西榆林隆源光伏电力330KV/110KV变电站工程总承包合同》,后因合同履行发生纠纷,提起本案诉讼。根据原审原告的起诉请求及事实理由,本案是建设工程施工合同纠纷,工程地点在榆林市榆阳区,诉讼标的额在50亿元以下,原审法院依法对本案享有管辖权,原审裁定驳回上海安装一公司、榆林隆源公司提出的管辖权异议,并无不当。

裁判规则六 总承包合同的结算方式为固定总价,变更工程量部分通过补充协议或鉴定已经确定的,属于当事人已就工程价款达成结算合意,一方当事人在诉讼中申请工程造价鉴定的,不予支持

【规则解析】

《最高人民法院建设工程司法解释一》第29条规定:"当事人在诉讼前已经对建设工程价款结算达成协议,诉讼中一方当事人申请对工程造价进行鉴定的,人民法院不予准许。"

发承包双方已就工程价款达成结算协议后,不允许当事人在诉讼阶段启动工程造价司法鉴定程序主要是基于以下考虑:(1)维护诚实信用原则。根据《民法典》第7条的规定,"民事主体从事民事活动,应当遵循诚信原则,秉持诚实,恪守承诺",发承包双方就工程价款达成的结算协议体现其内心意思与真实意志,双方应当依诚实信用原则遵守,按照结算协议约定的数额支付、接收工程价款并就此结清双方的权利义务。若双方达成工程价款结算协议后,一方当事人又申请工程造价司法鉴定的,属于对结算协议的推翻、反悔,有违诚实信用原则,故法院不予准许。(2)合理节约司法资源。最高人民法院《关于人民法院民事诉讼中委托鉴定审查工作若干问题的规定》第1条第1项规定:"严格审查拟鉴定事项是否属于查明案件事实的专门性问题,有下列情形之一的,人民法院不予委托鉴定:……(5)通过法庭调查、勘验等方法可以查明的事实……"当事人就工程价款签订了结算协议的,法院直接可在法庭调查阶段通过当事人提供的结算协议这一证据查明工程价款数额,而无须借助工程造价司法鉴定的手段认定工程价款,因此,为了杜绝司法资源的恶意浪费,防止诉讼当事人滥用鉴定申请权利,当事人已就工程价款达成结算协议的,不允许其启动工程造价司法鉴定程序。

约定以固定总价方式结算的总承包合同,除工程量变更部分外价款已经确定;如变更工程量部分双方在诉讼之前已经通过协议、签证或鉴定等途径明确相应工程价款的,合同总价款实际上已经确定。此时,可以认定发承包双方已就工程价款达成结算协议,一方当事人要求申请工程造价司法鉴定从而推翻结算协议结论的,法院不应准许。

【裁判观点】

1.(2019)新民终451号①

争议焦点:拜城峰峰公司是否应当向辽宁科大公司支付工程款及款项数额如何认定。首先,虽然双方签订的施工合同、补充协议无效,但辽宁科大公司履行了施工义务,案涉工程已由拜城峰峰公司投产使用,拜城峰峰公司应向辽宁科大公司支付工程价款。其次,双方约定的工程价款为固定总价。对于合同外增加的工程量,本案诉讼前,拜城峰峰公司委托诚圣公司进行鉴定后出具审核报告,该审核报告在辽宁科大公司认可后即发生法律效力,能够作为双方工程结算的依据。一审对拜城峰峰公司主张对工程造价重新鉴定的申请未予准许,符合最高人民法院《关于审理建设工程施工合同纠纷案件适用法律问题的解释(二)》第12条的规定。对于拜城峰峰公司根据审核报告出具的情况说明是不是其真实意思表示,一审析理充分,不再赘述。审核报告、情况说明能够作为认定本案基本事实的依据,一审以此确定拜城峰峰公司应向辽宁科大公司支付工程款的数额,采信证据得当,法院予以确认。拜城峰峰公司在二审出具的相关证据均不能达到否认审核报告、情况说明,对案涉工程造价重新鉴定以及对工程付款重新核算的证明目的,法院均不予采信。

2.(2020)陕民终996号②

关于原审法院对案涉工程价款的认定是否正确的问题。本案中,依据双方签订的《锅炉烟气脱硫减排综合利用项目设计采购施工(EPC)工程总承包合同》,双方约定的合同总价为49,619,200元;同时依据双方对于变更增加费用部分所签订的补充合同的约定,合同增加价款为142.08万元。据此,原审法院认定案涉工

---

① 拜城县峰峰煤焦化有限公司与辽宁科技大学工程技术有限公司建设工程施工合同纠纷案,新疆维吾尔自治区高级人民法院(2019)新民终451号民事判决书。

② 江苏和亿昌环保工程科技有限公司与陕西神木化学工业有限公司建设工程施工合同纠纷案,陕西省高级人民法院(2020)陕民终996号民事判决书。

程总价款为51,040,000元。和亿昌公司不认可该价款,上诉主张应当对案涉工程造价委托进行司法鉴定。对其该项主张,法院认为,第一,和亿昌公司没有提供本案应委托进行司法鉴定的事实和法律依据;第二,在一审及法院二审审理中和亿昌公司并不提出鉴定申请,而是主张应由神木化工申请鉴定。故和亿昌公司虽不认可一审判决认定的工程价款,但因其未提供充足的证据予以推翻,对其主张不予采信。

裁判规则七 发承包双方约定的欠付款违约金及利息计算标准过高,法院可以依职权下调

【规则解析】

违约金是指根据合同的约定,一方当事人不履行债务或履行债务存在瑕疵而应当向另一方支付的一定金钱。违约金具有两种功能:一是弥补守约方因违约行为在履行利益或固有利益方面所遭受的损害,即违约金具有补偿性;二是对违约方实施违约行为的一种制裁与非难,即违约金具有惩罚性。由于违约金责任基于当事人意思自治产生,违约金的惩罚性功能往往为合同当事人非法利用,促使合同一方当事人凭借其谈判的优势地位约定严苛的违约责任借以损害合同相对方的合法利益。据此,为了避免违约金成为一方当事人压榨另一方当事人、破坏公平原则进而攫取不正当利益的非法工具,《民法典》第585条第2款规定:“约定的违约金低于造成的损失的,人民法院或者仲裁机构可以根据当事人的请求予以增加;约定的违约金过分高于造成的损失的,人民法院或者仲裁机构可以根据当事人的请求予以适当减少。”同理,约定利息的计取方式也有可能成为一方当事人借以掠夺不正当利益的手段,故针对过高的约定利息数额,法院亦有权依职权下调。

实务中,法官下调过高违约金、过高利息的依据并不一致,且根据当时生效的规则有所不同:

1. 同期同类贷款利率或者同期贷款市场报价利率,即《最高人民法院建设工程司法解释一》第26条规定:“当事人对欠付工程价款利息计付标准有约定的,按照约定处理。没有约定的,按照同期同类贷款利率或者同期贷款市场报价利率计息。”

2. 同期同类贷款利率或者同期贷款市场报价利率的四倍,即《关于人民法院审理借贷案件的若干意见》[法(民)发〔1991〕21号,现已废止]第6条规定:“民

间借贷的利率可以适当高于银行的利率,各地人民法院可根据本地区的实际情况具体掌握,但最高不得超过银行同类贷款利率的四倍(包含利率本数)。超出此限度的,超出部分的利息不予保护。”以及最高人民法院《关于审理民间借贷案件适用法律若干问题的规定》(2020 年第二次修正)第 25 条第 1 款规定:“出借人请求借款人按照合同约定利率支付利息的,人民法院应予支持,但是双方约定的利率超过合同成立时一年期贷款市场报价利率四倍的除外。”

3. 同期同类贷款利率或者同期贷款市场报价利率的 1.3 倍,即最高人民法院《关于适用〈中华人民共和国合同法〉若干问题的解释(二)》(法释〔2009〕5 号,现已废止)第 29 条第 2 款规定:“当事人约定的违约金超过造成损失的百分之三十的,一般可以认定为合同法第一百一十四条第二款规定的‘过分高于造成的损失’。”此处是将违约方不付款产生的利息视为守约方因此遭受资金占用损失,进而套用该条进行调减。

4. 24% 年利率,即最高人民法院《关于审理民间借贷案件适用法律若干问题的规定》(法释〔2015〕18 号,已被修正)第 26 条第 1 款规定:“借贷双方约定的利率未超过年利率 24%,出借人请求借款人按照约定的利率支付利息的,人民法院应予支持。”

5. 守约方因违约行为遭受实际损失的 1.3 倍,即最高人民法院《关于适用〈中华人民共和国合同法〉若干问题的解释(二)》(法释〔2009〕5 号,现已废止)第 29 条第 2 款规定:“当事人约定的违约金超过造成损失的百分之三十的,一般可以认定为合同法第一百一十四条第二款规定的‘过分高于造成的损失’。”

6. 由法院根据当事人约定、订约地位强弱、合同履行情形、双方已获得利益、双方对违约责任的过错并综合其他案件事实酌情确定违约金或利息数额,即最高人民法院《关于适用〈中华人民共和国合同法〉若干问题的解释(二)》(法释〔2009〕5 号,现已废止)第 29 条第 1 款规定:“当事人主张约定的违约金过高请求予以适当减少的,人民法院应当以实际损失为基础,兼顾合同的履行情况、当事人的过错程度以及预期利益等综合因素,根据公平原则和诚实信用原则予以衡量,并作出裁决。”以及《关于当前形势下审理民商事合同纠纷案件若干问题的指导意见》(法发〔2009〕40 号)第 7 条规定:“人民法院根据合同法第一百一十四条第二款调整过高违约金时,应当根据案件的具体情形,以违约造成的损失为基准,综合衡量合同履行程度、当事人的过错、预期利益、当事人缔约地位强弱、是否适用格式合同或条款等多项因素,根据公平原则和诚实信用原则予以综合权衡,避免简单地采用固定比例等‘一刀切’的做法,防止机械司法而可能造成的实质不公平。”

【裁判观点】

(2017)最高法民终576号①

根据《青海宏润海北刚察一期30MW工程补充协议》第6条约定,如双方在宏润新能源公司的审核意见出具后10天之内未达成一致,则宏润新能源公司无条件根据约定的款项,在2014年11月支付至双方约定款项的90%。第7条约定,双方在协议签订后,宏润新能源公司应按约定如期支付相应款项,因宏润新能源公司迟延付款,国电光伏公司有权对本协议项下的应付未付部分按照每日1‰的利息追究乙方迟延付款的违约责任。

本案中,国电光伏公司制作《工程竣工决算书》送达宏润新能源公司之后,宏润新能源公司于2014年11月10日出具对该决算书的审核意见,且双方在审核意见出具后10天之内并未达成一致意见,根据约定,宏润新能源公司在2014年11月应支付至双方约定款项的90%。经查明,其中有3000万元迟延支付18天、1500万元迟延支付45天、2900万元迟延支付65天,据此,一审法院按照每日1‰标准计算迟延付款违约金为310万元。

宏润新能源公司认为违约金约定过高,请求法院调整。法院经审查认为,双方约定的违约金利率经折算合年利率36.5%,明显过高,宏润新能源公司请求予以调整应予准许。结合双方的合同履行情况及宏润新能源公司的违约情形,法院酌情确定宏润新能源公司应支付逾期付款违约金为200万元。

裁判规则八 工程总承包合同约定发包人的付款时间,发包人逾期付款的,欠付工程款利息数额从约定的付款之日起计算

【规则解析】

《最高人民法院建设工程司法解释一》第27条规定:"利息从应付工程价款之日开始计付……"

《工程总承包合同》对发包人付款时间有明确约定的,当约定的付款时间届至时,发包人应当付款,故约定的付款之日为"应付工程款之日"。在下述(2014)黔高民初字第16号案件中,《工程总承包合同》约定了发包人的付款时间,约定的付

① 青海宏润新能源投资有限公司、宏润建设集团股份有限公司建设工程施工合同纠纷案,最高人民法院(2017)最高法民终576号民事判决书。

款之日届至，应当开始计付发包人欠付工程款利息。

【裁判观点】

（2014）黔高民初字第 16 号①

关于本案欠付工程款利息起算时间的问题。最高人民法院《关于审理建设工程施工合同纠纷案件适用法律问题的解释》（法释〔2004〕14 号，现已失效）第 18 条规定，利息从应付工程价款之日计付。当事人对付款时间有约定从约定，没有约定但建设工程已实际交付的，付款时间为交付之日。本案《总包合同》约定："承包人在工程达产竣工验收合格后 14 日内向承包人支付至总承包合同价的 95%"、"合同总金额 5% 的工程质量保证金在投产一年后三个月内，由业主向工程承包人支付"，又约定要有支付申请书等凭证，并且约定"以上款项的支付申请书由业主批准后支付"。不过，双方仍会对工程款支付时间《总包合同》是否有明确约定的理解有分歧。但是，从支付时间确定以后需要支付申请书等凭证只是履行支付手续的角度来看，本案双方的真实意思确定了工程款支付时间。因此，法院认定《总包合同》对本案工程款支付时间有明确约定。根据《总包合同》的约定，本案工程竣工验收合格时间为 2011 年 3 月 11 日，实际交付投产时间为 2009 年 12 月 31 日，那么，本案 95% 的工程款应从工程达产竣工验收合格即 2011 年 3 月 11 日后的 14 日内支付，即在 2011 年 3 月 25 日前支付，合同总金额 5% 的工程质量保证金应当在投产 1 年后 3 个月内支付，即在 2011 年 3 月 31 日前支付，否则应从次日起支付利息。现原告主张欠付工程款从 2011 年 4 月 1 日起计息，根据《总包合同》的约定，其放弃了部分利息，从其自愿，法院予以支持。

---

① 中冶焦耐（大连）工程技术有限公司、中冶焦耐工程技术有限公司与贵州华能焦化制气股份有限公司建设工程合同纠纷案，贵州省高级人民法院（2014）黔高民初字第 16 号民事判决书。